U0712064

首都经济贸易大学2019年度科研基金项目成果

首都经济贸易大学·法学前沿文库

共有物分割诉讼研究

陈磊 著

Study on the Action of
Partitioning Res Communes

中国政法大学出版社
2020·北京

声　　明　1. 版权所有，侵权必究。

2. 如有缺页、倒装问题，由出版社负责退换。

图书在版编目（CIP）数据

共有物分割诉讼研究/陈磊著. —北京:中国政法大学出版社，2020.7
ISBN 978-7-5620-7549-3

Ⅰ.①共… Ⅱ.①陈… Ⅲ.①财产权益纠纷－民事诉讼－研究－中国
Ⅳ.①D925.104

中国版本图书馆CIP数据核字(2020)第110339号

出 版 者　中国政法大学出版社
地　　址　北京市海淀区西土城路 25 号
邮寄地址　北京 100088 信箱 8034 分箱　邮编 100088
网　　址　http://www.cuplpress.com（网络实名：中国政法大学出版社）
电　　话　010-58908441(编辑室)　58908334(邮购部)
承　　印　北京九州迅驰传媒文化有限公司
开　　本　880mm×1230mm　1/32
印　　张　11.25
字　　数　270 千字
版　　次　2020 年 7 月第 1 版
印　　次　2020 年 7 月第 1 次印刷
定　　价　59.00 元

首都经济贸易大学·法学前沿文库

Capital University of Economics and Business library, frontier

主　编　张世君

文库编委（按姓氏拼音排列）

高桂林　金晓晨　焦志勇　李晓安　米新丽

沈敏荣　王雨本　谢海霞　喻　中　张世君

总 序

首都经济贸易大学法学学科始建于1983年。1993年开始招收经济法专业硕士研究生。2006年开始招收民商法专业硕士研究生。2011年获得法学一级学科硕士学位授予权，目前在经济法、民商法、法学理论、国际法、宪法与行政法等二级学科招收硕士研究生。2013年设立交叉学科法律经济学博士点，开始招收法律经济学专业的博士研究生，同时招聘法律经济学、法律社会学等方向的博士后研究人员。经过30年的建设，首都经济贸易大学历经几代法律人的薪火相传，现已经形成了相对完整的人才培养体系。

为了进一步推进首都经济贸易大学法学学科的建设，首都经济贸易大学法学院在中国政法大学出版社的支持下，组织了“法学前沿文库”，我们希望以文库的方式，每年推出几本书，持续地、集中地展示首都经济贸易大学法学团队的研究成果。

既然将这套文库取名为“法学前沿”，那么，何为“法学前沿”？在一些法学刊物上，常常可以看到“理论前沿”之类的栏目；在一些法学院校的研究生培养方案中，一般都会包含一门名为“前沿讲座”的课程。这样的学术现象，表达了法学界的一个共同旨趣，那就是对“法学前沿”的期待。正是在这样的期待中，我们可以发现值得探讨的问题：所以法学界一直都在苦苦期盼的“法学前沿”，到底长着一张什么样的脸孔？

首先，“法学前沿”的实质要件，是对人类文明秩序做出了新的揭示，使人看到文明秩序中尚不为人所知的奥秘。法学不同于文史哲等人文学科的地方就在于：宽泛意义上的法律乃是规矩，有规矩才有方圆，有法律才有井然有序的人类文明社会。如果不能对千差万别、纷繁复杂的人类活动进行分门别类的归类整理，人类创制的法律就难以妥帖地满足有序生活的需要。从这个意义上说，法学研究的实质就在于探寻人类文明秩序。虽然，在任何国家、任何时代，都有一些法律承担着规范人类秩序的功能，但是，已有的法律不可能时时处处回应人类对于秩序的需要。“你不能两次踏进同一条河流”，这句话告诉我们，由于人类生活的流动性、变化性，人类生活秩序总是处于不断变换的过程中，这就需要法学家通过观察与研究，不断地揭示新的秩序形态，并提炼出这些秩序形态背后的规则——这既是人类生活和谐有序的根本保障，也是法律发展的重要支撑。因此，所谓“法学前沿”，乃是对人类生活中不断涌现的新秩序加以揭示、反映、提炼的产物。

其次，为了揭示新的人类文明秩序，需要引入新的观察视角、新的研究方法、新的分析技术。这几个方面的“新”，可以概括为“新范式”。一种新的法学研究范式，可以作为“法学前沿”的形式要件。它的意义在于，由于找到了新的研究范式，人们可以洞察到以前被忽略了的侧面、维度，它为人们认识秩序、认识法律提供了新的通道或路径。依靠新的研究范式，甚至还可能转换人们关于法律的思维方式，并由此看到一个全新的秩序世界与法律世界。可见，法学新范式虽然不能对人类秩序给予直接的反映，但它是发现新秩序的催生剂、助产士。

再次，一种法学理论，如果在既有的理论边界上拓展了新的研究空间，也可以被称为法学前沿。在英文中，前沿（frontier）也有边界的意义。从这个意义上说，“法学前沿”意味着在已有的法学疆域之外，向着未知的世界又走出了一步。在法学史上，这种突破边界的理论活动，常常可以扩张法学研究的范围。譬如，以人的性别为基础展开的法学研究，凸显了男女两性之间的冲突与合作关系，拓展了法学研究的空间，造就了西方的女性主义法学；以人的种族属性、种族差异为基础而展开的种族批判法学，也为法学研究开拓了新的领地。在当代中国，法学研究的拓展，也存在着多种可能性。

最后，西方法学文献的汉译、本国新近法律现象的评论、新材料及新论证的运用……诸如此类的学术劳作，倘若确实有助于揭示人类生活的新秩序、有助于创造新的研究范式、有助于拓展新的法学空间，也可宽泛地将其归于法学理论的前沿。

以上几个方面，既是对“法学前沿”的讨论，也表明了本套文库的选稿标准。希望选入文库的每一部作品，都在法学知识的前沿（frontier）地带做出了新的开拓，哪怕是一小步。

喻 中

2013年6月于首都经济贸易大学法学院

内容摘要

一直以来，分割共有物案件在我国民事审判实务中皆具有一定分量，然而对于共有物分割诉讼这一特殊纠纷形态，学说中时常出现“扑朔迷离”的见解，司法实践亦存在较大分歧。这既归因于裁判分割共有物乃非讼法理与诉讼法理、实体法理与程序法理的交错适用，又缘于共有物分割诉讼实践的复杂性及学术上形成诉讼、形成权理论研究成果的不成熟。此二重因素促使本研究通过对共有物分割诉讼的基础理论、审理程序、裁判规则及判决效力等问题的研析，辅之实证研究，探寻我国共有物分割诉讼理论与实践中的问题。本书共分六章。

第一章，绪论。该部分提出本研究的研究背景、问题意识与研究意义。本书采用的研究方法包括文献分析法、比较分析法及实证分析法，以民事诉讼基本原理及基本制度为基轴，以共有物裁判分割之实体法理与程序法理、分割程序之非讼法理及诉讼法理为脉络，四线平行或交错织成论述篇章。围绕我国共有物分割诉讼实务中的分割方法，结合数十起判例，对共有物分割方法的选择、分割方法的柔化、法官对于分割方法的自由裁量权等重要问题进行实证研究。系统论述我国共有物分割诉讼的具体审理程序，尤其是司法实务中存在的焦点问题，如共有物分割诉讼与不当得利返还之诉、共有物确权之诉的混淆、诉讼要件、重复起诉、反诉、诉讼上和解与调解、举证责任分配等问题，并结合典型判例评析提出完善建议。

第二章，共有物分割概述。虽然目前通说及实务均认共有物分割为处分行为，但本书认为该观点在理论上仍存有漏洞。首先，就判决分割而言，由于处分行为直接导致物权变动，因此，处分行为的标的必须确定，且处分人须有处分权，而判决分割若属处分行为，则共有物的应有部分经限制登记，该共有人即丧失处分权。其次，就区分理论而言，虽然处分行为与负担行为的概念区分具有一定的理论意义，但由于区分的标准较具争议而导致不易理解。关于共有物分割请求权的性质，我国《物权法》第 99 条的法条表述虽为“请求”，但该权利的实现不需要其他共有人的同意，也不存在实质意义上的给付行为，因此，共有物分割请求权应为形成权。从程序法面向来看，共有物分割事件有两大诉讼形态，共有物分割请求权的行使方式有协议决定以及裁判决定两种路径，依纠纷类型不同，共有物分割请求权又有普通形成权与形成诉权的性质差异。我国司法实务在界定共有物分割请求权的权利属性时仍存在分歧与认知偏差，不过多数判决认为共有物分割纠纷中共有人的分割请求并不以其他共有人的特定行为为前提，仅是单方提出消灭共有关系的行为，因此，具有形成权的性质。

第三章，共有物分割诉讼的基本理论。共有物分割请求权为共有人分割共有物的权利，非请求其他共有人进行分割行为的权利，其性质为形成权。共有人协议分割不成而诉至法院，请求以裁判方式确定分割方法，方为共有物分割诉讼。共有物分割诉讼是由法院形成分割方法代替共有人的分割协议以消灭共有关系，因此，采形成诉讼说更具自洽性。共有物分割诉讼是委诸法院的裁量权，依个案酌定适当的分割方法，具有非讼事件本质。法院依职权所定的分割方法即使非当事人所请求的分割方法，仍不违反处分权主义、不适用辩论主义。共有物分割诉讼属于固有必要共同诉讼，其诉讼标的对于共有人全体须合一确定，当事人适格始无欠缺。随着个案纷争类型、特征的多样化，在很多情形往往难以期待全体共有人均成为诉讼上当事人，因此若仍固执坚持共有人全体“共同诉讼之必要”，不啻令诸多共有物分割纷争无法以本案判决加以解决，实务上遂转而尝试通过解释加以缓和。欲削减共有物分割诉讼强烈“共同诉讼之必要”色彩，最为直接的解决方案是将实体法上共有的本质朝分别共有的方向进行修正，而在诉讼中法院依原告申请裁定追加未起诉或所在不明的共有人为原告，也可在一定程度上予以解决。分割共有物之诉系共有人利用诉讼程序请求法院以判决确定分割方法，共有人所争执的仅为分割方法的事实关系，这也是分割共有物之诉是非讼事件的本质所在，因此，诉讼标的应为确定分割方法的请求。

第四章，共有物分割诉讼的程序规则。理论上裁判分割以共有人不能协议决确定分割方法或协议决定后共有人拒绝履行分割契约为诉讼要件，不过实务见解已认为协议不成立乃抗辩要件。数不动产合并分割情形时，可认为其标的及防御方法有相牵连之处，诉讼标的不同，法院对于被告的反诉应实质审理。共有人在诉讼程序中达成的诉讼和解应具有裁判分割的形成力与执行力，共有物分割诉讼之判决程序与诉讼上和解程序具有极大的关联性，且有互为程序转换的可能与必要。通说认为原告对于法院所确定分割方法不服时，仍可对其提起上诉，即采实质不服说，因此，所谓原告对于确定分割方法的请求对法院全无拘束性这一观点并非绝对。分割共有物之诉无不利益变更禁止原则的适用。作为执行标的之共同共有财产分割诉讼中，应通知执行债权人作为第三人参加分割诉讼。为避免抵押权人的权益受损，共有人应向全部应有部分抵押权人进行诉讼告知或由其参加诉讼。法院还应在判决主文内载明该移存部分，方便登记机关或强制执行机关办理共有物分割登记或变价分配价金时有所依据。

第五章，共有物分割诉讼分割方法的裁判。请求确定分割方法乃共有物分割诉讼中法院裁判的核心内容。为因应共有物分割纠纷多样化样貌，我国台湾地区实务界遂通过解释方式创设并承认部分分割、合并分割等分割方法。德国法排除法院对分割方法的自由裁量权，学说立论则以柔软化分割方法为目标，有关分割方法已然跳脱出德国民法的框架。虽然德、日均仅规定原物分割与变价分配两种分割方法，然实务中或通过诚信原则、权利滥用法理，或通过非讼事件本质的解释打破分割方法的限制。理论见解一般认为共有物部分维持共有须附加一定条件，而司法实践中基本上赋予法院就共有物的特定部分不予分割的裁量权。移转主义下，法院应公平审酌各共有人利益及共有物的现况，不宜过度限制合并分割要件。通过对我国共有物分割方法裁判的实证研究可发现，法院确定分割方法时有一定顺序，不能任由当事人随意选择。实物分割须符合物理属性可分割及经济价值不减损两大要件，而共有不动产通常使用折价分割的分割方法。司法实践中存在较多争议的往往是折价分割的方式，而实务界开始探索诸如竞价分割等折价分割方法的多样化。事实审法官的自由裁量权并非绝对，法官对于分配方法的裁量权较大，而对于分割方法的裁量权较小。

第六章，共有物分割诉讼的判决效力。共有物分割中价金补偿的性质不应为一般普通债权，否则会因价金给付问题导致新的诉讼。应有部分有抵押权或质权的，其权利不因共有物的分割而受影响，但若权利人同意分割或其已参加诉讼，或经共有人告知诉讼而未参加的，其权利移存于抵押人或出质人所分得的部分。裁判分割后宜将原设定的抵押权续存于分割后的各宗土地上，此不仅能摒除抵押权行使后共有情形再度复活的可能，同时能兼顾抵押权利人的诉讼权利与实体权利。共有物分割诉讼是形成分割方法之诉，因此，分割方法有既判力，请求分割登记、交付部分并非诉讼标的，也未经言词辩论，因此，不具既判力。原物分割共有物判决同时具既判力及执行力，但若分割判决仅载明分割方法而未就分得部分的交付进行审理裁判，则适用执行力的扩张原理。分得部分交付执行程序中执行法院应就申请人有无请求交付的权利作一定程度的审查，且被执行人就其交付义务的存否可提起异议之诉以资救济。

目录

第三章　共有物分割诉讼的基础理论

第四章 共有物分割诉讼的程序规则

第一章

绪 论

第一节 问题意识与研究意义

一、问题意识

对于共有物分割事件，不论是实务上之裁判抑或学说上之相关讨论均屡见不鲜，原因在于其涉及实体法上及程序法上的复杂交错问题。举例而言，共有物分割请求权为形成权或请求权之争，在诉讼上不仅产生形成判决或给付判决之不同，亦影响当事人可否成立诉讼上之和解。共有物分割为处分行为或负担行为，在诉讼中则造成是否须追加被告、诉讼请求等问题，均与诉讼法有关。然而对于共有物分割诉讼的本质属性、审理程序的特殊性、分割方法的裁判、共有物分割判决的效力等问题尚存在较大争议，学理上对该类诉讼未形成体系化的研究，尤其是对其诉讼法上的特殊性未能充分把握。事实上，共有物分割诉讼性质上的特殊性决定了其审理程序的特殊性，同时也牵涉到共有物分割判决的效力与执行程序。理论研究对诸如此类问题并未提供足够的学理支撑，也因此导致了实务部门分歧较大。例如阮某某4与阮某某2等共有物分割纠纷上诉案〔1〕中，一审法院认为该案共有人所享有的为物权请求权，而二审法院审理则认为本案是共同共有房屋分割形成之纠纷，共有物分割是民事主体形成性法定权利的行使，并非买卖或其他交易形式，不以共有人同意转让份额为必要条件，共有人依法享有分割共有财产之形成权。李明波与蒙爱玉等物权确认纠纷上诉案〔2〕中，法院审理认为共有物分割的本质在于终止或者消灭共有关系，性质上属于变更之诉。艾某与艾某某1等共有物分割纠纷上诉案〔3〕中，法院审理认为本案案由为共有物分割纠纷，所解决的是系争房产的共有人请求分割共有物并按照份额实现其所有权，应理解为给付之诉。

实务中所存在的上述争议同时引发诸多连锁反应，导致法院对于共有物分割纠纷与其他共有物纠纷事件的混淆，进而造成法院突袭裁判、审理不尽、执行依据不明确等问题。例如黄某某、熊某某与罗某某共有物分割纠纷案〔4〕中，一审法院审理认为本案审理的是不当得利纠纷，被告除依法享有自己应分配份额及管理第三人享有份额外，仍存在无合法依据占有二原告财产的情形，双方因此形成债权债务关系，即不当得利之债。二审法院在审理

〔1〕参见（2014）沪一中民二（民）终字第2505号民事判决书。

〔2〕参见（2014）海中法民三终字第98号民事判决书。

〔3〕参见（2014）南民二终字第01226号民事判决书。

〔4〕参见（2015）鄂荆州中民二终字第00281号民事判决书。

中对于一审适用法律是否适当、确定本案案由为不当得利是否适当展开辩论，并认为两上诉人请求给付的是共有工亡补偿款中其享有的份额，因此，本案案由应为共有物分割纠纷，应适用《中华人民共和国物权法》（以下简称《物权法》）第 99 条的规定。该案例即为分割共有物之诉与不当得利返还之诉的混淆。又如林某某与林某某 1 共有物分割纠纷上诉案〔1〕中，一审法院审理认为本案讼争房屋应属原、被告双方按份共有，原告林某某 1 享有系争房屋 50%的份额，因此，为物权保护纠纷。二审法院审理则认为本案的诉由是被上诉人基于其与上诉人对拆迁补偿款的分割而产生的纠纷，因此本案的案由应为共有物分割纠纷。该案例即为分割共有物之诉与共有物确权之诉的混淆。

法院审理共有物分割诉讼案件中还有一类问题较为突出，即法院只对共有财产进行确权，而不确定分割方法，导致确定判决无法有效执行，这也是实务界所称的审理不尽的问题，其易造成执行依据不明确。例如李冬东与张万强共有纠纷案〔2〕中，法院审理认为鉴于原被告双方对系争房产各占 50%的权利份额，就系争房产如何分割应另行协商解决，法院不能强制分割，法院随后作出判决确认原、被告对系争房产各享有 50%的权利份额，驳回原告的其他诉讼请求。本案中法院只对共有财产进行确权，而未回应是否准予原物分割或判决变卖分割，此外由于判决也未确定折价分割的分割方法，原被告之间无给付内容，这将会导致本判决实际上无法执行。共有物分割诉讼中法院审理不尽还表现在诉讼中原告请求分割，法院判决准予分割，但只确认各自的份额，未确定分割方法。例如孙某某等诉寇某某等共有物分割纠纷案〔3〕中，

〔1〕 参见（2014）岩民终字第 957 号民事判决书。

〔2〕 参见（2013）深福法民三初字第 1525 号民事判决书。

〔3〕 参见（2014）许民初字第 24 号民事判决书。

关于本案诉争土地是否应当分割及如何分割的问题，法院审理认为原、被告共同出资购买了诉争土地，双方份额分别占60%、40%，但由于无法对诉争土地进行原物分割，驳回原告的其他诉讼请求。

通过上述诸引例可看出，理论界与实务界对于共有物分割诉讼的性质、诉讼标的等基本理论问题皆存争议而造成实务审理的乱象。这既归因于裁判分割共有物乃非讼法理与诉讼法理、实体法理与程序法理的交错适用，又缘于共有物分割诉讼实践本身的复杂性，其往往牵涉到共有关系、不动产等诸多复杂问题，加之学术研究上对于形成诉讼、非讼事件、形成权理论研究的不透彻。此多重因素促使本研究将选题定为共有物分割诉讼，试图通过对共有物分割诉讼的基本理论、审理程序、裁判规则、判决效力等问题的研析，完善我国共有物分割诉讼的相关程序。

二、研究的理论意义

共有物分割诉讼是一个理论性较强的诉讼法问题，其兼顾民事实体法与民事程序法，涉及诸多诉讼法重要理论，颇有研究价值。本研究着眼于民事诉讼程序法理，就共有物分割诉讼的相关基本理论及相关争点予以探讨，包括但不限于以下几方面的内容：

其一，共有物分割、共有分割请求权的性质与分割共有物之诉的性质及诉讼标的息息相关，也是探讨共有物分割诉讼的理论前提，然而对于此一问题民法学者论述较多，却尚未引发民诉法学者的强烈关注，导致共有物分割诉讼理论难以系统化，因此，有必要从诉讼法的立场切入，对共有物分割诉讼之本质进行深入研究。关于裁判分割共有物之诉的性质，理论界争议不断尚无定论，学说中也时常有扑朔迷离的见解出现，目前学界较为主流的观点持形成诉讼说，但事实上该说亦面临诸多理论难点，尚需突破传统理论的认知瓶颈予以重新定位。

其二，分割共有物之诉属于固有必要共同诉讼，诉讼标的对于共同诉讼的当事人须合一确定，然而实务中当事人的合一确定甚难，致共有物分割纷争无法以本案判决加以解决，因此有削减共有物分割诉讼强烈的“共同诉讼之必要”色彩的必要，此一问题如何在理论上予以解决，即有重大意义。

其三，共有物分割诉讼本质上为非讼事件，为形式上形成之诉，然而对于该问题国内研究并不充分，本研究关于共有物分割诉讼本质与特性的研究将一定程度上完善形成诉讼理论以及非讼理论。此外，对于共有物分割诉讼的诉讼标的、诉讼请求、当事人等理论的研析与定性可保障共有人的辩论权，避免突袭性裁判。

其四，本研究对共有物裁判分割之实体法上、诉讼法上效力的探讨，尤其是共有物裁判分割的既判力、共有物分得部分的交付与执行力扩张问题，不仅可解决共有物分割诉讼中共有人的权利保障，完善共有物分割诉讼的执行程序，还可为案外人的权利救济提供理论支撑。

三、研究的实践意义

分割共有物案件于我国民事审判实务上一直以来皆具有较大分量，此类案件又通常呈现出当事人人数众多、卷证资料厚重、案件久悬不决等特点。然而共有物分割诉讼在司法实践中又存在上述一些错误认知和错误做法，因此，有必要对相关程序规则予以设计完善，以维护共有人之实体权利与程序权利。具体而言，本选题的实践意义主要有以下几方面：

其一，共有人与案外人的利益需在诉讼程序中保持平衡，尤其是程序利益，本研究对于作为执行标的之共同共有财产分割诉讼及被设定担保物权之共有财产分割诉讼的探讨，对于司法实践中该类问题的正确处理有所助益。

其二，本研究通过对共有物分割方法的实证研究，设计出法院审理确定分割方法的一般规则，同时对共有物分割诉讼举证责任分配具体适用情形的归纳，可纠正司法实务中的错误认知。

其三，我国共有物分割诉讼实务中确存在判决无法执行的问题，即有必要解决执行依据中给付内容不明确的难题，还需处理好分割诉讼与执行案件的程序衔接，以便于该类案件的执行。

其四，司法实践中关于共有人请求分割共有物时是否需表明其应有部分、原告所表明的应有部分跟实际的应有部分不同时的处理、应有部分在诉讼系属后发生变动的处理、分割协议不成立是诉讼要件还是抗辩要件、分割共有物之诉能否与其他相关的诉讼合并提起等问题，实务部门分歧亦较大，本研究的理论阐述可澄清司法实务的诸多疑问。

其五，本研究还将一并说明实务中态度不一的其他争议问题，如共有物分割诉讼之诉讼上和解问题、数宗土地可否诉请合并分割、共有物可否一部分维持共有等。

第二节 国内外研究综述

日本、我国台湾地区的学者以及实务对共有物分割诉讼问题有着长期、广泛且极具深度的讨论，自 20 世纪初即有著述开始探讨共有物分割诉讼的基本理论及审理程序，至今已近百年。尽管如此，学者对于共有物分割诉讼的性质、裁判分割判决的效力等仍存在诸多分歧，迄今这一特殊诉讼事件仍然是理论界与实务界研究的热点话题。

共有物分割请求权的性质乃探讨分割共有物之诉的性质及诉

讼标的之理论前提，不过关于该权利的性质学说向来有请求权及形成权之争，德国学说以请求权说为通说，日本学界通说则采形成权说。采形成权观点的学者主要基于请求的内容、比较法上的考察、请求分割意思表示的方式、内容及效果、分割共有物判决的性质、权利附随关系等各方面来认定。〔1〕而主张其为请求权的学者多从条文使用文字、权利内容等角度进行推论。〔2〕

对于分割共有物之诉的性质学界一直有着广泛的讨论，学者或基于共有物分割的本质，或基于共有物分割判决的效果，认为分割共有物之诉乃形成之诉。〔3〕台湾地区学者还从“强制执行法”的条文中寻求共有物分割诉讼为形成之诉的立法依据。〔4〕持给付之诉的学者则主要从原告起诉的内容展开论述。〔5〕还有学者在反思传统诉讼类型三分法架构的基础上得出共有物分割诉讼兼有形成之诉与给付之诉性质的结论。〔6〕日本民诉法学者通说则认为分割共有物诉讼是形式的形成之诉。〔7〕

---

〔1〕 参见陈计男：《程序法之研究（2）》，三民书局股份有限公司1995年版；［日］近江幸治：《民法讲义Ⅱ：物权法）》，王茵译，北京大学出版社2006年版；［日］田山辉明：《物权法》，陆庆胜译，法律出版社2001年版；杨与龄：“论共有物之分割”，载郑玉波主编：《民法物权论文选辑》（上），五南图书出版公司1984年版；吕太郎：《民事诉讼之基本理论（1）》，智胜文化事业有限公司1999年版。

〔2〕 参见陈荣传：“共有物分割请求权是否为形成权?”，载苏永钦主编：《民法物权争议问题研究》，五南图书出版公司1999年版；黄钰慧：“共有物分割基本法律问题之探讨”，载《铭传大学法学论丛》2010年第13期。

〔3〕 参见杨建华：《民事诉讼法要论》，北京大学出版社2013年版；谢哲胜：《民法物权》，三民书局股份有限公司2007年版；孙森焱：“论分割共有物之判决”，载郑玉波主编：《民法物权论文选辑》（上），五南图书出版公司1984年版。

〔4〕 陈计男：“分割共有物之诉之审理及其裁判之效力”，载民事诉讼法研究会：《民事诉讼法之研讨（2）》，三民书局股份有限公司1990年版。

〔5〕 参见刘明生：“分割共有物之诉”，载《月旦法学教室》2012年第117期。

〔6〕 参见王遐龄：“共有物裁判分割之研究”，东吴大学2012年硕士学位论文。

〔7〕 参见［日］新堂幸司：《新民事诉讼法》，林剑锋译，法律出版社2008年版；［日］高桥宏志：《民事诉讼法制度与理论的深层分析》，林剑锋译，法律出版社2003年版。

对于共有物裁判分割的诉讼标的为何，学者之间也有不同看法，有认为应采分割请求权，代表性的学者有陈计男等。[1]亦有基于当事人争执的焦点、分割请求权的行使效果认为共有物裁判分割的诉讼标的是确定分割方法的请求，各有其不同论述。[2]关于裁判分割判决能否作为交付之依据、共有物分得部分执行力的扩张及其争议的救济程序亦为学界争论的焦点，有认为共有物分割判决为给付判决，不仅学理上有其依据，而且实务上也有其妥当性与必要性。[3]反对见解则认为共有物分割判决既然属于形成判决，而非给付判决，自然不得作为执行依据。[4]

相较于我国台湾地区、日本在该问题研究上的繁荣、精细，我国大陆学者的研究则明显有些匮乏。目前尚无此一研究的专门著述，一般散见于论著中而缺乏系统性的研究。庆幸的是近年来我国学者开始关注共有物分割诉讼这一特殊性质的诉讼形态，有学者基于共有物分割诉讼的特殊性，对我国共有物分割诉讼程序设置的完善提出了建设性的观点，其指出国内关于共有物分割诉讼性质的认识误区以及立法上的粗陋，造成司法实务中“无所适从”的现实困境。[5]也有学者认为，共有物分割请求权是一种既不同于一般形成权，也不同于形成诉权的特殊形成权，以其为基础提起的共有物分割诉讼具有相当的特殊性。根据具体情形的不

---

〔1〕 参见陈计男：“分割共有物之诉之审理及其裁判之效力”，载民事诉讼法研究会：《民事诉讼法之研讨（2）》，三民书局股份有限公司 1990 年版。

〔2〕 参见吕太郎：《民事诉讼之基本理论（1）》，智胜文化事业有限公司 1999 年版；杨隆顺：“改进分割共有物事件裁判之研究”，载台湾地区“司法院”：《“司法院”84 年度研究发展项目报告》1996 年第 16 辑上册。

〔3〕 参见陈荣宗：《强制执行法》，三民书局股份有限公司 1989 年版。

〔4〕 参见陈世荣：《强制执行法诠解》，国泰印书馆有限公司 1975 年版。

〔5〕 参见杨朝勇：“论共有物分割之诉之性质”，载《河南财经政法大学学报》2015 年第 3 期。

同，共有物分割诉讼或为形式上的形成之诉或为真正的形成之诉，其他国家和地区具有通说地位的“形式上的形成之诉说”观点，在我国并不适用。〔1〕还有学者基于文义解释的视角，提出共有物的分割究竟是采行“规范目的”解释或是“原旨主义”解释，是立法者在制定“民法物权编”时值得思考的问题。〔2〕亦有学人在借鉴大陆民法是形成权、形成诉讼理论的基础上，以实体与程序两个向度分析共有物分割事件的诉讼法问题，进而提出协议分割之诉和裁判分割之诉的诉讼性质，并就共有物分割诉讼审判过程中的特殊审理原则和通常审理方式的修正进行阐述。〔3〕国内学者中对于共有物分割诉讼的研究最为系统化的当属房绍坤教授，其不仅就共有物分割诉讼的法律属性、共有物裁判分割的方法与效力、共有物分割判决的形成效力等基本理论加以分析，同时还就共有物分割诉讼审理中的一些特殊问题，诸如当事人起诉的特殊条件、当事人诉讼地位的确定、当事人能否反诉与撤诉、上诉案件的审理、诉讼请求的裁判等程序规则加以探讨，〔4〕这也是迄今为止国内学者对于共有物分割诉讼审理程序最为全面的论述。

通过对上述文献的梳理可发现，我国台湾地区的学者对台湾地区“民法”修正施行前、后不同历史时期裁判分割共有物之立

---

〔1〕 参见李辉：“我国共有物分割之诉性质研究”，载《当代法学》2018年第2期。

〔2〕 参见李左峰：“我国共有物的裁判分割研究——以‘原旨主义’的思考为径”，载《内蒙古大学学报（哲学社会科学版）》2018年第3期。

〔3〕 参见袁婷婷：“共有物分割诉讼研究”，西南政法大学2014年硕士学位论文。

〔4〕 具体可参见房绍坤：“共有物分割之诉审理的若干问题”，载《当代法学》2016年第5期；房绍坤：“论共有物裁判分割的方法与效力”，载《山东社会科学》2015年第11期；房绍坤：“导致物权变动之法院判决类型”，载《法学研究》2015年第1期；房绍坤：“论共有物分割判决的形成效力”，载《法学》2016年第11期；房绍坤：“论因事实行为导致的物权变动”，载《山东社会科学》2014年第10期；房绍坤、毕潇潇：“论共有物分割之诉的法律属性”，载《海南大学学报（人文社会科学版）》2016年第5期。

法例进行详尽的考察，针对裁判分割共有物请求权的性质、共有物分割诉讼的主要争议问题予以分析，而判例解释及学理上又多从共有物裁判分割诉讼的特殊性为切入点，对共有物分割诉讼的本质、诉讼标的、判决效力等加以论证。日本学者多从判例出发详细论述分割诉讼的复合性质、共有物裁判分割的功能及其诉讼法效果。然而即便如此，对于共有物分割这一复杂的纠纷形态，日本国内仍普遍认为尚缺乏系统、细致入微的研究。日本学者对于共有物分割诉讼以及共有物分割方法合理化的研究，已经逐渐从传统的解释学中跳脱出来，现在的任务就是直接接受并且尽最大努力使其与当今的日本民法体系相整合。日本学界通说认为共有物分割诉讼的性质为传统的“形式的形成诉讼”，在这个意义上日本学者对于共有物分割诉讼的研究重心即放在保持实质公平性和纷争解决可靠性的同时，确定可能、合理的分割方法，通过精细化的理论研究确保个案中分割方法的最佳适用。

第三节　研究方法

本书采用的研究方法包括文献分析法、比较分析法及实证分析法，分陈如下：

（1）文献分析法。通过收集国内外有关共有物分割诉讼的专书论著、期刊论文、研究报告、相关议题的研讨会记录报告、相关判例资料，对共有物裁判分割之诉的议题加以分析、组织架构、归纳并善用于本书中。

（2）比较分析法。我国有关共有物分割的立法一定程度上是参考台湾地区相关规定和德国、日本民法的规定。因此，欲完善我国相关理论即有必要对我国台湾地区以及德、日共有物裁判分割诉讼制度作比较考察，以供解释的参考。本研究中其他国家和地区比较考察的对象主要是台湾地区、德国、日本有关共有物分割方法的立法进程、分割诉讼程序的特殊规则、分割方法柔软化之学说发展及司法判例中分割方法的裁判规则。

（3）实证分析法。我国实务上对于共有物分割诉讼问题已累积许多司法裁判，本书将系统化整理法院审理、裁判文书中所表达的见解、倾向，以描绘其实际运作情形并得出与本书民事诉讼基础理论相契合的结论。本研究拟集中对我国共有物诉讼中的分割方法采实证分析，系统考察法院在具体分割方法时从何种角度加以考量、需参考哪些因素、法院的自由裁量权的界限如何等。

第四节 可能的创新之处

本研究以民事诉讼基本原理及基本制度为基轴，以共有物裁判分割的实体法理与程序法理、分割程序的非讼法理及诉讼法理为脉络，四线平行或交错织成论述篇章。本研究可能的创新之处有如下几点：

其一，共有物分割诉讼的基础理论多有争议之处，本研究通过对相关学说的归纳梳理，辅以我国司法判例的见解，厘清共有物分割事件的本质、共有物分割诉讼的性质、要件与判决效力。请求确定分割方法乃分割共有物之诉的诉讼标的，也是法院裁判的核心内容，因此本书围绕我国共有物分割诉讼实务中的分割方法，结合数十起判例，对共有物分割方法的选择、分割方法的柔化、法官对于分割方法的自由裁量权等重要问题进行实证研究。

其二，基于共有人的程序权保障，为杜绝共有物分割裁判的执行力争议，在共有物分割诉讼程序中法官应充分行使阐明权，赋予各共有人有攻击防御的机会，使其尽攻击防御之能事，并在判决主文中明示交付分得的共有物。

其三，共有物分割诉讼中的案外人包括共有人作为被执行人时的执行债权人以及共有物分割诉讼中应有部分的抵押权人。本研究着重探讨共有物分割诉讼造成的连锁反应，如可能牺牲共有物分割裁判的既判力，进而回复共有关系的复杂问题。研究认为：在分割诉讼与执行案件的程序衔接上需保障执行债权人的权利，注重共有人与担保物权人的利益平衡，尤其是担保物权人的程序利益，法院可依诉讼参加与诉讼告知制度保障案外人的利益。

其四，本研究系统论述我国共有物分割诉讼的具体审理程序，尤其是司法实务中存在的焦点问题，如共有物分割诉讼与不当得利返还之诉、共有物确权之诉的混淆、诉讼要件、重复起诉、反诉、诉讼上和解与调解、举证责任分配等问题，并结合典型判例评析提出完善建议。

第二章

共有物分割概述

第一节 问题的提出

共有物分割以及共有物分割请求权的性质是关系到共有物分割诉讼程序特点与程序性质的根本性问题，因而是本书研究的基础，有必要先予以澄清。

首先，对于共有物分割的行为究竟是处分行为还是负担行为，我国《物权法》并未作出明确规定，虽然目前理论通说及实务界一般认为共有物分割属于处分行为，但是也存在一些矛盾的地方难以解释。例如，若认为共有物分割为处分行为，那么共有人就必然享有处分权，但是在不少判例中，共有物的应有部分被限制登记，共有人就丧失了处分权。再例如，处分行为与负担行为最大的差别在于处分行为多了一个物权意思表示的要件，而共有物分割的目的在消灭共有关系，使物权内容发生变动，因此，以负担行为认定共有物分割契约，亦有以发生物权变动为目的法律行为的性质。

其次，关于共有物分割请求权的性质，学说上有请求权说、形成权说、折中说等争议，这样的理论分歧会影响共有物分割诉讼的定性问题，其性质究竟是形成之诉还是给付诉讼，抑或是兼具形成之诉与给付诉讼的性质？共有物分割诉讼的诉讼标的是确定分割方法还是共有物分割请求权？等等。最后，过去我国学者在研究共有物分割请求权的性质时，多从单一的实体法的层面进行分析，得出的结论也是基于共有物分割请求权的实体效果而言，但是共有物分割诉讼是一个特殊的纠纷类型，还有必要从其程序法效果倒推分割请求权的性质。

基于这样两个问题意识，本书第二章将分析在界定共有物分割的性质时处分行为说会面临哪些理论困境，处分行为说与共有物分割诉讼程序的关系为何，并基于实体法与程序法两个层面，对共有物分割请求权法律属性进行厘定。

第二节　共有物分割的性质

法律行为依其效力不同可分为负担行为及处分行为。所谓负担行为，是以发生债权债务为其内容的法律行为，亦称为债务行为或债权行为。所谓处分行为，是指直接使某种权利发生、变更或消灭的法律行为，包括物权行为及准物权行为。[1]共有物的分

〔1〕王泽鉴：《民法总则》，北京大学出版社2009年版，第283页。

割目的在于使共有关系消灭，然而就分割共有物的行为，其性质为何，向有处分行为与负担行为见解的争论。此争议的产生是因我国《物权法》第 28 条至第 31 条中关于特殊原因导致物权设立、变更、转让或者消灭的规定所致，该规定中，因继承、法院判决或其他非因法律行为，在登记前已取得不动产物权的，应经登记才可处分其物权。例如因继承关系所取得的不动产，是否应办理继承登记后才能进行共有物的分割，则因对分割行为是否采处分行为的见解而异其结论。若采处分行为说，因其已在登记前取得不动物权，非办理继承登记不得处分其物权。继承人欲分割共有不动产，须办理继承登记才能为之。反之，若采负担行为说，继承人可随时分割共有不动产。兹析述如下：

一、负担行为说

就分割共有物的行为，学说上基于以下理由，认为其性质应属负担行为，而非处分行为，分陈如下：

开正怀教授认为，因继承或者受遗赠取得物权的，自继承或者受遗赠开始时发生效力。因人民法院、仲裁委员会的法律文书或者政府的征收决定等，导致物权设立、变更、转让或者消灭的，自法律文书或者人民政府的征收决定等生效时发生效力。上述两类情形中，皆不以经登记为生效要件，从而所有权系因继承而取得的，虽未办理继承登记，但继承人仍取得所有权。而各共有人间基于协议分割，仅取得合同上的请求权，受请求者亦只负依协议内容而进行履行的义务，因此，所产生的是债权效力。由于处分行为是直接移转、变更或消灭标的物的法律行为，例如物权的移转、债务的免除等，而负担行为则非直接处分标的物，而就其作成负有移转等义务的法律行为，例如买卖、互易等。分割共有物的效果，依我国民法系采取物权移转主义，是共有人相互交换其持分，而使个人就其所得部分取得完全所有权，因此，其性质与互易相同，准用关于买卖的规定，但互易、买卖在约定互为移转财产权或约定一方移转财产权于他方，只属负此契约上的义务，而非直接生移转权利的效力，其为义务行为，而非处分行为。同理，协议分割亦只取得就分得部分所有权移转请求权，也非处分行为。对于判决分割，其有形成判决的效力，虽在共有人间发生权利互为移转的效力，但是由于形成判决直接发生法律上的效果，而使共有变为单独所有，并非因共有人的处分行为而发生物权变动。况且法院判决作出何种分割方法，完全由法院的自由意志决定，并无共有人的行为介入，因此也不能称作为共有人的处分行为。〔1〕

协议分割为契约行为，各共有人基于协议分割，仅取得契约上的请求权，受请求者亦只负有依协议内容而进行履行的义务，因此，所产生的是债权效力。而共有物分割系各共有人以其应有部分互相交换以取得单独所有权，其本质为有偿互易或买卖行为。〔2〕就法理而言，互易或买卖双方在约定互为财产权移转，或一方移转财产权于另一方时，只产生交付或受领标的物、约定价金的契约义务，并未直接发生移转权利的效力，该义务行为不能理解为处分行为。因此，协议分割也当同此解释，即各共有人负有权利移转登记的义务，并不当然产生移转的效果。〔3〕首先，判决分割具有解消共有关系的形成效果，即为形成判决，还有以共有人间分配共有财产的给付行为作为内容判决，即为给付判决，先以形成力

〔1〕 开正怀："共有物协议分割抑判决分割我亦曰非处分行为"，载郑玉波主编：《民法物权论文选辑》（上），五南图书出版公司 1984 年版，第 365-366 页。

〔2〕 温锦堂："论共有人应有部分之抵押与分割之本质"，载郑玉波主编：《民法物权论文选辑》（上），五南图书出版公司 1984 年版，第 300 页。

〔3〕 开正怀："共有物协议分割抑判决分割我亦曰非处分行为"，载郑玉波主编：《民法物权论文选辑》（上），五南图书出版公司 1984 年版，第 365-366 页。

形成给付义务后，再以判决宣示给付内容。[1]则判决分割使共有法律关系变为单独所有，是因形成判决所产生的法律效果，与共有人的处分行为无关，况其分割方式由法院心证适当决定，不受当事人之拘束，所以，不能称为处分行为。实务中也有见解认为，共有物分割通常是就共有人的应有部分及位置予以确定，是共有人单独行使权利与负担义务，非因分割而互相移转，有别于处分行为。

其次，共有物分割的目的仅在于终止物的共有关系，而非使共有物的本权发生事实上或法律上的变动，例如使共有物形体灭失或移转产权于他人，因此，即使共有人行使对共有物分割请求权，性质上并非处分共有物，这一点可以从《物权法》第 97 条关于处分共有的不动产应当经全体共同共有人同意，以及《物权法》第 99 条按份共有人可以随时请求分割的规定中得到验证。由于共有人对共有物的处分，须得全体共有人的同意，而在分割共有物的分割请求上，却可以单独且随时为之，可见共有物的分割请求权与共有物的处分行为，有明显的差异。实务上的见解虽然有将分割行为与处分行为视为同一性质，但共有物分割后应有部分相互移转而发生所谓移转的效力，不过这是分割后的效力问题，并非分割的本身意义，不能因此倒果为因而称分割行为就是处分行为。[2]

最后，分割是将共有人的共有权变更为单独所有，因而不能与变更所有权主体的所有权移转混为一谈。如果将分割理解为处分行为，依上述规定，非经登记不得处分其物权，则共有人在继承

[1] 陈荣宗、林庆苗：《民事诉讼法》（上），三民书局股份有限公司 2004 年版，第 286 页。

[2] 开正怀："共有物协议分割抑判决分割我亦曰非处分行为"，载郑玉波主编：《民法物权论文选辑》（上），五南图书出版公司 1984 年版，第 361-365 页。

登记前即不得为分割协议，否则将不生效，如此解释并不妥当。[1]学者苏茂秋认为，由于共有人对共有物的“处分”，需征得共有人全体的同意，而在共有物的分割请求上，共有人可单独随时为之，可知共有物的分割请求与共有物的处分行为，二者有较大差异。实务上虽然将分割与处分行为视为性质一样，但其只是强调分割后的效力问题，并非分割的本身意义，不能倒果为因认为分割就是处分行为。[2]开正怀先生则认为，共有人之间基于协议分割仅取得合同上的请求权，受请求者亦只负有依协议内容而履行分割的义务，因此，所产生的是债权效力。处分行为是直接移转、变更或消灭标的物的法律行为，而负担行为则非直接处分标的物，只就其作成负有移转等义务的法律行为。由于我国民法采权利移转主义，而分割共有物的效果是共有者相互间移转其应有部分，性质上属义务行为，而非处分行为。[3]

二、处分行为说

处分行为说，或就分割共有物的行为发生物权直接变动的效果，或就共有物分割系采权利移转主义，各共有人既因分割而互为权利移转的角度进行观察，认为分割共有物行为应属处分行为。本书叙述如下：

首先，对于在遗产办理继承登记前能否分割共有物，各法院判决的结果颇不一致，其中多数判决认为被继承人的遗产既然应归继承人继承，则分割共有物即为继承遗产的必然结果，从而是

〔1〕 杨隆顺：“改进分割共有物事件裁判之研究”，载台湾地区“司法院”：《“司法院”84年度研究发展项目报告》1996年第16辑上册，第502页。

〔2〕 苏茂秋：“分割共有物之研究”，政治大学1973年硕士学位论文。

〔3〕 开正怀：“共有物协议分割抑判决分割我亦曰非处分行为”，载郑玉波主编：《民法物权论文选辑》（上），五南图书出版公司1984年版，第360页以下。

否经过继承登记均无影响，换言之，即认为分割共有物并不以继承登记为前提。然而上述见解忽略了分割共有物的性质，因为共有物分割中既然对物的权利有所变更，自然属于处分行为的一种。凡因继承在登记前已取得不动产物权的，其取得虽受法律的保护，不以其未经继承登记而否认其权利，但是继承人如欲分割其因继承而取得共同共有的遗产，因属于处分行为，就必须先经继承登记，否则不得为之。〔1〕

其次，分割共有物性质上为处分行为，共有不动产的共有人中有人死亡时，在其继承人未进行继承登记以前，不得分割共有物。但是若在共有物分割案件的上诉程序中，上诉人提出被上诉人就系争建地尚未办理继承登记，依法不得进行物权的处分。在此种情形下，请求其办理继承登记并合并分割共有物的请求，不但符合诉讼经济原则，也合乎物权法及强制执行程序的根本宗旨。继承人有数人时，在分割遗产前各继承人对于遗产全部为共同共有，继承人请求分割共同共有的遗产，性质上为处分行为，如系不动产，在全体继承人未进行继承登记以前不得为之。

最后，日本最高裁判所昭和 42 年 8 月 25 日的民事判决中认为，共有物分割系在共有者相互间就共有物的各部分实行其所有持分的交换或买卖，各共有人就其应有部分取得单独所有权，从而数人共有变为单独所有，此时即应办理权利的部分移转登记手续。”日本学者中川善之助亦认为分割共有物的结果有各共有人移转持分的性质，因分割而使持分具体化，且共有人因持分移转得以实现单独所有权、价金请求权、价格赔偿请求权。就分割效果而言，既然系各共有人互相移转持分而为互易或买卖，因此，即

〔1〕 赵公茂：“论非依法律行为之不动产物权变动”，载郑玉波主编：《民法物权论文选辑》（上），五南图书出版公司 1984 年版，第 92-93 页。

发生处分行为的效果，虽然未明言为处分行为，实际上隐含分割共有物为处分行为之意。〔1〕

学者王泽鉴认为，分割共有物既然对于物的权利有所变动，即属处分行为的一种，凡因继承在登记前已取得不动产物权的，该项物权取得受法律保护，不以其未经继承登记而否认其权利，但继承人如欲分割其因继承而取得共同共有的遗产，因属于处分行为，需先经继承登记，否则不得为之。〔2〕学者温丰文则以共有土地的协议分割为例，认为不动产协议分割在分割登记完毕时发生分割效力。由于协议分割是以法律行为使共有物所有权发生变动，性质上属处分行为，需订立书面合同并经登记才产生分割效力。〔3〕学者陈荣隆则将处分区分为六种类型，即事实上及法律上处分、仅法律上处分（含私法上及公法上处分）、仅私法上处分（含负担行为及处分行为）、物权处分行为（含物权及准物权行为）、物权行为以及最狭义的处分（仅指让与，不扩及准物权行为、负担行为、公法上的处分及事实上的处分）。但若对处分采最狭义的观点，则让与属处分行为。〔4〕陈荣隆教授还指出："分割请求权行使之结果使其他共有人负有与之协议分割方法之义务，若不为协议或协议不成，可诉请法院订分割方法。所以分割请求权的行使是消灭共有关系而有形成权的性质，即分割请求权的行使使权利发生变动，且共有人间会进行应有部分之交换或买卖，因此，为处分行为。此外，裁判分割发生两个效果，一为共有关系消灭，二为法院须酌确定分割方法，此亦属法律关系发生变动的

---

〔1〕 林瑞成："共有物分割问题之检讨"，载《台湾法学杂志》2007年第92期。

〔2〕 王泽鉴："分别共有物的分割"，载王泽鉴：《民法物权·（第1册）通则·所有权》，中国政法大学出版社2001年版，第363页。

〔3〕 温丰文："共有物分割效力之发生时期"，载《月旦法学教室》2006年第42期。

〔4〕 陈荣隆："部分共有人出卖共有物之效力——'最高法院'八十九年度台上字第四四号判决评释"，载《台湾法学杂志》2001年第18期。

情形。另从民事诉讼法之角度，法院所为之判决为形成判决，一经判决确定法律关系即发生变动，此变动虽是用判决之方式，但是当事人也参与程序中，因此，分割为处分行为”。〔1〕学者陈明灿认为，共有物的处分、变更及设定负担，应取得共有人全体的同意。此处的处分也应包括法律上以及事实上的处分，但不包括设定负担的物权行为以及变更的事实上处分。〔2〕

三、共有物分割的性质的厘定

法律行为依效力的不同可分为处分行为及负担行为。处分行为以直接发生权利变动，即移转、变更、消灭为标的之法律行为，物权行为即属之。负担行为即因行为而负有给付义务之法律行为，如债权行为。〔3〕若探讨共有物分割为处分行为还是负担行为，则需依法律行为之效力来论断，不能仅以共有物分割的目的判断。共有物分割请求权是在共有关系存续中的权利，性质上为形成权，使其他共有人负有与之协议分割方法的义务，如协议不成或于协议决定后因消灭时效完成经共有人拒绝履行得请求裁判分割，以判决消灭共有关系。因而共有物分割需先经协议分割后始得请求法院裁判分割。在协议分割，共有人间须先成立协议分割契约，是一种债权契约与负担行为，负担行为不以有处分权为必要，仅在全体共有人履行协议分割契约内容办理所有权移转登记，因移转登记使所有权变动，应该作为一种处分行为。至于协议不成或协议决定后因消灭时效完成经共有人拒绝履行，同意分割的共有

〔1〕 陈荣隆：“‘共有物分割议题之检讨’议题讨论”，载《台湾法学杂志》2007年第92期。

〔2〕 参见陈明灿：“论共有土地分割与权利保护简评‘司法院’大法官释字第六七一号解释”，载《台湾法学杂志》2010年第150期。

〔3〕 参见林诚二：《民法总则新解：体系化解说》（下），三民书局股份有限公司2012年版，第43-45页；王泽鉴：《民法总则》，北京大学出版社2009年版，第282页。

人就可以诉请裁判分割，且物权法中所定的分割方法均会造成所有权或定限物权变动，即便是变价分割，各共有人的应有部分不复存在，因分割后维持共有的客体已与原共有所有权不同，共有物裁判分割行为应属于处分行为。

我国司法实务中，一般认为共有物的分割应理解为对共有物的一种处分行为。更有司法判例进一步认为，既然共有物的分割是一种处分行为，那么请求分割共有物的按份共有人的请求内容是否能得到实现，取决于其是否对按份共有物占三分之二以上的份额。杨某某2等与邵某某分家析产纠纷上诉案[1]中，二审法院就讼争房屋是否应予分割的问题进行审理，并认为在没有约定或者约定不明确的情况下，按份共有人享有的仅为一种分割请求权，也即其虽然可以随时请求分割，但其请求的内容是否能实现，有待进一步审查。对共有物进行分割，必然改变其法律上的归属，是对该共有物法律上状态的改变行为，因此，共有物的分割是对共有物的一种处分行为。且依《物权法》第97条的规定，处分共有的不动产或者动产以及对共有的不动产或者动产作重大修缮的，应当经占份额三分之二以上的按份共有人或者全体共同共有人同意，但共有人之间另有约定的除外，因此，在共有人无约定的情况下，请求分割共有物的按份共有人的请求内容是否能得到实现，取决于其是否对按份共有物占三分之二以上的份额。本案中，邵某某对讼争房屋仅占二分之一份额，未到达三分之二以上，在同样对讼争房屋占二分之一份额的三名上诉人不同意分割的情况下，邵某某的分割主张就不能得到支持。邵某某主张因三名上诉人的行为导致其不能实现对房屋的权益，因此，该房屋目前由邵某某实际控制，三名上诉人也未实施阻止邵某某实现对房屋的权益的

---

〔1〕 参见（2013）成民终字第2985号民事判决书。

行为，且邵某某认可目前不存在妨碍其正常使用房屋的情形，因此，邵某某的主张与事实不符，法院不予支持。

虽然目前通说及在实务领域均认共有物分割为处分行为，但本书认为该观点在理论上仍存有漏洞。首先，就判决分割而言，由于处分行为直接导致物权变动，因此，处分行为的标的必须确定，且处分人须有处分权，而判决分割若属处分行为，则共有物的应有部分经限制登记，该共有人即丧失处分权。[1]此时对债务人而言，其所有的共有标的物已丧失处分的权能，即处于给付不能的状态，法院自无从命令其进行移转登记。实务上认为裁判分割是法院基于公平原则，决定适当的方法而分割共有物，自不发生有碍执行效果的问题，债权人即不得对其主张不发生效力，因此，共有土地的共有人中一人或数人的应有部分经法院办理查封、扣押或破产登记后，在未进行涂销前，其他共有人依法院确定判决申请办理共有土地分割登记，登记机关仍应予以受理，这与法院判决分割为处分行为，应以共有人有处分权为前提有所矛盾。其次，就区分理论而言，虽然处分行为与负担行为的概念区分具有一定的理论意义，但由于区分的标准较具争议而导致不易理解，事实上对于二者是否有区分的必要，就规范目的而言，处分行为与负担行为最大的差别在多了一个物权意思表示的要件，而共有物分割的目的在消灭共有关系，使物权内容发生变动，因此，以负担行为认定共有物分割契约，亦有以发生物权变动为目的法律行为的性质。就规范效力的发生而言，共有人全体合意约定共有物分割，仍应经登记才产生效力，尚无法直接发生物权变动的效果，即与处分行为有别。而就登记要件而言，因处分行为而使不动产物权发生、丧失或变更，应履行登记要件才发生效力（登记

---

〔1〕 吴光明："物权行为理论之探讨"，载《月旦法学杂志》2011 年第 198 期。

生效），但负担行为经登记后即产生物权效力，对应有部分的受让人仍继续存在（登记对抗），因此，若以登记的公示手段区分法律行为的类别也会存在瑕疵。事实上，就有学者对此提出质疑认为，处分行为非社会生活所肯认，也非法学理论所必然，而是德国法学者所虚构的抽象理论，因此，强行区分处分行为与负担行为应无必要。[1]

持处分行为说会产生上述疑问，理论上难以解释。尽管如此，共有物分割的性质仍偏处分行为。

首先，由于共有物分割发生效力后，各共有人即各自取得分得部分的单独所有权，因此，是以法律行为使共有关系变更为单独所有，共有人的应有部分交换致共有物所有权（物权内容）发生变动，性质上属处分行为，且不因协议分割或裁判分割而有不同。此外，有效的处分行为应以处分人有处分权为要件，就不动产而言，应以土地登记簿记载的权利人为主，因此，在遗产继承下，非先经登记各继承（共有）人尚不得进行分割遗产的处分行为，而在诉讼上可以合并进行办理继承登记部分的请求，主要是为了符合诉讼经济原则。

其次，由于共有物分割请求权的权利行使的结果足以使他人负有与之协议分割方法的义务，在不能或不为协议时，可以诉请求定其分割方法，此项请求具有废止共有关系的意思表示，具有形成权的性质，而非请求权。形成权赋与权利人可依其意思而形成一定法律效果，相对人并不负有相对应的义务，只是受到拘束，须容忍此项形成及其法律效果，[2]与请求权系请求相对人为特定行为的权利不同。分割共有物请求权行使的结果将使权利发生变

---

〔1〕 谢哲胜："物权独立性之检讨"，载谢哲胜：《财产法专题研究》，三民书局股份有限公司1995年版，第94-96页。

〔2〕 王泽鉴：《民法总则》，北京大学出版社2009年版，第105页。

动，共有关系消灭，在共有人相互间是就共有物进行其所有应有部分或潜在应有部分的交换或买卖，各共有人所取得的并非原始的单独所有权，分割共有物足以使共有人权利发生变动。质言之，在协议分割情形下，共有人全体参与分割的协议与履行，分割之后即消灭各共有人就共有物的共有关系。因此，协议分割已直接使权利发生变动，属处分行为。而在裁判分割情况下，共有人请求法院分割，此项请求即有共有关系的废止并伴随实施分割的意思，共有人因判决结果而发生权利变动，就分割所取得部分成为单独所有人。因此，分割共有物应要属处分行为无疑。另外，就分割的效力而言，分割的效力究采宣示主义或移转主义，容有争议，但通说认为分割效力系采移转主义，即共有物分割后共有人取得分得部分单独所有权，其效力系向后发生，而非溯及既往，因此，分割共有物会使共有人的权利在分割发生时产生变动，将其理解为处分行为尚无不妥。

最后，从共有物的共同共有状态及分别共有状态区别分析。处分行为以处分人对于标的物有处分权为必要，否则即成为无权处分行为。分别共有物的分别共有人对其应有部分有处分权，不似共同共有人不能自由处分其潜在之的应有部分。但共有物分割的目的在于废止共有关系，使共有所有权发生变动，性质上属于处分行为。继承人将共同共有的遗产变更为分别共有，系使原共同关系消灭，另创设继承人各按应有部分对遗产有所有权的新共有关系，其性质应仍属分割共有物的处分行为。

第三节　共有物分割请求权

对于共有物分割事件，无论是在我国实务裁判抑或是学说探讨屡见不鲜，原因在于其涉及实体法及程序法的复杂交错问题。举例而言，共有人的共有物分割请求权的性质有形成权或请求权之争，这是一个实体法问题，但是在诉讼上不仅产生形成判决或给付判决之不同，亦影响当事人可否成立诉讼上之和解。此外，共有物分割请求权的权利性质与分割共有物诉讼的性质、诉讼标的之界定息息相关，也是探讨该问题的理论前提，因此，对共有物分割事件这一特殊纠纷类型的研究，需要确定的一个逻辑基础即是对共有物分割请求权此一实体权利性质予以厘清。

德国、日本、我国台湾地区的学者以及在实务中对共有物分割请求权有着长期、广泛且极具深度的讨论，自 20 世纪初即有著述开始探讨共有物分割请求权的基本理论，至今已近百年。尽管如此，学者对于共有物分割请求权的性质仍存在诸多分歧，迄今这一特殊诉讼事件的请求权基础仍然是理论界与实务界研究的热点话题。我国对于共有分割请求权这一问题的研究以实体学者论述较多，却尚未引发程序法学者的强烈关注，导致共有物分割诉讼理论难以系统化，加之既有研究欠缺对我国实务的充分考察，因此，有必要从程序法的立场切入，紧密结合我国实务做法，对共有物分割请求权的权利属性进行深入研究。

以上述问题意识为导向，本书认为欲对共有物分割请求权的性质作出准确界定，在对其他国家和地区立法体系及学说进行比较考察的同时，还需结合我国立法体例和实务操作进行探讨。本书将重点探讨：理论学说上共有物分割请求权的性质有请求权说、形成权说、折中说等诸多见解，其论证基础为何，大陆法系国家或地区在认定上有何差异，能为我国理论学说提供何种借鉴。此外，通说系采形成权说，学者的主要观点及主要立论理由有哪些，我国应如何界定共有物分割请求权的权利性质、实务操作的一般做法是否与理论见解一致。

一、共有物分割请求权的权利内涵

所有权消灭的原因有绝对消灭与相对消灭两种，绝对消灭又可为所有权客体标的物之灭失，如房屋焚毁、倒塌或所有权本身终局归于消灭，他人并未取得所有权，如征收、重划或抛弃。相对灭失为所有权与原权利主体分离，主观的失其存在，但权利本身并未消灭而归属新权利主体，如买卖、赠与等。共有为所有权的变体，除上述所有权消灭原因外，因其主要有共有关系的存在，因此，当共有人的应有部分归共有人中的其中一人或分割共有物时，共有人即脱离共有关系而产生单独所有权的效果，共有即归于消灭。换言之，共有物分割是以共有关系消灭为目的之清算程序，为共有所有权消灭的特别原因。

就单一共有标的物而言，共有物分割可分为两个阶段，第一阶段应先就共有物予以分割为若干同种类、同质的部分，第二阶段再就各分割部分，各共有人的应有部分互相交换以取得单独所有权。因此，对于因分割而归属自己的部分，系自其他共有人受让存于其上的应有部分权利。反之，对于归属其他共有人的部分，系让与存于其上的应有部分权利，因而各自取得分割所得部分的单独所有权。〔1〕质言之，单一共有物分割应先办理标示分割的事实上处分行为，分割后各部分权利并未变动，之后再就分割各部分进行应有部分互相移转的法律上处分行为，即共有人依协议或依诉讼程序各自取得其应有部分所有权，而后者才是所谓共有物分割。

就共有人不完全相同的数宗标的物而言，共有物分割是共有

〔1〕温锦堂：“论共有人应有部分之抵押与分割之本质”，载郑玉波主编：《民法物权论文选辑》（上），五南图书出版公司1984年版，第300页。

人基于共有权所进行的处分行为，在各宗标的物上各共有人以其应有部分互相交换以取得单独所有权，因此，若采原物分配，仅能分配于原共有人或原共有人之一。换言之，对于共有人不完全相同的数共有标的物，若共有人欲以协议分割的方式分配，因共有人既不完全相同，则在共有标的物上无所有权的人自无法与他人彼此相互移转、让与应有部分，不符合原物分配的基本原则，即不属于物权法所称的协议分割，其性质更类似于民法上的互易行为，可准用买卖的规定。因此，共有物分割后取得单独所有权者必须为原共有物的共有人之一或由原共有物部分共有人成立新的共有关系维持共有。

法谚称“共有乃纷争之母”，由于共有人就共有物的利益易滋生纠纷，因此，有必要通过分割来终止共有关系而成为单独所有，以维护物的使用效率。[1]近代民法在立法政策上亦多将单独所有视为原则、共有为例外，并尽可能使共有易于终止或消灭，即以自由分割为原则。一般而言，各国民法上所规定的共有物分割请求权是指各共有人对于共有物可以随时请求分割、进而消灭共有关系的权利。对于共有物之所以请求分割，常见的立法理由则有共有关系使得共有物的改良存在障碍、共有物的融通受到阻窒、国家经济易受损害、各共有人间易产生纷争等等。

在共有关系存续中因共有物系共有人共有、受多数人支配，共有物的改良或处分均受到牵制，也不许单独所有人自由处分。为谋求共有人便利及共有物的最大利用，各国民法均赋予各共有人可随时请求分割共有物的权利。我国《物权法》也在第 99 条规定了共有人的分割请求权，依该条款，按份共有中若无例外规定

---

〔1〕谢哲胜：“分别共有物分割的自由与限制”，载《月旦法学教室》2006 年第 44 期。

各共有人均可随时请求分割，即享有分出、转让、抛弃份额、退出自由。[1]该规定赋予各共有人可以随时请求分割共有物的权利，此即物权法上的共有物分割请求权，该权利行使的效力是将各共有人抽象的应有部分转为具体的特定部分。由于共有关系之消灭、共有物的分割以自由分割为原则，因此，享有分割请求权的各共有人可随时以单方意思表示请求分割共有物，消灭共有关系，这也是近代个人主义下分别共有制度的必然要求。

二、共有物分割请求权的性质之辩

上文业已阐述，欲行分割的共有人对其他共有人请求同意分割共有物的权利被称作共有物分割请求权，此处暂将之称作“请求权”，不过需要说明的是虽然称之为请求权，但是该权利性质究竟是请求权抑或为形成权，素有争论。就共有物分割请求权的法律性质之辩，本书分陈如下：

（一）请求权说

请求权说认为分割请求权的行使是请求其他共有人就共有物的分割方法达成一定的协议方式，即请求其他共有人就共有物同为分割及同为协议分割方法为内容，因此，其性质应属请求权，而非形成权。陈荣传教授主张共有人请求分割是请求其他共有人协力进行特定分割行为、协议确定分割方法，该权利旨在消灭共有关系，因此，共有物分割请求权的性质为请求权非形成权。[2]有论者进一步指出该请求权的目的是消灭共有关系，其标的是采取相应

〔1〕 段文波：“共有财产涉讼类型化析解”，载《国家检察官学院学报》2016年第2期。

〔2〕 参见苏永钦主编：《民法物权争议问题研究》，五南图书出版公司1999年版，第232页。

分割措施后的给付行为，因此，其属于一种债权请求权。[1]基于此，若在原物分割的情形，分割请求权的内容为请求其他共有人采取原物分割所需的必要行为（如交付及登记）以及让与应有部分的意思表示。在变价分割的情形，请求权的内容则包括变价分割的必要行为，如强制拍卖的行为以及就价金分配而作出共同协力的行为。不过对于上述债权请求权的学说，有学者提出质疑认为，由于共有人之间并不存在债权债务关系，分割请求权也并非基于债的关系而产生，因此，该请求权并非债权请求权，应属于基于物权的请求权。[2]因而在请求权说下，主张分割的共有人需要其他共有人为一定行为，权利内容方能实现，这符合请求权需要相对人为特定行为的内涵。也就是说，共有人请求分割共有物虽是单方意思表示，但该意思并不能直接消灭共有关系，分割请求权人仍需与其他共有人达成分割协议并履行，共有关系始得消灭。

采形成权说的学者中，多数引用德国民法第 758 条的规定，以该条为比较法上的依据。但就德国民法第 758 条及我国《物权法》第 99 条相比较而言，两者在立法体例上并不相同，前者放在债之关系中，后者为物权的规定，且德国民法第 758 条的重点在于规范共有人间的内部关系，而我国《物权法》第 99 条则系针对共有人的权利义务而规定，两者间相互比附援引的基础似甚薄弱。此外，德国民法第 758 条规定："废弃共同关系的请求权不罹于时效"，该条旨在说明此一请求权与其他基于共有而发生的请求权，例如第 748 条所规定的共有人的负担或费用请求权不同，不适用时效的

---

[1] 参见刘明生："应有部分抵押权与质权于共有物分割后之效力"，载《两岸民法论坛——第 9 届民法典学术研讨会论文集》，2011 年。

[2] 参见刘耀东："按份共有中共有物分割问题研究"，载《云南大学学报（法学版）》2010 年第 4 期。

规定，[1]学说上也未认为其具有形成权的性质。如以本条的规定作为认定我国《物权法》第99条的共有物分割请求权具有形成权性质的依据，显然与该条文直指其为“请求权”的明文抵触。即便认为德国民法第758条是属规定在债编的物权规定，在德国民法物权编中同样属于此种不罹于时效的请求权，尚有第907条规定以下的请求权，即一般所称的相邻请求权。上述基于相邻权而发生的请求权之所以可随时请求，不受时效规定的限制，系因其附随于相邻关系而生，只要相邻关系存在随时均可行使，时效期间无从起算，或直接认定其为性质上不属消灭时效客体的请求权。德国学者一般均采其条文的法定名称认为此项请求权不具时效性，尚无进而认定其为形成权的。[2]

不过，学者也注意到该请求权与其他形式请求权间的区别。有论者就条文上“可随时请求分割”的文字内容进行观察，认为此种分割共有物的权利系向其他共有人请求，但其名为“请求”，实际上却并非一般请求权而系与共有关系俱存的权利。[3]还有认为共有人请求分割共有物并不是仅有单方意思表示即能实现权利内容，这不同于形成权的行使方式，因此，仍应将其理解为系请求权，仅其请求权与共有权利同时存在，不因时效消灭而已。[4]还有观点认为按份共有物分割中共有人可以单方意思表示请求分割，分割共有物请求权具有形成权之特征，但在约定不可分割或请求分割之重大理由未成就时，因不能产生形成效果而不符形成

〔1〕陈荣传：“共有物分割请求权是否为形成权？”，载苏永钦编：《民法物权争议问题研究》，五南图书出版公司1999年版，第226页。

〔2〕参见陈荣传：“共有物分割请求权是否为形成权？”，载苏永钦编：《民法物权争议问题研究》，五南图书出版公司1999年版，第227页。

〔3〕参见姚瑞光：《民法物权》，自版1966年版，第227页。

〔4〕参见杨建华：《问题研析民事诉讼法（3）》，陈心弘增订，三民书局股份有限公司2010年版，第309页。

权之特征，因此，将分割共有物请求权界定为一种物权请求权更合乎立法之本意。[1]

总结归纳学者的主要观点可发现采请求权说的主要理由如下：

从请求权与形成权的权利属性来看，请求权乃要求特定人为特定行为（作为或不作为）的权利，需有相对人协力或法院的强制执行才能实现；形成权则是指权利人以单方意思表示即可使原有法律关系发生、变更或消灭的权利。[2]但共有物分割请求权不论是在协议分割还是裁判分割的情形，不因行使共有物分割请求权而立即发生共有关系消灭的效果。一方面，物权法在共有物分割的效力上因采权利移转主义，共有物分割的效力在判决确定后才发生。另一方面，同意分割的共有人单独行使共有物分割请求时，需由其他共有人与之确定分割方法并履行协议或甚至需由法院协助，才会发生共有关系消灭的效果。[3]这符合请求权需有相对人为特定行为的概念，而与形成权仅需由一方意思表示而形成法律效果的含义不合。

部分学者之所以采形成权说，其论证基础在于认为分割判决为形成判决，分割之诉为形成之诉，诉讼标的当然为形成权。然而形成之诉需原告有形成权才能提起，但共有物分割本质上为非讼事件，并无诉讼标的可言。民法上与分割相类似的制度为离婚，离婚的方法为协议离婚与判决离婚。判决离婚是形成诉讼，婚姻法规定的离婚诉权为形成权，但学说及实务并未以此为由将协议离婚之离婚请求权定性为形成权。且即便认为分割共有物判决是

---

〔1〕参见最高人民法院物权法研究小组编著：《〈中华人民共和国物权法〉条文理解与适用》，人民法院出版社2007年版，第307页。

〔2〕王泽鉴：《民法总则》，北京大学出版社2009年版，第105页。

〔3〕黄钰慧：“共有物分割基本法律问题之探讨”，载《铭传大学法学论丛》2010年第13期。

形成判决，但分割共有物事件本质为非讼事件，与通常的形成诉讼不同，因而若以形成判决而推论其诉讼标的为形成权似乎无据。[1]

陈荣传教授认为目前采形成权说的观点主要是从实体法及程序法两个层面来解释，在实体法方面是因为共有物分割请求权不适用消灭时效的规定，在程序法方面是因为法院判决的效力直接使当事人间权利义务发生变动，以此得出分割请求权为形成权的结论，然而分割请求权之所以不适用消灭时效制度，并非由于其具有形成权的特征，仅仅是出于共有关系暂时性的考量。[2]温丰文教授采相同见解，认为即使采请求权说也不产生罹于消灭时效问题，因为共有物分割请求权是与共有关系俱存的权利，所有共有人均可以随时提出。[3]

有学者认为以德国法的规定作为共有物分割请求权为形成权说的依据并不恰当，德国民法第758条关于废止请求权的规定是源自于第749条的规定，[4]而德国法上的共有物分割系有两阶段的请求权：一为废止共同关系的请求，即德国民法第749条第1项的规定；二为实施共有物分割的请求权。[5]这两个阶段的请求权内容即为请求废止共同关系、请求共同订立分割计划及请求履行分割约定（现德国学说大多认为废止请求权是以请求协同分割及履行为其内容），因此德国法下共有物分割系为给付之诉。然而德国

---

〔1〕 黄钰慧："共有物分割基本法律问题之探讨"，载《铭传大学法学论丛》2010年第13期。

〔2〕 参见陈荣传："共有物分割请求权是否为形成权？"，载苏永钦编：《民法物权争议问题研究》，五南图书出版公司1999年版，第233-234页。

〔3〕 参见温丰文："共有物分割请求权"，载《月旦法学教室》2007年第54期。

〔4〕 通说认为德国民法第749条第1项系为请求权，德国立法例上亦不希望共有关系永续存在。参见黄钰慧："共有物分割基本法律问题之探讨"，载《铭传大学法学论丛》2010年第13期。

〔5〕 参见秦公正："共有物の分割方法とその诉讼手续"，载《日本比较法杂志》2011年第2期。

法上述条文在立法体系上规定于债编第 7 章“各种之债”第 15 节“共同关系”中，而我国的相关规定是位于物权法，因此若以德国民法第 758 条的规定作为认定分割请求权为形成权的理由，违反德国法的精神。

（二）形成权说

形成权理论的建立乃法学上的重大发现，其是由德国学者 Seckel 于 1903 年正式提出。形成权以直接支配客体法律关系为内容，且可通过单方法律行为形成主观或具体的法律关系。[1]关于共有物分割请求权的法律性质，持形成权说的学者多从该项请求权行使的效果来论证，由于共有人提出分割请求后即发生其他共有人与之协议分割的效果，因此，其性质为形成权。[2]采形成权说的学者中，陈计男教授认为分割类似于一种清算程序，旨在消灭共有关系，因此分割请求权有形成权的性质，且此项请求权与共有关系相依存，在共有关系存续中随时存在。然而由于法律并未规定该项分割请求权的形成要件，因此，学说上称为实质上要件欠缺的形成权。[3]日本学界通说亦采形成权说，如近江幸治教授认为共有人的分割请求并不以其他共有人的特定行为为前提，仅是单方提出消灭共有关系的行为，所以具有形成权的性质。[4]田山辉明教授亦持类似见解，认为根据共有人的单方请求，即可

〔1〕 参见王泽鉴：“法学上的发现”，载王泽鉴：《民法学说与判例研究（4）》，中国政法大学出版社 2003 年版，第 11 页。

〔2〕 参见谢在全：《民法物权论》（上册），中国政法大学出版社 2011 年版，第 546 页；温丰文：《论共有》，三民书局股份有限公司 2011 年版，第 57 页；吕太郎：《民事诉讼之基本理论（1）》，智胜文化事业有限公司 1999 年版，第 5 页。

〔3〕 参见陈计男：“分割共有物之诉之审理及其裁判之效力”，载陈计男：《程序法之研究（2）》，三民书局股份有限公司 1995 年版，第 66-67 页。

〔4〕 参见［日］近江幸治：《民法讲义Ⅱ：物权法》，王茵译，北京大学出版社 2006 年版，第 180 页。

产生其他共有人与之定分割协议或分割方法的法律关系。〔1〕

我国大陆民法学者多认为共有物分割权为形成权，王利明教授认为由于只要共有人提出请求即发生分割效果，因此，应为形成权。〔2〕梁慧星教授亦谓之为“分割权”而不称作为“分割请求权”。〔3〕有学者同时又对该形成权的形态加以具体分析，认为共同共有情形下的分割共有物请求权为普通形成权的性质，其他情形则宜采要件欠缺的形成权说。〔4〕共有物分割请求权仅依一方的意思表示便可以发生法律效力，且不受消灭时效的限制，该权利符合形成权的主要特征，而与一般意义的请求权有所差别，所以其为形成权。〔5〕共有人分割请求权的立法目的在于能够尽早结束共有关系，因其主体为多数人，对权利的行使必将带来不便，因此其性质宜界定为形成权。〔6〕

梳理采形成权说学者的观点可以发现其主要立论理由有如下几点：

首先，依实体法的规定，虽然条文内容为“请求”但其性质实为形成权的，并非只有共有物分割请求权，还有合同解除权、判决离婚请求权等。而就其请求的内容进行观察，共有物分割请求权属分割共有物的权利，而非请求其他共有人同意该分割行为

---

〔1〕 参见［日］田山辉明：《物权法》，陆庆胜译，法律出版社2001年版，第189页。

〔2〕 参见王利明主编：《中国民法典学者建议稿及立法理由·物权编》，法律出版社2005年版，第184页。

〔3〕 参见梁慧星主编：《中国物权法草案建议稿附理由》（第2版），社会科学文献出版社2007年版，第374页。

〔4〕 参见刘青文：“论共有的法律适用——以《物权法》为视角”，载《河北法学》2008年第9期。

〔5〕 杨旭：“论共有物分割请求权的限制——‘刘柯妤诉刘茂勇、周忠容共有房屋分割案’评释”，载《政治与法律》2017年第4期。

〔6〕 赵秀梅：“共有物处分问题研究”，载《法学论坛》2013年第6期。

或履行分割协议，因此，非请求权。[1]就权利附随于共有关系的性质来看，共有关系存续中共有人请求分割共有物的权利是共有权利之附随权利，而非一种独立于共有权利的请求权。[2]

其次，就请求分割意思表示的方式或内容进行观察，分割共有物之意思表示一经作出即发生共有物单独所有之效力，因此，为形成权。[3]请求分割在效果上等同于废止共有的意思表示，此即具有形成权的含义。[4]共有物分割请求权既属形成权，因共有人的意思表示发生效力，其效果足以使共有法律关系彻底变更为各共有人单独所有，这种形成权的性质即要求共有人不能只选择部分共有人对共有物进行分割，此点与请求权的性质有所不同，若采请求权说，则可以对特定的相对人行使而发生效力，因而共有人之数人请求保持共有关系而主张与其他共有人分割共有物的，为形成权性质所不许。如共有人中之数人欲维持共有关系，则只有分割后取得单独所有权再重新约定成立另一共有关系。[5]

再次，德国法就共有物分割体系与我国民法不同，德国民法就废止共有关系与共有物的分割方法均规定于债编，[6]但我国系规定于物权法，体系上不同，自难与我国作相同解释。就比较法的立场进行观察，共有物分割请求权并非一般请求权，而是与共有关系俱存的权利，与德国民法第758条的规定有相同的意旨。[7]

---

〔1〕 杨与龄："论共有物的分割"，载郑玉波主编：《民法物权论文选辑》（上），五南图书出版公司1984年版，第349页。

〔2〕 李肇伟：《民法物权》，自版1966年版，第227页。

〔3〕 梅仲协：《民法要义》，自版1955年版，第400页。

〔4〕 史尚宽：《物权法论》，中国政法大学出版社2000年版，第150页。

〔5〕 孙森焱："论分割共有物之判决"，载《法学丛刊》1966年第41期。

〔6〕 黄钰慧："共有物分割基本法律问题之探讨"，载《铭传大学法学论丛》2010年第13期。

〔7〕 辛学祥：《民法物权论》，台北商务印书馆1980年版，第91页。

最后，若认为分割请求权系请求其他共有人同为分割之权，那么在被请求人拒绝请求时自应提起给付之诉方足以贯彻其主张。但实体法却规定各共有人可请求法院以判决确定分割方法，可知分割判决显在行使分割请求权的效果，并以直接发生分割结果为目的之形成判决，而非给付判决。[1]而就共有物分割判决的性质进行观察，法院基于原告共有物分割的请求而以判决直接发生分割的效果，因此，其判决为形成判决，从而原告请求分割的权利自然就为形成权，通说将分割请求权的性质理解为具有物权性质的请求权有所偏差。[2]

（三）折中说

折中说认为应就请求其他共有人协议分割或请求法院以判决分割区分开来。首先，协议分割中共有人的分割共有物请求权并非一经意思表示就能发生消灭共有关系之效果，尚需其他共有人协议分割方法并履行分割契约，这与一般形成权的内涵明显有别，在权利性质上更趋近于请求权的权利内容与特征，因此，协议分割情形中共有物分割请求权为请求权，只不过该请求权与共有权利同时存在，不因时效消灭而已。其次，对于共有人间就分割方法不能协议而提起分割共有物之诉的裁判分割情形，由于请求法院进行裁判分割，当事人对于分割并无争执，仅就共有物的分割方法不能协议，符合形成之诉的性质，应认为其诉讼标的为共有人的形成权，在原告胜诉时为形成判决。[3]

持折中说的学者还认为，共有物分割请求权系因共有关系存

---

〔1〕 吕太郎：《民事诉讼之基本理论（1）》，智胜文化事业有限公司 1999 年版，第 5 页。

〔2〕 倪江表：《民法物权论》，正中书局 1954 年版，第 130 页。

〔3〕 杨建华：《问题研析民事诉讼法（3）》，陈心弘增订，三民书局股份有限公司 2010 年版，第 309-310 页。

在而当然发生，在共有关系存续中各共有人可随时行使，不因时效而消灭。目前以形成权说为通说，实务上也认为共有物分割请求权的性质为形成权之一种，并非请求权。请求权才是消灭时效的客体，形成权非消灭时效的客体，因此，共有物分割请求权并不适用消灭时效的规定。[1]然而依分割过程来看如果只是单纯行使共有物分割请求权，并不会即刻产生物权变动的效果，因为请求后还要经过共有人协议，若协议成立尚需登记才可发生效力，若协议不成则应诉请法院确定判决产生形成力后才发生效力，则依效力发生时点而论，单以形成权认定共有物分割请求权即有疑问。因而，共有人欲分割共有财产须先解消其共有的法律关系，同时就共有财产实行分割，则共有物分割请求权不论协议分割或判决分割，就“分割”的概念可区分为请求分割以终止共有关系之“终止权”与请求分割方法以进行分割程序之“分割权”，那么在逻辑上共有人“分割共有物之意思表示”即等同于“终止共有关系之效果”，因此，终止权为形成权的性质。而当共有关系终止后即为共有物如何分配的问题，此为分割权行使的范畴，因此，请求其他共有人协议分割方法，为请求权的性质。而当共有人不能为有效分割协议而诉请法院酌定适当的分割方法，其性质则属形式的形成判决，仍有形成力的效果。如此一来，共有物分割之终止权（即形成权）及分割权（即请求权）分离。

三、共有物分割请求权法律属性的厘定

通过对有关共有物分割请求权性质的学说梳理可发现，关于该权利的性质学说向来有请求权及形成权之争，德国学说以请求

---

〔1〕 陈荣宗、林庆苗：《民事诉讼法》（上），三民书局股份有限公司 2004 年版，第 286 页。

权说为通说，日本学界通说则采形成权说，我国台湾地区学者中，王泽鉴、谢在全、温丰文等赞成形成权说，而以陈荣传教授为代表的学者主张其为请求权，我国大陆民法学者多认为共有物分割权为形成权。不过上述论争基本上均是以实体法的角度展开，缺乏程序法上的结合，而我国学者对于该权利属性的分析也或多或少欠缺对司法实践做法的实证考察。事实上，正如本书引言所述，共有物分割请求权的性质问题是涉及实体法及程序法的交叉问题，对其权利属性的判断很难仅从实体法这一单一维度就能定性。由于“请求权”是连接实体法与程序法的桥梁，民事诉讼类型的划分即是以“请求权”为依据，因此，判断共有物分割请求权的权利属性，不光要看其实体法上的效果，还需从其诉讼法上的效果予以分析。因此，本书以下即通过实体法、程序法以及司法实践等三个面向分析共有物分割请求权的权利属性。

（一）共有物分割请求权法律属性的实体法面向

采形成权观点的学者主要基于请求的内容、比较法上的考察、请求分割意思表示的方式或内容、请求分割意思表示的效果、共有物分割判决的性质、权利附随于共有关系等各方面来认定共有物分割请求权的法律性质为形成权。而主张其为请求权的学者多从条文使用的文字、权利的内容或其非属形成权的角度进行推论。本书认为基于以下实体法分析，我国对于共有物分割请求权的法律性质宜界定为形成权。

第一，法律条文中规定为“请求”但其性质为形成权的有很多，譬如《中华人民共和国合同法》（以下简称《合同法》）第96条规定的解除权、《中华人民共和国婚姻法》（以下简称《婚姻法》）第32条规定的判决离婚请求权。因此不宜从条文表述中为“请求”二字就推论共有物分割请求权为请求权。事实上根据请求权理论，请求权人利益的最终实现必须依赖义务人的给付。而按份共有财产的分割请求权的行使，在实现过程中不需要其他共有人的同意，也不存在实质意义上的给付行为。因此按份共有物的分割请求权应为形成权。

第二，从德国民法立法体系上考察，德国学说以请求权说为通说，共有物分割请求权为共有人请求废除原有共有关系的权利，其在性质上为债权请求权。〔1〕德国与我国关于共有关系及共有物分割的规定有相似之处，如相较于单独所有，对于共有均设有较大程度的限制；鉴于共有人间的法律关系较为复杂，在立法政策上皆设有消灭共有的规定。但若以德国法的规定及学说作为认定共有物分割请求权为请求权的理由，仍有诸多疑问。首先，在立法体系上德国将消灭共有关系规定在债编，我国规定在物权法，德国立法下废止共同关系的请求与进而实施共有物分割的请求属于不同的权利，且前者为后者的前置要件，〔2〕但我国仅有《物权法》第99条的共有物分割请求权。其次，在法律规定上，德国法并未规定共有人可诉请法院裁判确定分割方法，原告共有人提起分割之诉，仅在请求判令被告同意自己提出的分割方法，〔3〕这与我国物权法的规定不同。德国法上的分割仅能依共有人的协议进行，原告提起共有物分割诉讼，即在请求判令被告同意分割方法，因此，共有物分割诉讼的判决可以直接作为强制执行依据。〔4〕我国台湾地区在实务中也受到德国法的影响，均承认法院的共有物分割判决可以作为执行依据，但在性质上兼具形成判决及给付判决

〔1〕 Soergel-Hadding, BGB § 749Rz4, 11Aufl., Stuttgart, W. Kohlhammer, 1985.

〔2〕 秦公正："共有物の分割方法とその诉讼手续"，载《日本比较法杂志》2011年第2期。

〔3〕 吕太郎：《民事诉讼之基本理论（1）》，智胜文化事业有限公司1999年版，第5页。

〔4〕 Soergel-Hadding, BGB § 749Rz4, 11Aufl., Stuttgart, W. Kohlhammer, 1985.

的性质。[1]再次，因德国共有物分割是分两阶段的请求权，首先是德国民法第749条第1项之废止共有关系的请求，之后再依德国民法第752条及第753条[2]的规定确定分割方法，德国民法仅有原物分割与变价分割两种分割方法，且原告各就其要件负举证责任。[3]最后，在诉讼程序上，德国共有物分割诉讼是采德国民法典立法当时的诉讼程序，其程序与其他诉讼程序并无不同，[4]仍是依通常民事诉讼程序审理，并且由于其是分为废止共有关系的请求与实施分割共有物分割的请求，因此当事人需提出两个诉讼请求，即需提出废止共有关系与分割方法，并各自就其要件负举证责任，[5]法院也受到诉讼请求即处分权主义的拘束，这与我国共有物分割诉讼的审理程序有较大差别。综上所述，就共有物分割诉讼的立法体例与诉讼程序来讲，德国法与我国均有所不同，因而认为由于德国立法例是将共有物分割请求权作为请求权，因此，我国也因将之作为请求权的立论难以成立。

第三，从日本民法立法体系及学说上考察，日本立法例与我国法近似，同样采分割自由原则，并在协议分割不成时可请求法院裁判分割以判决消灭共有关系。尽管日本民法与民事诉讼法深

---

〔1〕 参见陈世荣："关于继承财产或共有物分割之执行"，载《法令月刊》1966年第11期。

〔2〕 德国民法第752条规定："共有物或多数之物共有情形，如其分割不减少共有物的价值，且为同一种类，并可依共有人的应有部分比例分割成各个部分的，则可进行自然分割。对相同应有部分共有人的分配，以抽签定之"。德国民法第753条第1项规定："如不能原物分割时，则通过变卖共有物程序进行。"因此在不能原物分割时，动产则依质物出卖的规定，土地则依强制拍卖的规定。

〔3〕 秦公正："共有物の分割方法とその诉讼手续"，载《日本比较法杂志》2011年第2期。

〔4〕 秦公正："共有物の分割方法とその诉讼手续"，载《日本比较法杂志》2011年第2期。

〔5〕 秦公正："共有物の分割方法とその诉讼手续"，载《日本比较法杂志》2011年第2期。

受德国影响，但就共有物分割事件，日本并未与德国采取相同的考量方法，[1]亦未有将共有物分割请求权与共有物分割实施权两阶段的规定。因此，德日立法例存在不同的情况，共有物分割请求权性质的判断应依各国的规定来解释。尽管日本立法上偏采形成权的立场，然而日本学说则有不同见解。日本法上早期学说曾认为共有物分割请求权的目的并非在于消灭共有而是请求脱离共有，因此，其属于一种物权请求权，法院的判决为给付判决，可以作为执行依据。[2]其后，学者川井健、奈良次郎等亦主张共有物分割请求权为请求权。[3]尽管如此日本通说仍持形成权说，认为分割请求权是通过单方意思表示实现具体的分割方法而具有形成某种法律关系的效果，其虽有请求分割的行为，但法效果却为形成分割方法或无法达成分割协议时的诉讼判决确定分割方法。

第四，就我国物权法的立法体例而言，《物权法》第 99 条规定共有人可向法院请求裁判分割，该法律条文的表述虽为请求，但实际上是请求法院以判决确定分割方法的意思表示，原因在于此时已非当事人私法自治所能解决，因此，法律给予共有人司法解决的路径，以司法判决代替共有人间的分割协议，确定具体的分割方法。[4]也就是说分割请求权经共有人行使后其他共有人即

---

〔1〕 秦公正："共有物の分割方法とその诉讼手续"，载《日本比较法杂志》2011 年第 2 期。

〔2〕 参见［日］松冈正义：《注解民事诉讼法》，青林书店 2000 年版，第 191 页。

〔3〕 参见［日］川井健：《注释民法（7）》，有斐阁 1968 年版，第 335 页；［日］奈良次郎："共有物分割の诉について"，载《判例タィムズ》1986 年第 580 号。

〔4〕 我国有学者论述道，在形成之诉中若双方当事人未达成合意，一方当事人不得不请求以法院的裁判"代替"当事人的法律行为来形成其希望的法律效果。参见王亚新等：《中国民事诉讼法重点讲义》，高等教育出版社 2017 年版，第 8 页。而在共有物分割诉讼中，是由法院以判决形成共有物分割方法来代替共有人间的协议，进而形成共有物单独所有之法律效果。

形成与之确定分割方法的法律关系，若在私法自治无法确定分割方法时由法院判决确定分割方法，因此，请求分割的意思表示作出后即形成确定分割方法的法律效果，只不过这种效果需要等到法院判决后才能真正彰显出来，因此，非须一定由其他共有人作出某特定同意分割的行为才可形成分割方法，这更符合形成权的特征。

（二）共有物分割请求权法律属性的程序法面向

近年来，在对共有物分割请求权进行研究时，我国有学者另辟蹊径，不再仅仅关注其实体法效果，还从共有物分割诉讼的程序法效果上予以展开，这也为该权利属性的定位提供了全新的视角。

主张形成权的学者认为，对于共有物分割诉讼，若原告胜诉即为形成判决，在分割方法采取折价、变价分割方法时，只有采形成权说才可以合理地解释形成判决的形成力。[1]此外，共有分割请求权的最终实现并不“依赖”给付，而是“依赖”法院的审理和形成判决，因此，共有分割请求权为形成诉权。采请求权说的观点中，也有结合程序法予以分析者，有论者即认为学说中有部分见解系采形成权说，这一立论是建立在一定的前提基础上，即共有物分割判决为形成判决，不过此一前提是否完全正确仍有商榷的必要。因为实体法上的形成权有依权利人的意思表示为之的，也有应向法院提起形成之诉的，并非都是通过形成诉讼来实现，形成判决也并非都是实现原告实体法上形成权的效力，因此，形成权说的立论根据即有疑问，所以，而采请求权说更为妥适。[2]

---

〔1〕 吴春燕、吕栋：“按份共有分割请求权若干问题研究”，载《西南政法大学学报》2010年第3期。

〔2〕 参见杨建华：《问题研析民事诉讼法（3）》，陈心弘增订，三民书局股份有限公司2010年版，第187页。

沿着上述程序法面向的分析进路展开，对共有物分割请求权权利属性的界定更应着眼于其诉讼法效果。

首先，共有物分割事件有两大诉讼形态：其一，为共有人对于共有物可否分割发生争执；其二，为共有人仅就分割方法不能达成协议。前者乃共有物分割请求权存否的争执，后者乃共有人全体对于消灭共有关系皆无异议，仅对分割方法不能达成协议，即共有人对于分割请求权的行使并无争执、共有人间并无争执的法律关系存在，所争执的为分割方法，法院实质审理的乃如何做出合理、适当的分割方法。就分割请求权的行使方式来看，分割请求权仅由共有人的意思表示就可为之，且一经行使，就产生其他共有人应依一定方法予以分割的效果。学说上也认为当事人以诉争执可否分割，与以诉请求确定分割方法，两者在性质上并不相同。民法学者通说认为，关于分割请求权的存否以及关于应有部分之诉，属于普通民事诉讼的性质，而就分割方法请求法院裁判时，通常有诉讼事件说与非讼事件说之争，而以前者为通说。〔1〕而诉讼法学者则通常主张其为非讼事件。〔2〕在日本，传统学说多未将二者予以明确划分，中岛玉吉先生曾较早对二者有过区别分析。〔3〕晚近的学说已经开始注意二者的不同。因此，就共有物分割事件的诉讼法形态而言，可区分为对分割请求权是否存在的纠纷以及确定分割方法的纠纷，前者是共有人就共有物能否分割发生争议，后者是共有人间不能达成分割方法的协议而生争议。共有人对于

---

〔1〕 参见黄右昌：《民法物权诠解》，自版1961年版，第190页；史尚宽：《物权法论》，中国政法大学出版社2000年版，第154页。

〔2〕 参见骆永家：《民事诉讼法Ⅰ》，元照出版有限公司1997年版，第4页；杨建华："非讼事件程序费用之征收"，载杨建华：《问题研析民事诉讼法（1）》，三民书局股份有限公司1985年版，第159页。

〔3〕 参见［日］中岛玉吉：《民法释义（物权篇）上》，金刺芳流堂1927年版，第460页。

共有物能否分割发生争议后可依单方意思表示分割共有物、变更为单独所有，此为单纯形成权的形成效果。若是对分割方法不能协议决定，则共有人诉请法院作出裁判以消灭共有关系，此为形成诉权的行使效果。有鉴于二者区分的天然模糊性，学者即提出存在“第三种形成权”，其兼具二者的权利属性。[1]相对应的，这类形成权的行使方式即有协议决定以及裁判决定两种路径，分割共有物请求权就属于此类，其兼具有单纯形成权与形成诉权的性质。

其次，从共有物分割事件的判决效力来看，分割共有物之诉上有非讼事件的性质，共有人请求法院决定共有物的分割方法，判决结果足以使各共有人间的共有关系变成单独所有或变更共有关系，是创设共有人间的权利义务关系。共有人如有请求权存在，且共有物不存在不得分割的限制，法院即应予分割，共有物分割判决为形成判决。值得注意的是，该项分割的权利本身不需法院判决形成，需要法院以判决形成的乃共有物的分割方法，如果法院认为原告请求分割共有物有理由时，即应以《物权法》第100条定其分割方法，毋庸再作出准予分割的记载。若认为共有物分割请求权的性质为请求权，即为请求其他共有人一同进行分割之权，那么在被请求人拒绝其请求时，自应提起给付之诉才能贯彻其主张。然而物权法中却规定各共有人可以请求法院直接以判决确定分割方法，可知此项判决显然是在实现行使分割请求权的效果，并以直接发生分割结果为目的之形成判决，而非给付判决。因此，从判决效力的角度可知共有物分割请求权宜界定为形成权，共有物分割诉讼为形成诉讼，原告的胜诉判决为形成判决，直接

---

〔1〕 参见房绍坤：“导致物权变动之法院判决类型”，载《法学研究》2015年第1期。

发生物权变动之效果，如此，逻辑上才能自洽。

（三）我国司法实务对共有物分割请求权的界定

学术的争论不应仅停留于抽象层面，还应把争论点在具体案例中予以展现。本书对“北大法宝网”刊载的2010-2017年有关共有物分割纠纷的1286份判决书予以检索时发现，我国法院多数判决认为共有物分割纠纷中共有人可通过单方意思表示消灭原来的共有关系，共有物分割请求权为共有人分割共有物的权利，非请求其他共有人进行分割行为的权利，其性质为形成权。不过仍有杨某某与杨某某2共有物分割纠纷上诉案[1]、陈某、于某乙等与于某甲、于某丁继承纠纷案[2]、张某甲、张某乙、张某丙与程某某、张甲、张乙、张丙法定继承纠纷案[3]等数十份判决认为，分割共有物请求权需共有人为某一特定行为（或交付应有部分或支付价金），才能消灭原共有关系，并非仅以单方意思表示就能消灭共有关系，因此应为请求权。此亦反映出我国实务界在该问题界定上的分歧与认知偏差。

就我国实务操作而言，多数见解亦持形成权说，民法上所谓请求权并不包含共有物分割请求权在内。本书以下摘取若干司法判决予以说明。阮某某4与阮某某2等共有物分割纠纷上诉案[4]中，二审法院审理认为本案系共同共有房屋分割形成之纠纷，共有人享有分割共同共有财产之形成权。共有物的分割行为是民事主体形成性法定权利的行使，并非买卖或其他交易形式，不以共有人同意转让份额为必要条件。马某甲与马某乙等法定继承纠纷

〔1〕参见（2013）黔六中民终字第307号民事判决书。

〔2〕参见（2015）烟民四终字第666号民事判决书。

〔3〕参见（2015）锦民一终字第00157号民事判决书。

〔4〕参见（2014）沪一中民二（民）终字第2505号民事判决书。

上诉案[1]中，法院审理认为诉争房屋因各方继承人不主张权利而处于共有状态，共有物分割请求权实质为形成权，不属于诉讼时效的客体，不适用诉讼时效规定。李某某诉陶某甲共有物分割纠纷案[2]中，法院审理认为共有人拥有以单方意思表示请求其他共有人分割共有物的权利,、被告及第三人关于该权利为请求权而应适用诉讼时效的意见法院不予支持。原告杨某某、梁某某诉被告杨某某1、吴某某共有物分割纠纷案[3]中，法院审理认为本案是共有物分割纠纷，共有物分割请求权是指共有人对其享有共有权的确认并以此为基础分割共有物，其本质为形成权，不应适用诉讼时效规定。原告连某某诉被高某某离婚后财产纠纷[4]案中，法院审理认为共有人请求分割财产并非是请求他人同意分割的权利，而实质上是他人负有其协议分割的具体义务，因而请求分割共有物的权利是一种形成权，不受诉讼时效的限制。上诉人马某甲与被上诉人李某、马某某、马某乙、马某丙、马某丁继承纠纷案[5]中，法院审理认为，诉争房屋属于所有继承人共同所有，在共有关系存续期间，任何共有人随时可提出分割遗产的请求，该权利实质为形成权而非请求权，不适用诉讼时效的规定。最高人民法院的指导案例亦认为，共有人分割请求权虽然名为请求权，但并非是请求他人同意分割的权利，而实质是使他人负有与其协议分割的具体方法的义务。分割共有物请求权实质上是形成权。[6]通过上述判例理由中对共有物分割请求权的定性可看出该项权利虽

---

〔1〕参见（2014）哈民二民终字第95号民事判决书。

〔2〕参见（2013）苍溪民初字第1700号民事判决书。

〔3〕参见（2014）盐边民初字第1046号民事判决书。

〔4〕参见（2013）于民一初字第01952号民事判决书。

〔5〕参见（2014）宁民终字第4846号民事判决书。

〔6〕参见最高人民法院民事审判第一庭编：《民事审判指导与参考》，人民法院出版社2012年版，第235-236页。

名为请求权，条文表述也为“请求”，但就其权利内容及权利行使的效果而言，分割请求权实为共有人消灭共有之意思表示，性质上宜界定为形成权。

值得说明的，是分割共有物请求权面对上述争议，进而还会产生另外一问题，即共有物分割请求权是否适用诉讼时效制度？我国《物权法》对此并未作出明确规定。因而在实务中，对于原告的分割共有物的诉讼请求，不愿意分割的被告共有人通常会提出诉讼时效已经消灭的抗辩，诉讼时效问题即成为共有物分割诉讼中当事人的主要争议，通常也是法院审理的主要争点问题。基于前文对共有物分割请求权为形成权的界定，共有物分割请求权不应适用诉讼时效制度。前文探讨最高人民法院物权法研究小组的见解时，即指出关于共有财产分割请求权的性质，其是采物权请求权说，不过即便如此，该见解进一步指出从共有财产的性质来说，共有财产分割请求权不应受诉讼时效的限制。否则，过了诉讼时效，按份共有人将永久不得请求分割共有财产，即使有重大理由也不行，这就与《物权法》第 99 条的规定矛盾，与共有的性质不符，所以共有财产分割请求权不受诉讼时效限制更符合立法原意。〔1〕最高人民法院的指导性案例中亦认为，审理涉及共同财产分割的离婚案件时，当事人任何一方有随时请求分割夫妻共同财产的权利，该权利不应受到诉讼时效的限制，不宜适用《最高人民法院关于适用〈中华人民共和国婚姻法〉若干问题的解释（一）》第 31 条关于“当事人依据婚姻法第四十七条的规定向人民法院提起诉讼，请求再次分割夫妻共同财产的诉讼时效为两年，

---

〔1〕 参见最高人民法院物权法研究小组编著：《〈中华人民共和国物权法〉条文理解与适用》，人民法院出版社 2007 年版，第 309 页。

从当事人发现之次日起计算”的规定。[1]此外，最高人民法院的指导案例亦认为，对于离婚时未分割的夫妻共同财产，任何一方都有权起诉请求分割，分割共有物的请求权实质是形成权，因此此类纠纷没有适用诉讼时效制度的必要。[2]

综上所述，关于共有物分割请求权的性质，学说向来有请求权及形成权之争，德国以请求权说为通说，日本、我国台湾地区民法学者则多采形成权说。我国大陆学者基本上以实体法的角度展开，认为共有物分割请求权为形成权，但对该权利进行界定时缺乏程序法上的结合，亦未充分考察我国司法实践。从实体法面向分析，共有物分割请求权为共有人分割共有物的权利，而非请求其他共有人进行分割行为的权利。我国《物权法》第99条的法条表述虽为“请求”，但该权利的实现不需要其他共有人的同意，也不存在实质意义上的给付行为，因此，共有物分割请求权应为形成权。从程序法面向来看，共有物分割事件有两大诉讼形态，共有物分割请求权的行使方式有协议决定以及裁判决定两种路径，依纠纷类型不同，共有物分割请求权又有普通形成权与形成诉权的性质差异。我国司法实务在界定共有物分割请求权的权利属性时仍存在分歧与认知偏差，不过多数判决认为共有物分割纠纷中共有人的分割请求并不以其他共有人的特定行为为前提，仅是单方提出消灭共有关系的行为，因此，具有形成权的性质。

---

〔1〕参见姜梅：“浅谈离婚案件中涉及的土地承包经营权分割问题”，载最高人民法院民事审判第一庭编：《民事审判指导与参考》法律出版社2010年版，第128页。

〔2〕参见最高人民法院民事审判第一庭编：《民事审判指导与参考》，人民法院出版社2012年版，第235-236页。

第三章

共有物分割诉讼的基础理论

第一节　问题的提出

共有物分割诉讼在理论上的诸多争议以及实践中的混乱从根本上来说是缘于共有物分割诉讼基础理论研究的不充分。共有物分割请求权的权利性质与分割共有物之诉的性质、诉讼标的之界定息息相关，也是探讨该问题之理论前提，本书将对共有物分割请求权此一实体权利性质予以厘清，并以此作为本书后续研究的逻辑基础。一般研究进路认为欲对共有物分割请求权的性质作出准确界定，需从其他国家和地区的民法立法体系及学说上予以全面考察、并结合我国立法体例和实务操作进行探讨。理论学说上共有物分割请求权的性质有请求权说、形成权说、折中说等诸多见解，其论证基础为何，大陆法系国家或地区在认定上有何差异，能为我国理论学说提供何种借鉴。此外，通说系采形成权说，学者的主要观点及主要立论理由有哪些，我国应如何界定共有物分割请求权的权利性质、实务操作的一般做法是否与理论见解一致。由于共有物分割的类型有协议分割与裁判分割两种，在诉讼形态上即产生协议分割共有物之诉与裁判分割共有物之诉，二者有何联系，共有物之协议分割与裁判分割在内涵上有何区别。以上关于共有物分割请求权、共有物分割诉讼的内涵及性质均为研究共有物分割诉讼的基础理论问题，需先予澄清。

对共有物分割诉讼性质的界定在本书的整体逻辑上具有基石性的决定作用，不过对于共有物分割诉讼的性质，理论界争论不断，出现了形成诉讼说、给付诉讼说、形成诉讼兼给付诉讼说等学说争议，即便是形成之诉的多数说也面临诸多质疑。我国实务审理中法院对于共有物分割诉讼性质的认定亦有较大分歧，例如李明波与蒙爱玉等物权确认纠纷上诉案〔1〕中，法院审理认为共同共有物分割诉讼的本质在于终止或者消灭共有关系，性质上属于变更之诉。王甲与王乙等继承纠纷再审案〔2〕中，法院审理亦认为分割争议共有房屋的诉讼请求属形成之诉。不过在艾某与艾某某1等共有物分割纠纷上诉案〔3〕中，法院审理却持相异观点，认为共有物分割诉讼所解决的是系争房产的按份共有人请求分割共有物、按照份额实现其所有权，是给付之诉。此类判例是对共有物分割诉讼的诉讼类型及性质界定上的分歧。实践中还存在共有物分割诉讼定性上的偏差，黄某某、熊某某与罗某某共有物分割纠纷案〔4〕

〔1〕 参见（2014）海中法民三终字第98号民事判决书。
〔2〕 参见（2011）浙民再字第69号民事判决书。
〔3〕 参见（2014）南民二终字第01226号民事判决书。
〔4〕 参见（2015）鄂荆州中民二终字第00281号民事判决书。

中，原被告为某笔工亡补偿款的共有人，但该笔款项由被告占有，一审法院确定本案案由为不当得利，而以不当得利诉讼程序进行审理，二审法院否定了一审所认定的原被告间形成的债权债务关系（不当得利之债），而以共有物分割诉讼程序进行审理。类似的判例还有冀某某、陈某某等与冀某共有物分割纠纷案[1]，高晓然、高浩然与高震然共有纠纷案[2]，杜某某与李某1、李某某1等共有物分割纠纷案[3]等。该类判例将共有物分割诉讼定性为不当得利诉讼，属于共有物分割诉讼定性上的错误。原告顾某某与被告袁某某、第三人张某某共有物分割纠纷案[4]中，系争房屋产权归原告顾某某和被告袁某某按份所有，原告诉请分割该共有不动产，但法院并未作出分割方法的裁判，而是确认原被告各自的产权份额。类似的判例还有管能飞诉管根宝等共有物分割纠纷案[5]，林某某与林某某1共有物分割纠纷上诉案[6]，黄某某诉曹某某等共有物分割纠纷案[7]等。该类判例将共有物分割诉讼定性为共有物确权诉讼，亦属于共有物分割诉讼定性上的错误，后文即对上述判例中存在的问题予以展开分析。

共有物分割诉讼在本质上是诉讼事件还是非讼事件会极大影响该事件的审理程序，共有物分割诉讼的诉讼标的为何，在学说及实务中同样也面临诸多争议，此亦牵涉到分割诉讼的裁判及效力、特别是处在分割诉讼核心地位之分割方法的酌定问题，因此，需重点探讨。具体而言，通说认为分割共有物之诉具有非讼事件

---

〔1〕参见（2015）新中民四终字第188号民事判决书。
〔2〕参见（2015）大民一终字第401号民事判决书。
〔3〕参见（2014）济民终字第2416号民事判决书。
〔4〕参见（2014）浦民一（民）初字第33052号民事判决书。
〔5〕参见（2014）杨民四（民）初字第2919号民事判决书。
〔6〕参见（2014）岩民终字第957号民事判决书。
〔7〕参见（2014）浦民一（民）初字第22129号民事判决书。

的本质，那么如何理解共有物分割诉讼的诉讼与非诉之双重向度，缘何各国实务均依诉讼程序处理共有物分割事件？日本学界通说认为共有物分割诉讼的性质为传统的“形式的形成诉讼”，其论证基础为何？形式的形成之诉中实体法对于要件事实及法律效果均未明确规定，共有物分割诉讼中法官的自由裁量权应如何理解，当事人意思自治与共有物分割诉讼实际上具有非讼性质、法官被赋予较大的自由裁量权之间存在何种关系？共有物分割诉讼中法院裁判分割的方法可不受当事人所请求的分割方法的约束，此是否违反处分权主义，有关分割方法之选择判断的事实是否适用辩论主义？在共有物分割诉讼中各共有人处在利害关系互相对立的地位，共有人互为原告及被告，这与共同诉讼的成立以各共同诉讼人利害相同为条件的特征并不相符，应如何理解共有物分割诉讼与共同诉讼之关系？分割共有物之诉讼程序的齐一性要求诉讼标的对于共同诉讼的当事人必须合一确定，然而随着个案纷争类型、特征的多样化，在很多情形往往难以期待全体共有人均成为诉讼上当事人，因此如果仍固执坚持共有人全体“共同诉讼之必要”，不啻令诸多关于共有物分割纷争无法以本案判决加以解决，对于这一问题如何从实体及程序上予以解决？分割共有物事件诉讼化后即有将其诉讼标的特定的必要，然而就其诉讼标的为何，有认为应采分割请求权，亦有认为是确定分割方法的请求，各有其不同论述，采何理论更加合理、我国共有物分割诉讼的司法实务呈现何种态度？以上为共有物分割诉讼的性质与诉讼标的之相关问题，本书拟从学说见解中总结较为合理的理论观点并结合我国司法判例的做法，寻求理论上的论证支撑，此即为本书研究布局的逻辑进路。以下本章即对共有物分割诉讼的内含、性质与其特殊属性、诉讼标的等理论问题进行详细阐述。

第二节　共有物分割诉讼的类型

前述已论及，共有人行使分割请求权有依私法自治的情形确定分割方法，也有诉请法院裁判确定分割方法，对应的共有物分割的类型即为共有物之协议分割与共有物之裁判分割。共有物之协议分割即依共有人协议的方法行之，是基于私法自治下全体共有人协议分割方法。如不能协议或在协议分割方法后因消灭时效完成而共有人拒绝履行，则同意分割的共有人可通过法院以判决确定分割方法，虽名为请求法院确定分割方法，实质上是以诉讼的形式进行，而为共有物分割诉讼。因此，协议分割与裁判分割有密切关系。而就类型而言，共有物分割诉讼即有协议分割共有物之诉与裁判分割共有物之诉的区分。

一、协议分割共有物诉讼

（一）共有物之协议分割

协议分割是基于私法自治原则、依全体共有人的合意消灭共有关系的分割形式，由于分割行为是处分行为，应有部分已经抽象地存在于共有物全部上，则对共有物的全部或特定部分进行分割应以全体共有人合意为必要条件。[1]因此，共有物分割依共有人协议方法行之，是指全体共有人就共有物全部或部分协议分割方法，由于应有部分性质上与所有权相同，因此，应由全体共有人对共有物全部或特定一部分才有权处分。

由于同意分割的共有人行使共有物分割请求权后其他共有人

〔1〕谢在全：《民法物权论》（上册），中国政法大学出版社2011年版，第522页。

即负有与之协议分割方法的义务，因此从另一层面而言，共有物的分割依共有人协议方法行之，是指需由全体共有人就分割方法意思表示一致成立协议分割契约，因此，共有人如有未参与协议或不同意的，协议分割就不成立。[1]协议分割契约是共有人就分割方法合意产生的契约，是一种债权行为，其内容是全体共有人约确定分割方法，实为约定互相移转其应有部分，因此，共有人间相互产生移转的给付请求权与负担给付义务，给付内容依协议分割契约的约定，如移转共有物分得部分的登记、金钱给付等。就契约成立的方法而言，协议分割契约因系债权契约，其成立不以书面为必要。如果有明示或默示的意思表示，对分割的方式、方法作出事前之同意或事后之承认，均可认定有协议分割的效力。协议分割契约系为全体共有人就分割方法的意思表示，因此，可以适用民法总则的相关规定，如对受诈欺或胁迫之意思表示的撤销等。协议分割契约成立后则为履约阶段，即因办理移转登记使分得人取得分得部分所有权或取得价金而使权利发生变动，是物权行为。从而协议分割契约是一种债权行为，共有人不以有处分权为必要，然而履行协议分割契约系使共有物所有权发生变动，性质上为处分行为，因此，共有人中如有已死亡的需先办理继承登记才能继续分割。

在协议分割情形，由于共有人全体对其共有物属于有权处分，不论是以原物分配、以价金分配与金钱补偿交互运用均无不可，不受法定分割方法之优先次序的拘束。共有人全体可自由确定分割方法，如全体共有人可约定抽签确定分割方法，也可以约定仅就共有物部分先行分割或部分维持共有且不限于单一共有物，共

〔1〕 既然将其称作“协议”，共有物之协议分割自然需全体共有人合意，因此，若只有部分共有人合意形成的分割方法，则仅为债权契约，只能拘束契约的当事人，尚不能成立协议分割契约而对未参与或不同意的共有人发生效力。

有人间也允许进行合并分割，这些规定都是私法自治原则下对共有人财产权利自由处分的尊重。[1]此外对于分割后的效力事项，如金钱补偿的清偿期、移转登记日期等也可以在分割协议中约定。协议分割契约订立后因其性质为债权契约，共有人之间可依该协议分割内容请求办理移转登记而使所有权发生变动，因此，移转登记为处分行为。因此，对于协议分割的效力，共有人自共有物分割效力发生时起取得分得部分的所有权。

关于协议分割契约的对外效力问题，不动产分割情形中对于应有部分受让人或取得物权之人在登记后具有效力。因此，协议分割契约成立后履行前，该契约如未登记不得对抗应有部分受让人或取得物权之人。按共有物分割请求权虽因协议分割契约成立而消灭，但若未登记不得对抗应有部分受让人或取得物权之人。综上所述，共有人成立协议分割契约后，因其性质仅为债权契约，仅订立协议分割契约的共有人受该协议分割契约拘束，如该协议分割契约未经登记，不得对抗应有部分受让人或取得物权之人，因此，应有部分受让人仍可请求分割共有物，取得应有部分物权之人仍可主张其应有部分物权继续存在。

（二）协议分割共有物诉讼的内含

共有人就共有物的分割方法达成协议确定，若其他共有人不依该协议分割履行义务，共有人可诉至法院请求其依约履行，此种诉讼即为协议分割共有物之诉。[2]共有人全体成立协议分割契约后，即对其他共有人有请求依约履行的给付请求权，共有物分割请求权即因行使而消灭，因此，其他共有人若有不履行的，同意分割的共有人仅可以请求依约履行而提起给付之诉，而不得提

---

〔1〕 谢在全：《民法物权论》（上册），中国政法大学出版社 2011 年版，第 552 页。

〔2〕 许律师编著：《民事诉讼法》（中），高点文化事业有限公司 2006 年版，第 50 页。

起分割共有物之诉。共有人依协议分割契约所请求的，乃请求其他共有人履行协议分割契约的权利，如协同办理移转登记或分得价金之给付等，因此，可适用有关消灭时效的规定。因此，同意分割的共有人在消灭时效完成后提起给付之诉，其他共有人可以消灭时效完成进行抗辩。且在此给付诉讼，因应有部分的性质系抽象地存在共有物全部，不论分割方法为何均为应有部分相互移转，因此，需以同意履行协议分割契约的共有人为原告，不同意履行协议分割的其他共有人为被告，才能达到该契约的目的，也就是说该诉讼为固有必要共同诉讼，诉讼标的对于全体共有人需合一确定。〔1〕申言之，协议分割契约成立后需由共有人全体均依该契约履行，才能达到消灭或减少共有状态的目的，因此，各共有人起诉请求其他共有人履行协议分割契约，应以其他共有人全体为被告，此时当事人才适格。而法院的判决事项应判令各共有人（原告及被告全体）依分割协议确定分割方法及办理分割登记事项，而不能只判令被告一方为一定行为，这是相对于给付之诉中原告只能为自己的利益进行请求这一原则创设的例外情形。

协议分割共有物之诉在诉讼类型上可分为两种情形：其一，共有人已就消灭共有关系达成合意，并对各自的应有部分作出约定，但对协议约定的具体份额约定不明或又有异议。此种情况即为共有人全体就共有不动产已订立协议分割契约以后，就协议分割契约所约定的权利义务发生争执，请求法院判决确认共有关系及各自的份额，此种类型在性质上为确认之诉。其二，共有人已就消灭共有关系及各自应有部分的分配达成合意，但因部分共有人拒不履行分割协议，其他共有人诉至法院要求履行分割协议，

〔1〕袁婷婷："共有物分割诉讼研究"，西南政法大学2014年硕士学位论文。

此类情形在性质上应为给付之诉。[1]共有物经全体共有人订立协议分割契约后，共有人全体即应受其拘束（未经全体共有人参与订立协议分割的契约，该契约自不能认为有效），各共有人并可据此请求其他共有人依约履行。但该项契约属债权行为，尚未涉及物权关系变动，因此，在办理分割登记前共有关系并不终止，在其他共有人拒绝履行而无法达到分割共有物的目的时可提起给付之诉，请求履行协议分割契约。

关于协议分割契约之诉中的上诉及撤回上诉的效力问题是协议分割契约之诉中较为复杂的问题，试举一例说明：甲、乙、丙、丁四人分别共有土地一块，经全体订立协议分割契约，因丙、丁二人拒不履行，甲、乙遂以丙、丁为共同被告，提起请求履行共有物协议分割契约之诉。一审法院作出甲、乙胜诉的判决后，仅丙一人提起上诉，在二审程序中丙又单独撤回上诉。那么此时丙一人的上诉及其撤回上诉的效力如何？首先，关于协议分割共有物诉讼的性质已如上述，为固有必要共同诉讼。关于丙一人提起上诉的效力，由于上诉为有利行为，因此，丙一人的上诉行为，效力及于全体被告丙、丁。而关于丙一人撤回上诉的效力，法院应先通知视为已提起上诉的丁，命令其在一定期间内确认是否同意撤回，若丁同意丙的撤回或未在指定期间内确认，则视为丙、丁皆撤回上诉。反之，若丁表示不同意丙撤回上诉，则丙撤的回上诉行为属于不利行为，对全体被告丙、丁均不生效力。

二、裁判分割共有物诉讼

（一）共有物之裁判分割

共有人间欲分割共有财产，需先解除其按份共有或共同共有

---

〔1〕 杨朝勇：“论共有物分割之诉之性质”，载《河南财经政法大学学报》2015年第3期。

的法律关系，其分割的概念包括消除共有关系及实际进行财产分割行为两个方面。对于当事人分割财产的纠纷，法院可依任何共有人的申请进行适当分配，共有人诉请法院作出分割共有物的判决即为共有物分割诉讼。分割共有物的性质实际上只涉及共有人间的利益分配，本质上无关公私利益的调和。此外就按份共有的情形，不仅共有关系本身原本就没有任何共同目的（否则即为合伙而形成共同共有），嗣后也正因找不到利害冲突的交集，才不得不诉至法院。就共有人间裁判分割共有物的争执类型而言，主要有二：其一，共有人间对于共有物可否分割发生争执，共有人中有人主张分割共有物，有人主张因订有不分割期限的契约或因共有物的使用目的因素存在而不能分割，此时虽然有契约约定了不分割期限，但如有重大事由共有人仍可以随时请求分割，此种情形即为共有人对于共有物分割请求权发生争议，可向法院提起裁判分割共有物之诉。其二，共有人间仅就分割方法不能达成协议，可向法院提起裁判分割共有物之诉以终止共有关系。

（二）裁判分割共有物诉讼的内含

我国《最高人民法院民事案件案由规定》“共有纠纷”项下分为三类：共有权确认纠纷、共有物分割纠纷、共有人优先购买权纠纷，其中虽然共有物分割纠纷是一种特定的纠纷类型，但是与共有物分割相关的纠纷又可细分为几类，如共有物分割中共有人对分割请求权的存否产生纠纷、共有人对分割方法如何确定产生纠纷、因共有人是否承担瑕疵担保责任产生纠纷、共有人对共有权是否存在产生纠纷、共有人对各自应有部分的份额产生纠纷等等，不过本书研究的共有物分割诉讼却限定为前两类，主要是研究第二类纠纷形态，即共有人对于分割方法不能协议确定而诉至法院请求裁判确定分割方法的纠纷。

共有人间协议不成而诉请法院裁判解决共有物分割纠纷即为

裁判分割共有物诉讼。有关裁判分割共有物诉讼的内涵向来为学说及实务争论的焦点，尤其是近年来随着经济的迅猛发展，土地价值激增，有关土地分割的纠纷层出不穷，面对纷繁复杂的共有物分割纠纷，我国大陆相关立法和司法解释并未作出相关的回应。实体法上仅有《物权法》第99条、第100条两个条文。程序法中对于裁判分割共有物诉讼的性质、分割诉讼的审理程序及其特殊性、裁判分割方法的酌定等问题并未作出详细规定，理论研究上也未能够提供足够的学理支撑，因此导致实务部门分歧较大、法院审理当中存有诸多乱象有待解决。

相较于大陆地区法律及司法解释的缺乏，我国台湾地区关于共有物分割诉讼在诉讼法上的处理曾出现诸多判决与决议，其中最具代表性的有二[1]：其一，台湾地区“最高法院”1980年4月15日决议中写道，“共有物分割之方法，法院斟酌各共有人之利害关系及共有物之价格等，本有自由裁量之权，法院亦不受共有人主张之约束，不得以原告所主张之方法为不当，而为驳回共有物分割诉讼之判决。是原告所主张的分割方法，仅供法院参考而已。设未采其所主张之方法，亦非其诉之一部分无理由，因此，毋庸为部分败诉之判决。”其二，台湾地区“最高法院”1984年2月28日决议中写道，“不可将分割共有物之诉分为准予分割及确定分割方法二诉。如当事人对于确定分割方法的判决提出不服，提起上诉，其上诉效力应及于诉之全部（准予分割及确定分割方法）。”

对于裁判分割共有物事件而言，不论是实务上之裁判抑或学说上之相关讨论均屡见不鲜，因为其涉及实体法上及程序法上之

〔1〕参见吕太郎：《民事诉讼法之基本理论（1）》，智胜文化事业有限公司1999年版，第6-8页。

复杂交错问题。举例而言，共有物分割请求权为形成权或请求权之争，在诉讼上不仅产生形成判决或给付判决之不同，亦影响当事人可否成立诉讼上之和解。共有物分割为处分行为或负担行为，在诉讼中则造成是否须追加被告、诉讼请求等问题，均与诉讼法有关。因此本书即结合共有物分割之实体层面与程序层面加以讨论。

就实体法层面而言，首先是共有物的分割方法的确定，我国物权法规定了原物分割、折价分割、变价分割等三种分割方法，而实务中又存在合并分割、部分分割、竞价分割等等分割方法的柔软化、多样化。然而物权法已明定原物分割为原则，因此，有分割方法之优先次序，那么法院就具体个案适用上会因分割方法之柔软化更有弹性还是因分割方法优先次序造成了限制？共有物分割方法究竟应该以何种因素为最优先考量，是共有人之利益还是物之经济效用？外国立法例及实务就共有物分割方法的规定及考量，是否有借镜之处？就共有物分割后之效力而言，我国相关立法对于共有人及抵押权人之保障，是否足以解决共有人间与担保物权人间的利益衡量问题？上述实体法问题因与程序法的规定关系甚密，须一并斟酌。

在诉讼程序上，一方面须讨论的是共有物分割事件的本质，理由在于依通说共有物分割事件本质上属于非讼事件，但我国并未设有非讼事件法，而在司法实践中也作为诉讼事件进行审理。不过基于其非讼事件之本质，共有物分割诉讼是否一概适用普通民事诉讼程序，有先厘清的必要。另一方面，对于裁判分割共有物诉讼的诉讼性质，学说上有给付之诉说、形成之诉说以及兼具给付诉讼与形成之诉说等争议，不同种类诉讼形态牵涉不仅是诉讼标的、诉讼请求等问题，对判决效力亦有影响。此外，若认为共有物分割诉讼是形成之诉，诉讼中当事人可否成立和解？通说认为共有物分割诉讼为固有必要共同诉讼，因而产生下列问题。

被告可否提起反诉？诉讼系属中被告共有人中一人死亡，原告亦为继承人时应如何承担诉讼？是否须追加其他继承人为被告并办理继承登记？如实体判决确定后才发现未以共有人全体为当事人，则该判决效力如何、应如何处理？基于共有物分割事件之特殊性，关于共有物分割请求权的行使、诉讼的性质，当事人、诉讼标的、裁判效力、执行等问题，过去实务上产生很多问题，本书将对裁判分割共有物之诉的诉讼程序相关争点问题着重讨论。

共有物分割诉讼的具体形态有二，已如上述。协议分割共有物之诉在诉讼类型、诉讼性质上较无争议，诉讼程序的适用也与一般给付之诉或确认之诉的审理无异，理论与实务上的争议也较小。而裁判分割共有物之诉涉及实体层面与程序层面、诉讼法理与非讼法理的交叉，且在分割方法、诉讼性质、诉讼程序、判决效力等问题上均争议颇大。为避免讨论问题复杂化，本书将研究范围进行一定限缩，本书所研究的乃裁判分割共有物之诉，以下简称为分割共有物之诉或共有物分割诉讼。书中如无特殊说明，不包括协议分割共有物之诉。由于实务上不动产分割案件量多、争议大且所涉经济价值甚巨，本书以共有不动产之裁判分割为主要研究对象。

第三节　共有物分割诉讼的性质

诉依其请求判决的内容为标准可分为给付之诉、确认之诉及形成之诉。给付之诉的实益在于原告胜诉的确定终局判决具有执行力，在被告不履行时原则上可申请强制执行。确认之诉的实益在于确认当事人的私法上法律关系。形成之诉的目的系利用法院的判决将存在的法律状态变更为另一新法律状态，原告胜诉判决称为形成判决，在判决确定时无须强制执行自动发生法律状态变动的效果（形成力），通常是使既存的法律状态归于解消或消失的结果，形成之诉原则上无执行力。〔1〕为执行依据的确定判决须以给付判决为限，确认判决及形成判决均不待债务人的给付即可实现其内容，毋庸执行法院对债务人进行强制执行。〔2〕

依通说认为分割共有物之诉为形成之诉，分割共有物的判决属形成判决，其在判决确定时即具有形成力。因此有观点即提出既然其非给付判决，就不能作为执行依据，因此债权人如以分割共有物的形成判决申请法院执行，理论上执行法院应以裁定驳回才属正当。不过有反对观点认为分割共有物是将共有物按应有部分分配于各共有人，在共有物分配时还产生分得部分交付问题，就此部分包含有给付的成分，而有给付之诉的性质，因此有论者认为共有物裁判分割之诉具有给付之诉与确认之诉的性质。此外还有反对见解认为单纯准许分割共有物的判决固为形成判决，不能用作执行依据，然而当事人若在诉请分割共有物的同时请求法院命为分配，而法院判决除准许分割外并依法命为具体的分配，则此项判决发生形成效力且含有命令给付的成分在内，债权人据以请求实现分配共有物，就所得部分申请执行交付应予准许。上述见解同时还认为单纯准许分割共有物的判决为形成判决，若在准许分割以外并命为具体的分配，则兼具给付判决的性质。可以看出学界对于分割共有物之诉究竟是纯属形成之诉、给付之诉、抑或兼有形成之诉与给付之诉的性质仍有疑问，有待检讨，并且在研究逻辑上须先探讨裁判分割共有物的诉讼性质才能进一步探

---

〔1〕 杨建华：《民事诉讼法要论》，郑杰夫增订，北京大学出版社 2013 年版，第 189-191 页。

〔2〕 孙森焱："论分割共有物之判决"，载郑玉波主编：《民法物权论文选辑》（上），五南图书出版公司 1984 年版，第 404 页。

讨诉讼标的及判决效力等问题。

一、共有物分割诉讼的性质之争

（一）形成诉讼说

由于形成之诉的提起必须有法律特别规定才允许，且形成判决的形成力有绝对效力，可以及于一般第三人。因此形成之诉通常均受有限制，严格规定起诉之人的范围，目的在于维持法律安定性。这就是为何形成之诉的规定大都集中于人事诉讼及公司诉讼的原因，因为构成人类社会生活基本的身份关系，对一般第三人有明确划一的必要，而对于多数人利害关系错综存在的公司诉讼也需统一作出裁判。形成之诉常见的诉讼请求有“准予原告与被告离婚”“被告公司所开的股东会决议，应予撤销”以及本书研究的“请求准予分割共有物”。提起形成诉讼的原告须有形成诉权，形成权的行使依当事人的意思表示为之称为单纯形成权。若形成权的行使须提起形成之诉而由法院作成形成判决，学说上称为形成诉权或裁判上之形成权。由于是以判决变更既存（现在正存在）的法状态因此，称形成之诉。形成之诉的胜诉就其权利关系应为如何变动视个别不同的形成权或形成原因而定。由于形成权行使的效果为现有法律关系或权利、义务发生变动，此对于私权之影响甚大，因此，原则上应有法律特别规定，但仍有虽无成文的实体私法，通过法解释赋予形成权的，例如确定经界诉权、债务人的违约金酌减诉权。

通说认为共有人间因就分割方法不能协议而提起分割共有物之诉，请求法院作出裁判上分割，法院准予分割的判决具有实体法上形成之效力，使得原来的共有关系变更为各共有人单独所有，因此，其为形成之诉，乃实体法上形成之诉。对此杨建华教授指出共有物分割诉讼的目的在于直接以判决方式消灭原有法律关系，符合形成之诉的性质，因此，通说才认为其诉讼标的为共有人的形成权，在原告胜诉时为形成判决。由于判决共有物的分割方法，系斟酌各共有人的利害关系及共有物的性质、价格等，由法院自由裁量决定，不受共有人诉讼请求拘束，与一般民事诉讼有异，此亦为具有非讼事件性质，因此，学者谓分割共有物之诉为形式上的形成之诉，其与一般形成之诉相区别。〔1〕谢哲胜教授指出裁判共有物分割诉讼中分割方法对共有人分割后的权利关系重大，因而以诉讼方式进行，使共有人受到较严谨的程序保障，同时由于法院对于分割方法的判决不受当事人诉讼请求所拘束，是一种形式上的形成之诉。〔2〕

孙森焱教授认为共有物分割请求权行使的效果是不待其他共有人的同意即可要求终止共有关系，其他共有人同时有依一定方法而为分割的义务。共有物分割请求权的行使因意思表示而发生效力，无起诉形成其效果的必要，共有人如起诉请求法院作出形成判决，以形成法律上效果，经法院审理结果认为确无不得分割的情形存在，则因形成的效果在共有人的意思表示发生效力时早已发生，法院应以诉之正当利益不存在，即无保护的必要为理由驳回起诉。如共有物分割判决仅载明“准予分割”，其效果与依意思表示行使共有物分割请求权的效果并无不同。如判决主文为“准按持分多少予以分割”，则仅在确认应有部分的范围内具有意义，也难认定其具有形成判决的性质。因此共有物分割判决若属形成判决，应非仅限于确认共有人因行使分割请求权形成的效果而已，应另有形成的法律关系存在。〔3〕我国大陆学者中亦有类似

〔1〕参见杨建华：《民事诉讼法要论》，郑杰夫增订，北京大学出版社2013年版，第191页。

〔2〕参见谢哲胜：《民法物权》，三民书局股份有限公司2012年版，第226-227页。

〔3〕参见孙森焱：“论分割共有物之判决”，载郑玉波主编：《民法物权论文选辑》（上），五南图书出版公司1984年版，第406-407页。

观点，认为既然共有物分割之本质为消灭共有关系，形成共有人间单独所有的法律关系，因此，分割共有物之诉宜界定为形成之诉。[1]不过也有学者对此持反对意见，认为由于存在实体法上形成权乃判断是否为形成诉讼的前提条件，但共有物分割请求权是否为形成权尚存在较大的疑问，因此，共有物分割诉讼的性质不应定位为形成之诉。[2]

（二）给付诉讼说

给付诉讼说主张判断民事诉讼法上某一诉讼究竟是给付诉讼、确认诉讼抑或是形成诉讼的前提是确定实体法上的权利性质为何，由于共有物分割请求权在性质上为债权给付请求权，原告共有人提起分割诉讼后被告共有人即需履行一定的债之给付义务，因此，共有物分割诉讼应为给付诉讼。在原物分割情形，该债之给付义务即为对共有物之交付、登记以及让与应有部分的意思表示，以满足该给付请求权。强制执行的方式则是意思表示请求权的执行、物的交付请求权或者特定请求权的执行。被告共有人的给付义务在变价分割的情形则主要体现为交付、协力拍卖和价金补偿。对此，有学者即认为只有给付判决才能产生执行力，倘若将共有物分割诉讼理解为形成诉讼，则原告胜诉判决为形成判决，但由于形成判决事实上并不具有执行力，原告就无法以形成判决作为强制执行的名义。并且从实体法的观点来看，一项权利行使的性质不可能既是请求权又是形成权，因此在诉讼法上针对同一诉讼标的，不能同时是形成诉讼又是给付诉讼，就法院所作成的判决无法同时发生形成力及执行力。[3]陈桂明教授的论述中亦提及，苏联民诉学者中有主张“诉讼类型二分说”的即认为并不单独存在

---

〔1〕 参见程啸：“因法律文书导致的物权变动”，载《法学》2013年第1期。

〔2〕 参见康邓承：“论共有物分割诉讼”，西南政法大学2010年硕士学位论文。

〔3〕 参见刘明生：“分割共有物之诉”，载《月旦法学教室》2012年第117期。

所谓的形成之诉，其均可归属于确认之诉或给付之诉，前者如离婚之诉（确认原告的离婚权利存在），后者如本书探讨的分割共同财产之诉（给付属于原告的那部分共有财产）。[1]因此，在给付诉讼说下，原告起诉的内容包括消灭共有关系的必要行为，不论是在原物分配、变价分配或原物分配兼价金补偿等分割方法及其必要消灭共有的行为，如交付等，均可取得强制执行的执行依据。

（三）性质区分说

性质区分说认为共有物分割诉讼的性质究竟为何，不能一概而论，由于共有物分割的行为有协议分割与裁判分割之区别，而协议分割诉讼又与裁判分割诉讼有着本质的区别，因此在探讨共有物分割诉讼的性质时应区分为履行共有物协议分割契约之诉与请求共有物裁判分割之诉两种类型。裁判共有物分割诉讼为共有人请求法院判确定分割方法，该诉在性质上应为通说的形式上形成诉讼，具有非讼事件的本质。而诉请他人履行共有物协议分割契约之诉是基于债权契约而作出请求，因此，为给付之诉。共有人就共有物已订立分割协议的，如其中一人或数人拒绝履行的，仅可以请求其他共有人依约履行，不得再行提起请求裁判分割共有物诉讼。吴明轩教授亦认为在共有物为土地的情形中，如果土地共有人协议分割后对于其他共有人请求交付及办理分割登记请求权的消灭时效已完成，共有人中有人作出拒绝给付的抗辩，该协议分割契约因时效消灭而无须履行，应认为各共有人固有的分割请求权恢复，可提请法院作出裁判分割。[2]温丰文教授亦认为在共有土地分割纷争中履行分割契约的效力与法院裁判分割的效

〔1〕 参见陈桂明、李仕春：“形成之诉独立存在吗？——对诉讼类型传统理论的质疑”，载《法学家》2007年第4期。

〔2〕 参见吴明轩：“请求履行共有物协议分割契约之诉”，载《月旦法学教室》2007年第51期。

力不同，前者需经土地登记机关登记完毕后才产生分割的效力，具有给付诉讼的性质。后者是以登记为处分要件而非生效要件，因其性质为形成判决具有创设性，则为形成诉讼。〔1〕

其他学者中有相似观点认为，在探讨共有物分割诉讼的性质时需明确区分该诉讼类型的两种不同纠纷形态，即协议分割共有物诉讼与裁判分割共有物诉讼。协议分割情形属于给付诉讼，原因在于共有人可请求法院判令其他共有人履行已订立的分割协议。裁判分割情形则并非单纯具有一种诉讼形态的特征，因为共有人在提起分割请求之同时还包含其他共有人的交付行为在内，从而兼具形成诉讼与给付诉讼的性质。〔2〕还有学者认为对于共有物分割诉讼的性质应具体问题具体分析，若当事人对于是否可分割共有物发生争议而进行诉讼，则为确认之诉。若当事人对于如何分割发生争议而进行诉讼，则为形成之诉。〔3〕事实上若从比较法的观点考察，德国法对于共有物分割诉讼性质的认定上即采用性质区分说，对于按份共有和共同继承两种情形下的分割共有物请求权，德国通说认为是请求权，如在继承案件中共同继承人的分割遗产请求权即为请求他共同继承人协作订立分割协议的权利，因此，作为分割共有物类型之一的共同继承人请求分割遗产诉讼在性质上为给付之诉。〔4〕而在合伙和夫妻共同财产两种情形下的分割共有物请求权均为形成权，需法院作出原告共有人胜诉之判决才能发生分割之效果，此时为形成之诉。

---

〔1〕 参见温丰文："共有物分割效力之发生时期"，载《月旦法学教室》2006年第42期。

〔2〕 参见袁婷婷："共有物分割诉讼研究"，西南政法大学2014年硕士学位论文。

〔3〕 参见康邓承："论共有物分割诉讼"，西南政法大学2010年硕士学位论文。

〔4〕［德］克里斯蒂娜·埃贝尔-博格斯：《德国民法遗产分割（§§2042-2057aBGB）诺莫斯注解：2014年最新版诺莫斯德国民法典继承法（§§1922-2385 BGB）注解之一部分》，王强译，中国政法大学出版社2014年版，第32-33页。

（四）形成诉讼兼给付诉讼说

形成诉讼兼给付诉讼说认为共有物分割判决确定后即产生共有关系消灭、同时判令共有人给付应有部分或者价金的效果，在原物分割、折价分割、变价分割等三种分割方法中这种效果均会发生，因此其同时具有形成判决和给付判决的性质，在性质上其有形成诉讼兼给付诉讼的性质。这一理解实际上是对于传统诉讼类型三分法的反思，而将分割共有物单独列为一种新的诉讼类型。有学者认为传统见解对于将民事诉讼类型划分为给付之诉、形成之诉、确认之诉的划分方法，未充分顾虑到民事事件类型的各样性，有些民事事件的类型并非可以三分法就能予以解决。[1]易言之，三分法忽略了一些民事事件的特殊性，有一些民事事件并非单纯仅是给付之诉、给付判决，也不一定是单纯的形成之诉、形成判决，有些同时具备两种功能性质，如本书研究的裁判分割共有物事件就是一种特殊性质的诉讼类型。

事实上学说多数见解对于共有物分割判决的形成效果并未有所争执，争议最大的是其具有给付判决的性质、可否作为执行依据这一问题。否定论者认为原物分割时法院指示具体分配方法，使所分割的各部分归属于各共有人，并不含有互为给付的成分，然而这与移转主义的立法精神并不相符。在采移转主义的情形下，共有物原物分割的行为实质上是各共有人就存在于共有物全部的应有部分相互移转，使共有人取得各自分得部分的单独所有权。肯定论者认为共有物分割判决在本质上为“形成的给付判决”，之所以兼具两种性质，是因为该判决一方面可消灭原有共有关系而具形成判决的特征，另一方面判决中含有给付内容而具有给付判决的特征，尤其是在不动产分割时该给付特征尤为明显，因为共

[1] 王遐龄：“共有物裁判分割之研究”，东吴大学2012年硕士学位论文。

有人需负担订立书面物权合同的行为债务、办理分割登记等事项。也就是说共有物分割判决并不像单纯的形成判决（如离婚判决）那样旨在单纯的消灭原有法律关系，还包括特定给付行为的内容，如在原物分割中则为交换应有部分，在折价分割中则为价金补偿行为。我国台湾地区的实务见解认为共有物分割判决兼具形成与给付判决的性质而应具有执行力。〔1〕

还有学者尖锐地指出否定分割判决就交付部分有给付判决效力者，无非认为交付其他共有人分得部分的义务是在分割完成以后才发生的新权利义务，这与权利（应有部分）的相互移转是在形成过程中发生不同，交付义务固然可作为给付诉讼的诉讼标的，但基本上其已独立于共有物分割诉讼，为另外一诉，且该义务是在分割共有物之诉判决确定发生形成效果才产生，就概念而言在时间上有先后，不可能与分割共有物之诉同时并存。从理论上说由于共有物在未分割前共有人并不负担交付义务，因此，在同一诉讼中同时提出分割请求与交付应有部分，这种合并起诉就会产生诸多问题。基此认识，共有人在起诉请求裁判分割共有物时可请求准许分割，也可在诉讼程序中就请求办理分割登记部分或请求交付部分一并提出诉讼请求，此时其所作出的应属诉讼请求的扩张，而非诉讼标的的追加。〔2〕受诉法院在其诉讼请求或扩张请求的范围内，需就办理分割部分进行审理，以扩大程序制度解决纷争的功能。在共有人诉请分割并请求交付分得部分的情形，共有物分割判决在主文及理由中作出判断而判令交付，则分割裁判

---

〔1〕 参见张登科：《强制执行法》，三民书局股份有限公司 1997 年版，第 573 页；许士宦：“裁判分割共有物分得部分之点交与执行力之扩张——‘最高法院’历年有关裁判、决议（定）之研究”，载《台湾本土法学杂志》2001 年第 20 期。

〔2〕 参见邱联恭教授在民事诉讼法研究会第二十四次研讨会后的补注。陈计男：“分割共有物之诉之审理及其裁判之效力”，载民事诉讼法研究会：《民事诉讼法之研讨（2）》，三民书局股份有限公司 1990 年版，第 575 页。

理应具有既判力与执行力。[1]

（五）本书见解

诉是当事人为求利己判决的请求并开始于判决程序的行为，也即原告就其主张私法上的权利或法律关系的存否向法院请求要求予以审判的行为，亦为民事诉讼判决的开始行为。民事诉讼上之“诉”，一般而言是指要求法院为一定内容之判决的意思表示（诉讼行为）。因此，诉的内容须包括原告与被告、诉讼标的、应受判决事项约束的诉讼请求三项。民事诉讼法所使用的“请求”，原是自民法借用而来，由于民事诉讼对诉讼类型的认识之初仅有给付诉讼的类型，后来基于诉讼乃实行请求权手段的思考，因此，称诉讼上的请求。而后承认有确认诉讼、形成诉讼的类型，原告在诉讼中的主张不以请求权为限，支配权、形成权及其他法律关系亦可主张。并且不仅可以提出权利存在的主张，也可以提出权利不存在的主张（如消极确认诉讼的情形），这些权利主张均包含在内。即民事诉讼法上“请求”的语义已经转化成为“权利主张”。[2]因此，原告在“诉讼上的请求”乃指原告就其权利主张（权利或法律关系存在与否的主张），请求法院就在法律上是否正当作出审理、判决的要求。

在民事诉讼法的发展史上诉之种类最初仅有给付之诉一种。由于民事诉讼法体系与民法体系分开独立，遂有确认之诉的类型出现。待民法上的形成权制度稍具完备之后，最后才有形成之诉的出现。终局本案判决中依原告起诉要求法院进行权利保护形式的种类可区分为给付之诉、确认之诉、形成之诉三种，法院判决

---

〔1〕许士宦：“裁判分割共有物分得部分之点交与执行力之扩张——‘最高法院’历年有关裁判、决议（定）之研究”，载《台湾本土法学杂志》2001 年第 20 期。

〔2〕参见李木贵：《民事诉讼法》（上），元照出版有限公司 2010 年版，第 4 页；［日］中田淳一编：《民事诉讼法概说》，有斐阁 1976 年版，第 129 页。

也相对地分为给付判决、确认判决、形成判决三种。[1]是否对于特殊类型判决加以承认，例如形成给付性判决，素有争议。但若原告所提给付之诉或形成之诉受败诉判决的，则应属确认判决。给付判决有执行力，可以作为执行依据，确认判决仅在诉讼费用确认的情形有强制执行的问题。至于形成判决则直接对于诉讼标的之法律关系发生作用，原则上无强制执行的问题，但关于分割共有物之诉则属例外。[2]对于分割共有物之诉讼类型为何，其判决性质如何，通过上文形成诉讼说、给付诉讼说、性质区分说、形成诉讼兼给付诉讼说等四种学说史的梳理可以发现，多数观点认为共有物分割诉讼是形式的形成之诉，而分割共有物之判决兼有形成判决及给付判决的性质。尽管如此，总结上述其他国家和地区的立法对共有物分割诉讼性质的界定仍可发现有较为明显的差异。我国台湾地区、日本对于共有物分割请求权的性质虽有争议，但通说认为是形成权，共有人以单方意思表示提出分割请求后其他共有人即负有与之确定分割方法的义务，在协议不成或不能协议时任一共有人均可向法院请求以判决确定分割方法。从而共有物分割诉讼即是基于法官大量的自由裁量权，其性质为传统的“形式的形成诉讼”。而德国立法例是将共有物分割规定于德国民法债编第 749 条、第 752 条及第 753 条，且德国民法第 749 条关于请求废止共有关系的规定是德国民法第 752 条及第 753 条的前提要件，其分割共有物请求权系为请求法院废止共有关系，之后再依法定要件确定分割方法，且德国立法例上是将分割共有物之诉区分为按份共有与共同共有两种情形，前者为给付诉讼、后者为形成诉讼，这与我国台湾地区、日本的立法例不同。

---

〔1〕 陈荣宗、林庆苗：《民事诉讼法》（上），三民书局股份有限公司 2004 年版，第 273 页。

〔2〕 姜世明：《民事诉讼法基础论》，元照出版有限公司 2011 年版，第 171-172 页。

观察我国有关分割共有物之判决可以看出，一般观点认为分割共有物之诉是形成之诉（变更之诉）。李明波与蒙爱玉等物权确认纠纷上诉案[1]中，二审法院审理认为系争土地使用权及房屋归李明波、李明信等9人共同共有，现上诉人李明波要求将系争共有土地使用权判决归其所有，并由上诉人按各被上诉人享有的份额给予补偿，其目的是要求将共同共有物予以分割，本质在于终止或者消灭共有关系，提高对共有物的经济利用效率，平衡共有人之间的利益，性质上属于变更之诉。王甲与王乙等继承纠纷再审案[2]中，法院审理认为王甲作为原告提出的确认共同共有关系的诉讼请求，属确认之诉。分割争议房屋的诉讼请求属形成之诉，且请求权基础为物权请求权，不适用诉讼时效。然而亦有实务观点认为按份共有人请求分割共有物之诉是给付之诉。艾某与艾某某1等共有物分割纠纷上诉案[3]中，二审法院审理认为本案案由为共有物分割纠纷，所解决的是艾某某1、艾某某作为系争房产的按份共有人，依据《物权法》第99条的规定请求分割共有物，按照份额实现其所有权，是给付之诉。

本书认为分割共有物事件中共有人享有请求分割共有物的权利，若共有物不存在不得分割的限制，法院即应予分割。共有物分割诉讼的效果为消灭共有关系，虽含有命令共有人交换应有部分、办理分割登记的内容，但其本质仍为形成共有人间单独所有的法律关系，因此，共有物分割诉讼具形成诉讼性质，共有物分割判决为形成判决。值得注意的是，该项分割的权利本身不需法院判决形成，需要法院以判决形成的乃共有物的分割方法。

---

〔1〕 参见（2014）海中法民三终字第98号民事判决书。

〔2〕 参见（2011）浙民再字第69号民事判决书。

〔3〕 参见（2014）南民二终字第01226号民事判决书。

（六）我国实务对共有物分割诉讼性质认知偏差的具体体现

前章业已论证共有物分割请求权的性质为形成权，共有物分割诉讼乃共有人请求法院确定分割方法之形成诉讼。然而本书通过对我国相关判例的检索，发现我国实务中对于共有物分割纠纷、共有物分割诉讼性质上的认定存在较大的误区，集中体现在共有物分割诉讼与不当得利返还之诉的混淆、共有物分割诉讼与共有物确权之诉的混淆等方面。

1. 共有物分割诉讼与不当得利返还之诉的混淆

黄某某、熊某某与罗某某共有物分割纠纷案[1]中，一审法院审理认为本案审理的是不当得利纠纷，被告除依法享有自己应分配份额及管理第三人享有份额外，仍存在无合法依据占有二原告财产的情形，双方因此形成债权债务关系，即不当得利之债，现对二原告请求返还不当得利应予支持。二审法院在审理中对于一审适用法律是否适当，确定本案案由为不当得利是否适当展开辩论，并认为本案被告取得工亡补偿款系因其夫工伤死亡，且该款系经两上诉人书面同意后汇入其个人账户，因此被告占有该款有合法依据，不构成不当得利。一审适用民法有关不当得利的规定作出本案判决应属不当。两上诉人请求给付的是共有工亡补偿款中其享有的份额，因此，本案案由应为共有物分割纠纷，应适用《物权法》第99条的规定。

冀某某、陈某某等与冀某共有物分割纠纷案[2]中，一审法院认为被告将共有迁坟款中属于原告所应分得的部分领取没有法律依据，属于不当得利，遂判决被告于判决生效后五日内返还三原告迁坟补偿款。二审法院认为本案中的当事人对迁坟补偿款均应

[1] 参见（2015）鄂荆州中民二终字第00281号民事判决书。

[2] 参见（2015）新中民四终字第188号民事判决书。

享有补偿权利，在该补偿款分割之前应归相关权利人共有，因此，本案应为共有物分割纠纷，一审将本案定性为不当得利纠纷不当，且本案中当事人之间对享有的份额没有明确约定，应视为各共有人按份共有。

高晓然、高浩然与高震然共有纠纷案〔1〕中，一审法院认为二原告及被告作为死亡人的继承人，抚恤金及丧葬费应由原被告共有，本案中被告一人占有且不愿意分割，乃不当得利纠纷。二审法院审理认为本案属于共有物分割纠纷，一审法院确定为不当得利纠纷不当，应向当事人释明系争法律关系的性质。

杜某某与李某1、李某某1等共有物分割纠纷案〔2〕中，一审判决认定死亡抚恤金属原被告共有财产，四被告未将死亡抚恤金分配给原告，为不当得利。二审法院认为三上诉人与二被上诉人均系合法继承人，对死亡抚恤金应按照其份额享有所有权。因此原被告对死亡抚恤金的共有属于按份共有，本案属于共有物分割纠纷，一审法院认定为不当得利纠纷，属于认定案由不当。

上述四案例中，一审法院均将共有物分割诉讼定性为不当得利诉讼，属于定性上的错误。不当得利、不当得利返还之诉与共有物分割、共有物分割诉讼间应有如下区别。首先，依民法总则的规定，无法律上原因而受利益，致使他人受损害的应返还其利益。该条关于不当得利的解释又被扩张解释为，虽然有法律上的原因但其后已不存在的，若致使他人受损害的亦应返还其利益。依此规定不当得利请求权的成立要件有三：受利益、致他人受损害、无法律上原因，即不当得利的构成应具有无因性。然而共有物分割之前提在于共有关系的存在，为有因性，共有物分割即旨

〔1〕参见（2015）大民一终字第401号民事判决书。
〔2〕参见（2014）济民终字第2416号民事判决书。

在消灭原来存在的共有关系。其次，不当得利成立后在受益人和受损人之间产生债权债务关系，即不当得利之债。不当得利诉讼的内容即为受损人请求不当受益人履行相应的返还义务。所以基于不当得利返还请求权的性质，不当得利返还诉讼为给付之诉，应属无疑。依通说共有物分割诉讼乃形成之诉，共有物分割判决应属形成判决。然而正如前文所述，当事人在诉请分割共有物时也同时请求法院进行分配，而法院判决除准许分割外并依法作出共有物的具体分配或变卖后按一定比例分配价金，则此项判决发生形成效力的同时，还判令共有人特定的给付行为，与给付判决的主文并无差别，债权人可据以请求现实分配共有物，并就所分得部分申请执行交付，这部分又具有给付之诉的性质，因此学说上即有观点认为共有物分割诉讼兼有形成之诉及给付之诉的性质。

2. 共有物分割诉讼与共有物确权之诉的混淆

除了上述诸判例将共有物分割诉讼与不当得利返还之诉混淆的情形外，我国实务在确定案由时屡有将共有物分割诉讼与共有物确权之诉相混淆的判例。原告顾某某与被告袁某某，第三人张某某共有物分割纠纷案[1]中，法院认为系争房屋产权归原告顾某某和被告袁某某按份所有，其中原告顾某某占60%的产权份额，被告袁某某占40%的产权份额。管能飞诉管根宝等共有物分割纠纷案[2]中，法院审理认为目前原告要求分割系争房屋并确认该房屋归其一人所有的诉请缺乏法律依据，原告可待条件成熟后进行系争房屋的分割。据此判决系争房屋归原告管能飞、被告管宝林共同共有。五被告应于本判决生效之日起十日内配合办理将系争

〔1〕 参见（2014）浦民一（民）初字第33052号民事判决书。

〔2〕 参见（2014）杨民四（民）初字第2919号民事判决书。

房屋产权过户登记至原告管能飞、被告管宝林共同共有的手续。林某某与林某某1共有物分割纠纷上诉案[1]中，一审法院审理认为本案讼争房屋应属原、被告双方按份共有，同时因原、被告双方所提供之证据不能确定各自对讼争房屋的出资额，因此应视为原、被告等额享有讼争房屋，后一审法院判决原告林某某1享有系争房屋50%的份额。二审法院审理认为，本案的诉由是被上诉人基于其与上诉人共同在建设系争房屋后被拆迁征用而对拆迁补偿款的分割而产生的纠纷，因此本案的案由应为共有物分割纠纷，一审案由物权保护纠纷不妥，应予以纠正。黄某某诉曹某某等共有物分割纠纷案[2]中，法院审理认为系争房屋应认定为原告黄某某与被告曹某某等人共同出资，基于购买安置房屋面积款大部分来源于被拆房屋的补偿款，而曹某某应对被拆房屋多占份额，应视为曹某某对于安置房屋贡献最大，因此，曹某某对于安置房屋亦应相应多占份额。遂判决系争房屋归原告黄某某、被告黄某某1、被告曹某某按份共有，由原告黄某某和被告黄某某1各占48%，被告曹某某占4%。上述四案例为法院确定案由错误的情形，在该四案例中当事人的诉讼请求均为请求法院确认共有人对讼争房屋的共有权以及各自的应有部分（产权份额），在民事案由的确定上应为我国民事案由中的共有权确认纠纷，属于确认之诉，而非共有物分割纠纷。

由于对于共有物分割诉讼性质界定的偏差，导致法院审理共有物分割诉讼案件中只对共有财产进行确权而不确定分割方法，此时判决中往往无给付内容，就导致准予共有物分割的判决最后无法执行，这也是实务界所称的审理不尽的问题，其易造成执行

---

〔1〕参见（2014）岩民终字第957号民事判决书。
〔2〕参见（2014）浦民一（民）初字第22129号民事判决书。

依据不明确。[1]李冬东与张万强共有纠纷案[2]中，法院审理认为原、被告既没有约定各自享有的份额，也没有证据证明各自的出资额，因此，系争房产应视为双方等额共有，即原、被告各占有系争房产50%的权利份额。鉴于双方对系争房产各占50%的权利份额，就系争房产如何分割应另行协商解决，法院不能强制分割。法院随后作出判决确认原、被告对系争房产各享有50%的权利份额，驳回原告的其他诉讼请求。本案中法院只对共有财产进行确权，而未对是否准予原物分割或判决变卖分割，此外由于判决也未确定折价分割的分割方法，原被告之间无给付内容，这将会导致本判决实际上无法执行。

共有物分割诉讼中法院审理不尽还表现在诉讼中原告请求分割，法院认为可以分割，但因分割方法难以确定，对分割予以回避，造成审理不尽。孙某某等诉寇某某等共有物分割纠纷案[3]中，关于本案诉争土地是否应当分割及如何分割的问题，法院审理认为原、被告共同出资购买了诉争土地，原告是共有人之一，占有共同份额40%，有权要求分割诉争土地40%的共有份额，该两份使用权证上的土地面积基本一致，但由于无法对共有土地原物分割，因此，仅确认原被告的各自份额。

上述判例反映出我国实务对于共有物分割诉讼的诉讼类型及性质界定上的分歧与偏差，由于共有物分割诉讼与不当得利返还之诉、共有物确权之诉在纠纷内容上有一定的关联性，因此在确定民事案由、审理规则、适用法律上需准确判别。实务审理中之所以出现上述偏差，除了相关法律及司法解释没有确定具体的审

---

〔1〕 沈德咏主编：《最高人民法院民事诉讼法司法解释理解与适用》（下），人民法院出版社2015年版，第1239页。

〔2〕 参见（2013）深福法民三初字第1525号民事判决书。

〔3〕 参见（2014）许民初字第24号民事判决书。

理规则外，还与理论界并未充分把握共有物分割诉讼在诉讼法上的特质有关，对共有物分割诉讼特殊属性研究的不透彻造成学说中时常出现扑朔迷离的见解，而给实务审理带来了极大的认识误区。因此，本书以下从诉讼法的立场切入，对共有物分割诉讼的特质进行深入研究。

二、共有物分割诉讼的特殊属性

（一）共有物分割诉讼本质的非讼特性

1. 共有物分割诉讼司法过程的非讼法理

学说对于非讼事件的本质及其与诉讼事件的核心区别为何素有争议，有认为二者的区别在于裁判权行使的方式不同，前者为强制性，后者带有任意性。〔1〕一方面，认为二者的目的不同，前者旨在解决既存的法律关系，后者旨在形成将来的法律关系。〔2〕另一方面，认为二者的程序机能不同，前者是确定权益、保障私权，后者则是预防争执、减少纠纷。〔3〕更有学者否定两者在论理上的区别，而称究竟属于何种类型应由立法者依实定法确定。〔4〕事实上这一问题涉及的范围极广，本书不拟详细论述。依日本民事诉讼法学者兼子一教授的见解，两者的区别要看国家司法权力的性质与作用效果，若司法过程是将法规适用于预定事实，则为诉讼

〔1〕 该观点即为诉讼与非讼区分学说中的“手段说”。参见赵蕾：“诉讼与非讼的再区分：以诉讼与非讼基本模式的差异为研究进路”，载《比较法研究》2012年第4期。

〔2〕 参见杨建华：“非讼事件程序费用之征收”，载杨建华：《问题研析民事诉讼法（1）》，三民书局股份有限公司1985年版，第159页；曹伟修：《最新民事诉讼法释论》，金山图书文具公司1976年版，第8页；［日］三月章：《民事诉讼法（法律学全集35）》，有斐阁1980年版，第46页。

〔3〕 沈律师编著：《非讼事件法》，元照出版有限公司2006年版，第1-3页。

〔4〕 事实上以实体法作为区分诉讼与非讼的标准，即为二者区分学说中的“现行法规说”。参见［日］三月章：《日本民事诉讼法》，汪一凡译，五南图书出版公司1997年版，第197页。

事件，其带有明显的司法性质。若司法过程是通过国家的处分行为达成某种法效果，则为非讼事件，其带有明显的行政性质。[1]此外，小山升教授也认为法院在处理非讼事件时应作出最合目的性的考量，因此，没有必要如诉讼事件般遵循严苛的程序。[2]

共有物分割诉讼是利用诉讼程序请求法院确定分割方法，因法院的判决而使共有关系消灭并使各共有人取得单独所有权，其判决有形成的性质，但在共有物分割诉讼中不存在形成要件、原告共有人也无能以诉讼方式主张的形成权，此处所称的形成要件在本质上类似于实体法上的形成权，但所采取的立场不同。诉讼法学者在权利保护请求说的立场来看，认为形成诉讼的诉讼标的是必须在裁判中行使的形成权，但该形成权只有通过法院裁判才发生形成的法律效果，因此与实体法上形成权的概念并不一致，晚近的学者为了避免在诉讼法上使用形成权这样的概念，转而使用形成要件一词。[3]易言之，由于实体法中对于分割方法并未具体规定应采用何种，原告只有请求分割的权利而无请求法院依其主张确定分割方法的权利。因此法院并不受原告所主张内容或范围的约束，从而也无须驳回请求，并且由于法院并未有适用法律的过程，也未作出法律上之裁判，仅仅是通过裁判的方式确定共有人之间应该采取何种分割方法，更类似于一种行政确认行为。但考虑到其与共有人的权利关系甚大，因此依照诉讼程序进行以求慎重。因此，通说认为其本质为非讼事件，并将之称为形式的形成诉讼。

---

〔1〕 参见［日］兼子一：《新修民事诉讼法体系》，酒井书店1965年版，第40页。

〔2〕 参见［日］小山升：《民事诉讼法（现代法律学全集22）》，青林书院新社1984年版，第14页。

〔3〕 参见［日］三月章：《民事诉讼法（法律学全集35）》，有斐阁1980年版，第50页。

通说认为分割共有物之诉具有非讼事件的本质，如学者杨隆顺认为，共有人所争执者并非法律关系，而系确定分割方法之事实关系。法院不得就原告有无分割请求权为判决，仅能依职权决确定分割方法而已，自非法律上之判断，即非民事司法。而是基于意欲达到一定结果之民事行政处分，因此，共有物分割诉讼性质上应属非讼事件。〔1〕陈计男教授亦认为，分割共有物之诉重在合目的性之达成，而非司法作用，此种事件性质上应属非讼事件，而应依非讼程序处理。〔2〕我国大陆亦有学者认为共有物分割诉讼包括诉讼与非诉两个向度，前者即指法官对于共有人份额的界定、是否符合分割条件的判断具有诉讼事件的特征，后者乃法官对于分割方法的判断享有自由裁量权，并无确定的标准，亦不受当事人意志的影响，此与非讼程序的特征十分吻合。〔3〕

2. 法院裁判定分割方法的职权主义

分割共有物之诉系法院依共有人的请求，而以判决确定分割方法从而消灭共有关系。由于实体法并未就分割方法规定其形成要件（我国物权法未就各种分割方法定其要件事实），共有物若不存在不得分割的限制，由法院裁量以判决形成共有物分割方法以代替共有人间的协议，学说上称之为形式上的形成诉讼，以与一般形成诉讼相区别。〔4〕由于分割共有物事件以民事诉讼进行，法院依职权确定分割方法，将共有人的应有部分转化为具体特定部分、金钱或价金，产生财产上的权利变动，因此，共有物分割诉

〔1〕　参见杨隆顺："改进分割共有物事件裁判之研究"，载台湾地区"司法院"：《"司法院"84年度研究发展项目报告》1996年第16辑上册。

〔2〕　参见陈计男："分割共有物之诉之审理及其裁判之效力"，载民事诉讼法研究会：《民事诉讼法之研讨（2）》，三民书局股份有限公司1990年版，第518页。

〔3〕　参见郐砚："实体法与程序法交互作用下的共有物分割之诉"，载《现代法学》2016年第2期。

〔4〕　陈计男："论分割共有物之诉"，载《法令月刊》1983年第12期。

讼系委诸法院的裁量权，依个案酌定适当的分割方法，法院就分割方法的裁量权即为非讼事件特征，可看出分割共有物非讼事件的性质。因此裁判分割性质上是以判决代替作为共有人间分割方法意思表示的补充，裁判分割共有物之诉本质上应属非讼事件。

此外，共有物分割诉讼实务中，当事人双方就共有物的应有部分、是否愿意消灭共有关系以及向对方当事人请求分割共有物的权利等事项，通常并无太大争议，双方通常所争执最多的是不能协议确定分割方法，而“分割方法很大程度上是一种事实关系，并非为法律关系，这也是分割共有物之诉为形式上的形成之诉而与一般形成之诉相区别的根本所在”。[1]共有人请求分割共有物后，其他共有人即负有与之协议分割方法的义务，在协议不成时，同意分割的共有人可请求法院裁判分割共有物，因此，此诉讼有使共有关系消灭而变为单独所有的效果。共有人诉请分割共有物时法院不受其主张的分割方法之拘束，除其之诉不合法外，不得以其所主张的分割方法不当而作出驳回分割共有物之诉的判决，须给原告一个确定判决。因此，原告所主张的分割方法仅供法院参考而已，如果法院最终未采其所主张的分割方法，亦非其诉一部分无理由，因此，毋庸为部分败诉的判决。共有人诉请法院以判决分割共有物，是由于全体共有人就分割方法不能达成协议而提起，此时法院所裁判的是分割方法，亦即由法院形成分割方法代替共有人的分割协议以消灭共有关系。然而物权法上对于裁判分割方法并未规定其形成要件，是由法院酌定分割方法，即法律未就各种分割方法的要件事实予以规定，而由法院自由裁量分割方法，而具非讼事件性质。

共有物分割事件的两大诉讼形态分别为对于共有物可否分割

---

〔1〕 谢在全：《民法物权论》（上册），中国政法大学出版社2011年版，第576页。

发生争执以及仅就分割方法不能达成协议，前者乃共有人中有同意解除共有关系者亦有反对解除共有关系者，后者乃共有人全体均同意解除共有关系，仅对分割方法不能达成协议，即共有人对于分割请求权的行使并无争执、共有人间并无争执的法律关系存在，所争执的为分割方法，法院实质审理的乃如何做出合理、适当的分割方法。在共有物分割诉讼的司法实务中多数共有物分割纠纷产生的原因是双方当事人对分割方法有争议。此类型裁判具有行政处分行为的特征而司法作用的色彩较为淡薄，因为共有人所争执及法院审理的对象均为确定适当、合理的分割方法，而非解决某种争议的法律关系。因此，分割共有物诉讼是主张分割的共有人请求法院以判决确定分割方法，共有人所争执的仅为分割方法的事实关系，因此，分割共有物诉讼的诉讼标的应为请求定分割方法，这也是分割共有物诉讼具有非讼性质的本质所在。

（二）分割共有物事件审理的诉讼化特征

1. 非讼性质的分割诉讼进行诉讼化审理的原因

分割共有物事件本质上为非讼事件，然而由于分割方法与各共有人的财产权有重大利害关系，各国、地区的立法政策为慎重处理一般均以民事诉讼程序进行，原因在于诉讼事件的裁判过程有严密的程序保障〔1〕，共有人可就各种分割方法进行辩论，将其列为诉讼事件后则称之为诉讼化。我国台湾地区“最高法院”2012年度第7次民事庭会议决议第二点就提到“民事纷争事件之类型有本质上为非讼事件，然因强调需以诉讼法理加以审判，因此，依诉讼程序审理裁判，如分割共有物诉讼”，可资参照。此外，我国台湾地区的学说在“非讼事件法”公布前后并未有太大

〔1〕参见邱联恭讲述：《口述民事诉讼法讲义（2）》，许士宦整理，自版2012年版，第20页。

变化，在“非讼事件法”公布前学者一般认为共有物分割之诉在理论上属于非讼事件。1964 年“非讼事件法”公布后在第 69 条规定了共有物分割后的证书保管，但对于分割仍未作出规定，立法如此规定的意旨在于使这一具有非讼性质的事件仍能通过诉讼程序来处理，以求谨慎，学者也未以非讼事件法没有明文规定就否认其非讼事件的性质。骆永家教授认为裁判分割共有物诉讼本质是非讼事件，但实务上又把它作为形成之诉在办理〔1〕。邱联恭教授认为共有物分割讼争事件中对当事人权利义务关系影响最大的乃分割方法如何确定，但由于分割诉讼中共有人欠缺形成要件，且法院不受共有人诉讼请求的约束亦造成共有人难以预测分割方法，因此，实务中需将共有物分割事件诉讼化以充分保障共有人的辩论权〔2〕。

中国实务界中亦将分割共有物事件依民事诉讼程序处理，此点可从《最高人民法院关于适用〈中华人民共和国民事诉讼法〉的解释》（以下简称《民事诉讼法解释》）第 17 条、第 28 条的规定看出。不过尽管如此，在中国现行法下讨论分割共有物事件的诉讼化审理特征仍具有其现实意义。一方面，分割共有物事件诉讼化审理就是为了赋予共有人更充分的程序保障，裁判分割由法院依职权酌定公平、适当的分割方法，法院在形成分割方法上有裁量权，而对于分割方法的争议，共有人间利害尖锐对立的程度往往不亚于所有权存否本身的争执，事关共有人的利害重大。事实上，中国实务中有相当部分是共有人因对分割方法有争议而提

〔1〕 参见骆永家教授在民事诉讼法研究会第 24 次研讨会上的发言。参见陈计男：“分割共有物之诉之审理及其裁判之效力”，载民事诉讼法研究会：《民事诉讼法之研讨（2）》，三民书局股份有限公司 1990 年版，第 550 页。

〔2〕 参见邱联恭教授在民事诉讼法研究会第 24 次研讨会后的补注。参见陈计男：“分割共有物之诉之审理及其裁判之效力”，载民事诉讼法研究会：《民事诉讼法之研讨（2）》，三民书局股份有限公司 1990 年版，第 551 页。

起分割诉讼。例如侯某某诉徐某某等共有物分割纠纷案〔1〕中，一审法院确定以原物分割方法分割系争房屋，共有人侯某某上诉称双方不可能共同居住在系争房屋内，原物分割不仅没有解决纠纷，反而激化了双方的矛盾，请求变价分割，此时共有人仅对分割方法有争议。某甲与某丙等共有物分割纠纷上诉案〔2〕中，一审法院作出折价分割的判决，共有人某甲任认为原审法院判定的分割方法显失公平，请求二审改判以变价方式分割，此亦为仅对分割方法有争议。诸如此类的案例均可反应分割方法对共有人权利的重要性。因此，中国立法及实务对于分割共有物事件的诉讼化处理，是使当事人能够充分行使辩论权，使共有人在辩论终结前持有充分的攻击防御机会，受到较为慎重的诉讼程序保障，以防止发生突袭性裁判，而同时这种辩论权的保护也是诉讼法理的适用。对于共有物分割之诉的上述特征可归纳为非诉事件的诉讼化处理，其是基于程序保障的核心目的，而对非讼事件设计程序保障的目的在于可在职权主义背景下最大程度尊重诉讼主体的程序权利并促进裁判形成的合理化〔3〕。一方面，“鉴于非讼程序中职权主义色彩较浓，法院不受当事人主张的约束，会削弱其参与程序的积极性，也会影响案外人的权利。”事实上中国实务界中，对于共有物应有部分的抵押权人及债权人（即分割诉讼中作为诉讼标的物的共有财产同时又是执行标的物的情形）等案外人的实体权利与程序权利，即需通过诉讼程序（如诉讼参加、诉讼告知等）加以保障。

---

〔1〕参见（2014）沪一中民二（民）终字第733号民事判决书。

〔2〕参见（2013）沪一中民二（民）终字第1025号民事判决书。

〔3〕参见［日］佐上善和：“非讼事件中的程序保障及关系人的事实释明义务”，载吉川大二郎博士追悼论集委员会主编：《程序的理论与实践》（下），法律文化社1981年，第41页。

另一方面，共有物分割诉讼审理的诉讼化特征与共有物分割事件的上诉程序存在逻辑上的关联。分割共有物诉讼，因其本质上属于非讼事件，诉讼化审理后具有形式上形成诉讼的特征，关于其形成内容即分割方法，法院不受当事人主张的拘束，因此，二审法院不受不利益变更禁止原则的拘束，仍可以作出其认为最适当的分割方法，命令当事人依该方法进行分割〔1〕。因此，基于分割共有物诉讼的本质是请求法院定分割方法的非讼事件，并无胜诉败诉的观念可言，自无不利益变更禁止原则的适用。此外，对于分割共有物诉讼，经法院判决定分割方法时，原告即获得形式上的胜诉，又由于法院并不受原告所请求的分割方法的拘束，甚至可采用被告所请求的分割方法进行分割，因此对原告而言，法院所定的分割方法只要不是其主张的分割方法，实质上即为不利的判决，因此，通说认为原告对于法院所定分割方法不服时，仍可对其提起上诉，即采实质不服说〔2〕。可见法院对于共有人所主张的分割方法仍应予以斟酌，所谓原告分割方法的请求对法院全无拘束性这一观点并非绝对的。但若法院所定的分割方法与原告主张的相同，仅有被告采可提起上诉〔3〕。因此，共有物分割事件上诉程序的设置从根本上而言乃其审理诉讼化特征的反映，如此，便可以合理解释为何共有物分割诉讼本质上为非讼事件，但立法及实务又设置上诉程序的意义所在。

---

〔1〕 参见陈计男、杨建华、骆永家、陈石狮等四位教授在民事诉讼法研究会第二十四次研讨会上的发言。参见陈计男："分割共有物之诉之审理及其裁判之效力"，载民事诉讼法研究会：《民事诉讼法之研讨（2）》，三民书局股份有限公司 1990 年版，第 525、534、538、548 页。

〔2〕 参见陈计男："分割共有物之诉之审理及其裁判之效力"，载民事诉讼法研究会：《民事诉讼法之研讨（2）》，三民书局股份有限公司 1990 年版，第 538 页。

〔3〕 参见吕太郎：《民事诉讼之基本理论（1）》，中国政法大学出版社 2003 年版，第 9 页。

总而言之，请求裁判分割共有物事件，有请求定分割方法的，也有诉请履行分割协议的，其程序运作上有所不同。诸如分割线的划定、应有部分的比例或交付分割的共有物争执等，当事人间利害尖锐对立的程度往往不亚于所有权存否本身的争执，事关共有人的利害重大，法律为谋慎重、公平，特将之列为诉讼事件来审理，目的是使当事人能够充分行使辩论权，受到较为慎重的诉讼程序保障〔1〕。民事诉讼法学者对于分割共有物诉讼的性质向来就有争议，有学者认为其性质为非讼事件，只是在非讼事件法施行前实务已将分割共有物事件当成民事诉讼事件处理，相沿成习而已〔2〕。前述对分割共有物性质的探究可知，其只涉及共有人间的利益分配，本质上本无关公私利益的调和，就分别共有的情形，不仅共有关系本身原无任何共同目的，嗣后也正因找不到利害冲突的交集，才不得不诉至法院。就此可言，裁判分割共有物事件属一种非讼事件的诉讼化。

2. 共有物分割诉讼中处分权主义与辩论主义的适用

承上，分割共有物事件实质上具有非讼事件的性质，具非讼事件特征，形式上以民事诉讼程序来解决。法院应依职权作出妥当、适切的裁量，不受当事人请求的拘束，确定之后形成新的法律关系。显见，分割共有物事件之诉讼只具形式上的意义。因为若为实质诉讼，法院裁判的分割方法应受到共有人请求之拘束，不得以诉讼请求以外的分割方法裁判分割。由于形式的形成之诉，法院不受当事人请求的拘束，可依职权定其分割方法，即使法院

〔1〕 参见邱联恭讲述，沈方维、彭昭芬整理："争点整理方法之案例解析（六）：裁判分割共有物事件之争点整理"，载《月旦法学杂志》2001 年第 74 期。

〔2〕 参见杨隆顺："改进分割共有物事件裁判之研究"，载台湾地区"司法院"：《"司法院"84 年度研究发展项目报告》1996 年第 16 辑上册；或参见苏永钦："再谈共有物分割的问题——从比较法和法政策角度分析"，载苏永钦：《寻找新民法》，北京大学出版社 2012 年版，第 65 页。

裁判分割的方法并非当事人请求的分割方法，仍不违反处分权主义，因系承自当事人请求分割共有物的意思范围内，并且影响有关分割方法之选择判断的事实不适用辩论主义。

而正是因为此类诉讼中法院在如何作出“合目的性”“合理、适当的”分割方法上具有较强的主观性，导致共有人在分割方法上的争议愈加激烈。加之此种事件理论上具非讼性质，却按民事诉讼程序予以裁判，更造成了法院在确定分割方法上的困难。因此，共有物分割诉讼的审理不违反处分权主义，不适用辩论主义。法院依职权所定的分割方法即使非当事人请求之分割方法，仍不违反处分权主义、不适用辩论主义。因此，共有物分割诉讼的判决主文，不进行特别“准予分割（或变价分割）”的记载，而是直接作出如何裁量分割的判决。且形式的形成诉讼，没有不利益变更禁止原则的适用，因为上诉审仍应依职权重新综合所有情况来判断，且不能以未就请求的事项进行举证为由，驳回原告之诉。

（三）共有物分割诉讼中“形式上形成之诉”的特征

1. 形成之诉的分类

形成之诉是使法律关系发生、消灭、变更的诉讼，诉讼判决确定后发生创设法律关系之效果，又称为创设之诉，使权利变更之诉。原告的胜诉判决称为形成判决，在判决确定时无须等到强制执行即自动发生法律状态变动的效果。形成之诉的原告如果受本案判决败诉确定，则其请求确定的目的无法达到，该判决自无形成力可言，只有既判力。关于形成之诉的分类，有学者认为其可分为实体法上之形成之诉与诉讼法上之形成之诉。[1]后者也被称为“特殊形态的诉讼”，并独立于三种典型诉讼类型之外。还有

〔1〕 参见陈荣宗、林庆苗：《民事诉讼法》（上），三民书局股份有限公司2004年版，第284页。

学者将形成之诉区分为一般的形成之诉（或称普通形成之诉）及形式上形成之诉。需注意的是，本质等同非讼、形式同于诉讼的诉讼形态只有形式上的形成之诉，没有形式上的确认之诉或给付之诉。既然只有形成之诉才有形式上的形成之诉，则将其归纳为形成之诉。[1]而形式的形成诉讼的典型特征是其纷争类型在外观上与形成之诉相似，但因欠缺实体法上的形成规定，无从依要件事实的认定作出法律适用（法的判断），法院不受原告主张的拘束，可依职权作出裁量裁判，实质上属非讼事件。[2]

2. 共有物分割诉讼乃形式上形成之诉

前文业已论及形成诉讼中有更为特殊的一种类型，本质上为非讼事件而形式上却具有诉讼事件的诉讼形态，这就是所谓形式的形成诉讼。其是指法律未规定形成权的要件基础及具体的形成内容，其并非纯粹的诉讼事件、本质上为非讼事件，因其涉及当事人权利义务甚大，因此形式上以民事诉讼程序加以审理。李木贵教授认为形式上的形成之诉，法官可基于自由裁量权作出判决而含有行政作用的性质，分割共有物诉讼为形成诉讼，法律自始并未具体明定其形成要件事实，一切依赖法院合理公平裁量并作出判决，不受原告诉讼请求所拘束，为特别的形成之诉。[3]法官对分割共有物诉讼这种形式的形成诉讼，其审判的作业程序不重在认定形成要件事实，而重在直接实现其合目的性的处分行为，因此法官在共有物分割诉讼事件中适用法律的性格极为淡薄。[4]我国大陆学者中有认为共有物分割诉讼旨在创设、变更法律关系，

---

〔1〕 参见李木贵：《民事诉讼法》（上），元照出版有限公司2010年版，第4-6页。

〔2〕 参见吴明轩：《民事诉讼法》（上），五南图书出版公司2011年版，第228-229页。

〔3〕 参见李木贵：《民事诉讼法》（上），元照出版有限公司2010年版，第4-5页。

〔4〕 参见李木贵：《民事诉讼法》（上），元照出版有限公司2010年版，第4-6页；也可参见［日］远藤贤治：《事例演习民事诉讼法》，有斐阁2008年版，第168页。

但变更的形成要件以及可否变更是由法院裁量决定，其实质是一种行政处分的非讼案件，又称作形式上形成之诉。[1]

形式上的形成之诉，因实质上是非讼事件，法院可不受当事人请求的拘束，法官可用最妥当、最适切的方法裁量，不受当事人的拘束，判决确定之后形成新的法律关系，如此裁量意味着诉讼只是形式上的意义。依通说，形式上的形成之诉无“不利益变更禁止原则”的适用，因为上诉审仍应基于非讼事件的本质审理。共有物分割诉讼因其应受判决事项的诉讼请求只要表明请求共有物分割即可，无须为具体的内容，法院亦不受当事人请求分割方法的拘束，并因判决确定形成分割方法的状态。此外，确定经界之诉和分割共有物诉讼一样，法院不受当事人主张的拘束，可以基于调查的结果，定双方不动产的经界并因形成判决确定双方经界，二者均是典型的形式上的形成诉讼。

共有物分割诉讼是形式的形成之诉，这是日本民诉法学者的通说。有学者即论述道，分割共有物诉讼中法官并未判定要件事实是否存在，而直接确定其所认为合理的分割方法，没有适用法律的过程，因此，其是形式的形成之诉。[2]将法规适用于事实的司法性格在分割共有物诉讼中被淡化，其为非讼事件，也是形式上的形成诉讼。[3]日本学界通说认为共有物分割诉讼的性质为传统的“形式的形成诉讼”，是因为日本民法第258条第2款[4]规

---

〔1〕 参见陈桂明、李仕春：“形成之诉独立存在吗？——对诉讼类型传统理论的质疑”，载《法学家》2007年第4期。

〔2〕 参见［日］新堂幸司：《新民事诉讼法》，林剑锋译，法律出版社2008年版，第152页。

〔3〕 参见［日］高桥宏志：《民事诉讼法制度与理论的深层分析》，林剑锋译，法律出版社2003年版，第71页。

〔4〕 日本民法第258条规定，共有物分割事件在共有人间未能达成协议时，可向法院请求裁判分割。前项情形，不能原物分割或因分割会显著减少其价值的，法院可进行拍卖。

定以实物分割为原则，在无法进行实物分割时才通过拍卖进行价款分割，任何一种分割标准都是依据份额比例。因此法官进行裁判时的选择范围被严格限制，并且由于分割实质上的共有关系也全面解除。但是若因价金补偿过多或者不足调整而形成债权关系，或是分割后形成、存续新的共有关系等多样灵活的分割方法，和日本民法第258条为目的之分割一样，都是在请求分割共有物诉讼的名义下，形成分割之外的新的法律关系。并且，分离、退出后的共有关系绝不是现有共有关系原封不动的存续，而应看作是成立了主体不同的新的共有关系。因此不得不说实质上两个性质不同的法律关系（复合法律关系）被认定为诉讼的对象。〔1〕这样的话对于共有物分割诉讼即是基于法官大量的自由裁量权，进而被认定为形式的形成诉讼，也正因为此关于判决的合法性就通常产生疑问。而基于对判决正当性的考量，对于共有物分割诉讼这样的复合诉讼类型，日本法上也扩大了上级审判的介入范围，以兹全面救济。

共有物分割诉讼实务中当事人双方就共有物的应有部分、是否愿意消灭共有关系以及向对方当事人请求分割共有物的权利等事项，通常并无太大争议，双方通常所争执最多的是不能协议确定分割方法，而分割方法很大程度上是一种事实关系，并非为法律关系，这也是分割共有物诉讼为形式上的形成之诉而与一般形成之诉相区别的根本所在。〔2〕共有人请求分割共有物后，其他共有人即负有与之协议分割方法的义务，在协议不成时，同意分割的共有人可请求法院裁判分割共有物，因此，此诉讼有使共有关系消灭而变为单独所有的效果。共有人诉请分割共有物时法院不

---

〔1〕 参见［日］新田敏："共有物の裁判上の分割の机能と効果"，载《法学研究》1997年第12期。

〔2〕 谢在全：《民法物权论》（上册），中国政法大学出版社2010年版，第576页。

受其主张的分割方法之拘束，除其之诉不合法外，不得以其所主张的分割方法不当而作出驳回分割共有物诉讼的判决，须给原告一个确定判决。因此，原告所主张的分割方法仅供法院参考而已，如果法院最终未采其所主张的分割方法，亦非其诉一部分无理由，毋庸作出部分败诉的判决。共有人诉请法院以判决分割共有物，是由于全体共有人就分割方法不能达成协议而提起，此时法院所裁判的是分割方法，亦即由法院形成分割方法代替共有人的分割协议以消灭共有关系。然而物权法上对于裁判分割方法并未规定其形成要件，是由法院酌确定分割方法，即法律未就各种分割方法的要件事实予以规定，而由法院自由裁量分割方法，而具非讼事件性质。

3. 共有物分割诉讼中法官的自由裁量权

多数学者认为共有物分割诉讼为形式的形成诉讼，并非纯粹的诉讼事件，实质上存有行政权作用的性质。对于本质上具有浓厚非讼性格色彩的事件，通过诉讼程序加以处理的，学说称为形式的形成之诉。在一般的形成之诉中，其目的虽是在借由法院的形成判决，变动一定的法律关系，但其与给付之诉及确认之诉相同，均是由法院认定一定要件事实的存否，以决定是否发生特定的法律效果，具有传统审判的“认定事实，适用法律”的特征。而形式的形成之诉，法律对于要件事实及法律效果均未明确规定，而系委由法官的常识与经验，在综合考虑相关的一切因素后予以裁量，形成当事人间的法律关系，与“将法规适用于所认定事实”的传统审判性格有些差异。[1]

共有物分割诉讼为形式的形成诉讼，此种案件类型具有法官职权裁量的要求，具有非讼事件的性质，但由于分割往往涉及当

---

〔1〕 黄国昌:《民事诉讼法教室Ⅰ》，元照出版有限公司2009年版，第71-72页。

事人的极大利益，而分割方法某种程度上也具有对立讼争性，因此，将其划归诉讼事件，由诉讼法院审理。分割共有物的方法则强烈倚赖法官的职权裁量，法官决确定分割方法不受当事人请求的拘束（诉讼请求的非拘束性）。通常由法官斟酌何种分割方法较能增进共有物的经济效益并兼顾双方的利益，最后综合决定适当的分割方法，不因哪一方起诉而有不同。亦即在审理请求裁判分割共有物事件中，法律就分割方法并未明定其要件（形成要件），而将之委由法官进行公平裁量，所以事件本质上具非讼性。

请求裁判分割共有物事件，有请求确定分割方法的，也有诉请履行分割协议的，其程序运作上有所不同。诸如分割线的划定、应有部分的比例或交付分割的共有物争执等，当事人间利害尖锐对立的程度往往不亚于所有权存否本身的争执，事关共有人的利害重大，法律为谋慎重、公平，特将之列为诉讼事件来审理，目的是使当事人能够充分行使辩论权，受到较为慎重的诉讼程序保障。〔1〕民事诉讼法学者对于分割共有物诉讼的性质向来就有争议，有学者认为其性质为非讼事件，只是在非讼事件法施行前实务已将分割共有物事件当成民事诉讼事件处理，相沿成习而已。〔2〕前述对分割共有物性质的探究可知，其只涉及共有人间的利益分配，本质上本无关公私利益的调和，就分别共有的情形，不仅共有关系本身原无任何共同目的，嗣后也正因找不到利害冲突的交集，才不得不诉至法院。就此可言，裁判分割共有物事件属一种非讼事件的诉讼化，但其本质上仍具非讼事件性。

---

〔1〕 邱联恭讲述，沈方维、彭昭芬整理："争点整理方法之案例解析（六）：裁判分割共有物事件之争点整理"，载《月旦法学杂志》2001 年第 74 期。

〔2〕 参见杨隆顺："改进分割共有物事件裁判之研究"，载台湾地区"司法院"：《"司法院"84 年度研究发展项目报告》1996 年第 16 辑上册；或参见苏永钦："再谈共有物分割的问题——从比较法和法政策角度分析"，载苏永钦：《寻找新民法》，北京大学出版社 2012 年版。

共有物分割诉讼中法官的自由裁量权还体现在分割方法的适当、合理、公平，法院就共有物分割进行裁判时应考虑共有人的意愿和共有物的性质、使用现状、经济效用等，并作出适当合理且对于全体共有人利益均公平的裁判。如共有人中的其中一人或数人在分割契约时效完成后提起拒绝给付抗辩，进而请求裁判分割，由于法院在裁量时不受契约拘束，可依职权作出公平的裁量，定其分割方法，分割方法即使不完全依照原契约内容，也不违反诚实信用原则。不过分割共有物虽不受分管契约的拘束，但仍应尽量依各共有人使用现状确定分割方法，维持现状、减少共有人的损害也不失为裁判分割中应斟酌的一项原则。不仅如此，法院并不受当事人主张的拘束，为顾及全体共有人所能利用的价值等情形，对于共有物分割方法有自由裁判之权。〔1〕

事实上在比较法上，澳门地区民事诉讼法典第 946 条至第 951 条即规定共有物分割诉讼中法官的自由裁量权与释明义务。而日本学者则以日本最高法院 1992 年的判决为契机，认为在共有物分割诉讼中除了尊重法官的自由裁量权外，更应该尊重当事人的意思自治。〔2〕有必要研究的是，当事人意思自治与共有物分割诉讼实际上具有非讼性质、法官被赋予较大的自由裁量权之间存在何种关系。日本民法第 258 条是以法官自由裁量权为基础，如果以此为基础，采用 1987 年日本最高法院判决所采用的以灵活多样分割方法实行实物分割的方法，那么共有人的意思表示自然会成为重要因素。但是，迄今为止关于这一点的各种学说中，都没有明确论述“当事人意思”的具体内容。因为协议分割不成立，所以不

---

〔1〕 尤重道：“共有土地分割限制与一部分维持共有问题的探讨”，载《现代地政》2014 年第 350 期。

〔2〕 参见［日］奈良次郎：“共有物分割の诉えについての若干の考察——最近の裁判例を中心として一”，载《判例タィムズ》1993 年第 815 号。

得不进行诉讼，在该对立的意思表示中，既包括该不该分割的对立，也包括分割方法的对立。总之，如果当事人意思自治一致，裁判上的分割就不会成立。但是在分割诉讼时，因为分割本身不可避免，所以对立的是分割方法的问题。关于分割方法，一直以来法官都能秉承公平的诉讼法理、并且不受当事人主张的约束进行裁判。因此在日本法上，共有物分割诉讼在“当事人意思自治”之所以成为问题，是因为日本民法规定的实物分割或者价金补偿等被单纯限定为共有物的分割方法，然而在实物分割时却又会面临多种分割可能，因此，应该以当事人的主张为重要因素，确定所谓公平合理的分割方法的具体选择范围。因此，这个“意思自治”不能等同于作为法律行为要素的含义，也不具有把法官的判断限制在某一范围的含义，否则将违反共有物分割诉讼的性质。

日本法上通常所讲的“当事人意思自治”，包括一部分共有人以获得实物的某部分为目的而放弃或者赠与所持份额一部分的意思表达（法官认定以所持份额转移为前提的分割为可能），其可以说停留在日本民法第 258 条内容的分割方法的建议上。〔1〕例如，三个共有人都主张单独所有，无人主张价款分割，这时既可以选择使三人中的一人全部取得，对其他人实行价金补偿，也可以在无法进行实物分割的情形下，选择通过拍卖进行价款分割。但是，日本民法第 258 条的分割方法里面没有明确的标准，所以既然实行多样化，上级法院审判时就须对其实质正当性进行全面审理。

〔1〕 参见［日］奈良次郎：“共有物分割诉讼の分割方式の多様化と审理への影响”，载《判例タイムズ》1996 年第 911 号。

（四）共有物分割诉讼中诉讼法理与非讼法理交错适用

1. 诉讼法理与非讼法理交错适用的切入点——分割方法的确定

诉讼程序与非讼程序是民事审判程序的基本分类。一般认为，诉讼案件要求在程序结构上全面贯彻诉讼法理，处分权主义、辩论主义是其核心要义，言词主义、直接主义、当事人进行主义是其基本适用准则。非讼案件则要求案件审理中贯彻职权主义等非讼法理，法官充分行使裁量权并作出迅速处理，并一般地排除诉讼法理的适用。

长期以来，诉讼程序与非讼程序的“二元分离适用论”是民事审判程序设置理论之根本，“中国学理探讨上亦缺乏诉讼与非讼区分的传统观念，立法上也无非讼程序和非讼事件的概念界分。”〔1〕随着民事案件类型的多样化、复杂化以及民诉法学理论研究的深入，理论与实务开始注意到，在一定情形下非讼原理可以适用于依诉讼程序解决的民事案件，依非讼程序解决的民事案件也可适用诉讼原理，非讼程序与诉讼程序并非截然的二元分离，二者存在交错适用的空间，诉讼法理与非讼法理“交错适用论”也即由此产生〔2〕。在交错适用论看来，诉讼程序与非讼程序分别由不同的程序要素组成，为适应纠纷解决方法的多样化，应“考虑重新组合程序要素，并创设介于诉讼程序与非讼程序之间的第三程序或者中间程序，使诉讼程序与非讼程序互相交错，借以构成适合案件类型与特性的新的审理方式。”〔3〕

基于民事纠纷解决迅速化的要求及特定类型案件合目的性裁

〔1〕 陈桂明、赵蕾：“中国特别程序论纲”，载《法学家》2010年第6期。

〔2〕 邓辉辉：“论诉讼法理与非讼法理从二元分离适用论到交错适用论的发展”，载《广西社会科学》2010年第10期。

〔3〕 邱联恭：《程序制度机能论》，三民书局股份有限公司2008年版，第659页。

判的考量，诉讼案件呈现非讼化倾向，这亦反映出“交错适用论”的理论价值[1]。“二元分离适用论”的摒弃以及诉讼法理与非讼法理“交错适用论”的发展，直接催生了以共有物分割诉讼为典型的非讼案件诉讼化审理。本质上具有非讼案件性质的分割诉讼在进行诉讼化审理以后，可以直接适用诉讼法理，但考虑这类案件本来属于非讼案件，应兼顾适用非讼法理。适用非讼法理为达到迅速或者合目的性处理等要求，对该讼争事件的某些关键方面——在分割诉讼中共有物分割方法之确定这一问题上适用非讼法理。在此基础上同时适用诉讼法理，保障审理程序可在职权主义背景下最大程度尊重共有人的程序权利，并达成裁判结果的合理化。不过值得说明的是，尽管有上述考虑因素，在分割诉讼适用非讼法理过程中，仍要考虑案件性质是否需要法官拥有更大的裁量权，适用非诉法理能否促进诉讼经济[2]。

中国目前并不存在立法层面的共有物分割非讼程序，关于分割诉讼的审理方式，实际上即是将非讼法理部分适用于分割诉讼。交错适用诉讼法理与非讼法理，进而构成新的审理方式，非常契合多样化与复杂化兼具的共有物分割诉讼。通过上文的相关案例可看出，法官在审理该类型案件过程中已然部分适用非讼法理，在个案中的不同程序阶段，根据个案实体与程序的具体情形，重新整合不同的程序要素，以实现个案审理之实体与程序的相称[3]。

---

〔1〕 参见庞小菊：“司法体制改革背景下的诉讼分流——以非讼程序的诉讼分流功能为视角”，载《清华法学》2016年第5期。

〔2〕 参见姜世明：《非讼事件法新论》，新学林出版股份有限公司2011年版，第14页。

〔3〕 有学者在探讨公司诉讼类型化审理的理论依据时，亦通过诉讼法理与非讼法理的交错适用这一理论工具，阐明公司诉讼中部分适用非讼法理的策略。参见王晓玲：“论公司诉讼审理方式的类型化建构——以非讼法理的部分适用为中心”，载《河北法学》2017年第7期。

2. 诉讼法理与非讼法理交错适用的结合点——形式上的形成之诉

前文已论及形成诉讼中有更为特殊的一种类型，本质上为非讼事件而形式上却具有诉讼事件的诉讼形态，这就是所谓形式的形成诉讼。其是指法律未规定形成权的要件基础及具体的形成内容，其并非纯粹的诉讼事件、本质上为非讼事件，因其涉及当事人权利义务甚大，因此形式上以民事诉讼程序加以审理。李木贵教授认为形式上的形成之诉，法官可基于自由裁量权作出判决而含有行政作用的性质，分割共有物诉讼为形成诉讼，“法律自始并未具体明定其形成要件事实，一切依赖法院合理公平裁量并作出判决，不受原告诉讼请求所拘束，为特别的形成之诉。”〔1〕法官对分割共有物诉讼这种形式的形成诉讼，其审判的作业程序不重在认定形成要件事实，而重在直接实现其合目的性的处分行为，因此法官在共有物分割诉讼事件中适用法律的性格极为淡薄〔2〕。中国大陆学者中有认为共有物分割诉讼旨在创设、变更法律关系，但变更的形成要件以及可否变更是由法院裁量决定，“其实质是一种行政处分的非讼案件，又称作形式上形成之诉。”〔3〕

形式上的形成之诉，因实质上是非讼事件，法院可不受当事人请求的拘束，法官可用最妥当、最适切的方法裁量，不受当事人的拘束，判决确定之后形成新的法律关系，如此裁量意味着诉讼只是形式上的意义。依通说，形式上的形成之诉无“不利益变更禁止原则”的适用，因为上诉审仍应基于非讼事件的本质审理。共有物分割诉讼因其应受判决事项的诉讼请求只要表明请求共有

〔1〕 李木贵：《民事诉讼法》（上），元照出版有限公司 2010 年版，第 4 页。

〔2〕 参见李木贵《民事诉讼法》（上），元照出版有限公司 2010 年版，第 4-6 页；也可参见［日］远藤贤治：《事例演习民事诉讼法》，有斐阁 2008 年版，第 168 页。

〔3〕 陈桂明、李仕春：“形成之诉独立存在吗？——对诉讼类型传统理论的质疑”，载《法学家》2007 年第 4 期。

物分割即可，无须为具体的内容，法院亦不受当事人请求分割方法的拘束，并因判决确定形成分割方法的状态。

共有物分割诉讼是形式的形成之诉，这是日本民诉法学者的通说。有学者论述道，分割共有物诉讼中法官并未判定要件事实是否存在，而直接确定其所认为合理的分割方法，没有适用法律的过程，因此，其是形式的形成之诉〔1〕。“将法规适用于事实的司法性格在分割共有物诉讼中被淡化，其为非讼事件，也是形式上的形成诉讼。”〔2〕日本学界通说认为共有物分割诉讼的性质为传统的“形式的形成诉讼”，是因为日本民法第258条第2款〔3〕规定以实物分割为原则，在无法进行实物分割时才通过拍卖进行价款分割，任何一种分割标准都是依据份额比例。因此法官进行裁判时的选择范围被严格限制，并且由于分割实质上的共有关系也全面解除。但是若因价金补偿过多或者不足调整而形成债权关系，或是分割后形成、存续新的共有关系等多样灵活的分割方法，和日本民法第258条为目的之分割一样，都是在请求分割共有物诉讼的名义下，形成分割之外的新的法律关系。并且，分离、退出后的共有关系绝不是现有共有关系原封不动的存续，而应看作是成立了主体不同的新的共有关系。因此，不得不说实质上两个性质不同的法律关系（复合法律关系）被认定为诉讼的对象〔4〕。如此

〔1〕参见［日］新堂幸司：《新民事诉讼法》，林剑锋译，法律出版社2008年版，第152页。

〔2〕［日］高桥宏志：《民事诉讼法制度与理论的深层分析》，林剑锋译，法律出版社2003年版，第236页。

〔3〕日本民法第258条第2款规定：“共有物分割事件在共有人间未能达成协议时，可向法院请求裁判分割。前项情形，不能原物分割或因分割会显著减少其价值的，法院可进行拍卖。”

〔4〕［日］新田敏：“共有物の裁判上の分割の机能と効果”，载《法学研究》1997年第12期。

一来，共有物分割诉讼即是基于法官大量的自由裁量权，进而被认定为形式的形成诉讼，也正因为如此，关于分割判决的合法性就通常产生疑问。而基于对判决正当性的考量，对于共有物分割诉讼这样的复合诉讼类型，日本法上也扩大了上级审判的介入范围，以兹全面救济。

（五）共有物分割诉讼中的三面对立诉讼地位

传统理论认为共同诉讼乃两造为复数主体之诉讼，且原告或被告方数人有着相同的利害关系，共同诉讼人之一人所为的不利于他共同诉讼人的行为，对于他共同诉讼人不发生效力。〔1〕然而在基于分割共有关系而成立的共同诉讼中，共有人所作出利己的主张却会影响同造当事人的权益，也就是说在共有物分割诉讼中各共有人不仅没有共同的利害，反而处在一种对立的状态，这与传统理论共同诉讼之特征并不相符。

事实上，共有物分割诉讼中共有人的利害对立关系在经一审判决后更趋表面化。〔2〕举例而言，甲、乙、丙、丁、戊五人共有一笔土地，各共有人均主张分割，但对于分割方法，甲、乙主张一致，丙、丁、戊则互相有差异，此时提起共有物分割诉讼，甲、乙为共同原告，丙、丁、戊为共同被告。首先，就甲、乙原告一方而言，在一审法院判决前，因主张的分割方法相同，所提出的各种攻击防御方法，譬如物的利用价值、共有人利害的均衡等等均维持一致，不产生不利于他共同诉讼人的问题。但由于其主张的分割方法只是作为法院的参考而已，法院在实际判决中可能作出不同于甲、乙所主张的分割方法，此时对甲、乙利害不一致的情形就会产生。假设甲对一审法院所作的判决满意而放弃上诉，

---

〔1〕 吕太郎："检讨共同诉讼之二事实"，载《军法专刊》1985年第6期。

〔2〕 吕太郎：《民事诉讼之基本理论（1）》，智胜文化事业有限公司1999年版，第6页。

乙表示不服而提起上诉，此时若依通说的见解，则乙的上诉效力会及于甲，甲的放弃上诉行为无效而被列为上诉人，这无异于强令甲对于已无不服的判决提起上诉。而且即使将甲与乙列为共同上诉人，在二审程序中由于二人的利益已经呈对立状态，因为甲会继续维持一审的主张，而乙在二审中的主张会有所不同。此时，甲、乙的主张效力如何？是否可认为其不利于共同诉讼人而不发生效力？综上，甲、乙虽在一审中为同一方当事人，但其利害关系对立的本质已隐藏存在，只是在一审判决后表面化了而已。

再者，观察另一方当事人丙、丁、戊，虽然在一审中三者因原告的起诉而被强列为共同被告，但因其主张的分割方法自一开始就不一致，其利害关系对立的状态自始就已经表面化，因此，在一审中为维持自己主张的分割方法而提出的各种攻击防御方法也可能自始不一致，此时效力如何？以及在上诉时是否应以全体共有人为上诉人的问题，这与上述甲乙的情形相同，均发生理论上的难题。

通过对上述案例当事人诉讼地位的分析可发现，共有物分割诉讼中当事人同时为原告与被告而有双方之诉的性质。共有物分割诉讼虽为共同诉讼，但当事人却处于互相对立之地位，共有人互为原告及被告，这不同于必要共同诉讼的传统观念。[1]原告共有人与被告共有人、原告共有人内部之间都可能因为存在不同的利益而处于对立地位，有时是因为原告共有人主张分割而被告共有人不同意分割，有时是因为原告共有人主张某种分割方法而被告共有人不同意该分割方法，有时是因为原告共有人之一与另一原告共有人对分割方法有相异的主张。[2]因此，有学者即据此认

〔1〕 史尚宽：《物权法论》，中国政法大学出版社 2000 年版，第 153 页。
〔2〕 石晶晶："共有物诉讼及其类型化研究"，苏州大学 2015 年硕士学位论文。

为共有物分割诉讼中没有提起反诉的必要和意义，因此，非共同诉讼，更不是必要共同诉讼，这与定经界诉讼的性质相同。〔1〕但由于其判决是以消灭共有关系并使各共有人取得单独所有权为目的，因此，应以各共有人全体参与诉讼为必要。

（六）共有物分割诉讼为固有必要共同诉讼

1. 固有必要共同诉讼为“共同诉讼之必要”

从共同诉讼制度的沿革来看，共同诉讼的原型乃固有必要共同诉讼，嗣后才发展出普通共同诉讼及类似必要共同诉讼的形态，三者在本质上原有不同的目的、要求、特征及考量，是各自独立的类型。但因法制继受及立法背景的原因，在日本、我国大陆及我国台湾地区规范上则仅区分为普通共同诉讼及必要共同诉讼，而在必要共同诉讼的下位概念中，再由学说及实务架构出固有必要共同诉讼及类似必要共同诉讼的子集合。

通说及实务见解下，所谓必要共同诉讼即诉讼标的对共同诉讼各当事人必须合一确定的诉讼。而所谓诉讼标的对共同诉讼各当事人必须合一确定，是指将共同诉讼的各当事人视为一体，法院就诉讼标的之法律关系对共同诉讼各当事人的裁判，必须同时为之，不得分别裁判，且其内容对共同诉讼各当事人必须一致而不得有所歧异。〔2〕在必要共同诉讼中若数人须一同起诉或被诉，当事人适格才无欠缺的，谓之固有必要共同诉讼。固有必要共同诉讼源自于德国普通法时代的诉讼团体，其是指就法律纷争，法律上或法理上强制要求关系人全体共同进行诉讼，有“共同诉讼之必要”的共同诉讼形态，即为“共同诉讼基于其他理由而为必

---

〔1〕 参见［日］兼子一：《判例民事诉讼法》，酒井书店1973年版，第80页。

〔2〕 参见姚瑞光：《民事诉讼法论》，中国政法大学出版社2011年版，第117页；陈计男：《民事诉讼法论》（上），三民书局股份有限公司2000年版，第176页；陈荣宗、林庆苗：《民事诉讼法》（上），三民书局股份有限公司2004年版，第192页。

要”的情形。

固有必要共同诉讼之所以要求“共同诉讼之必要”，除了因其在沿革上乃源自于将全体关系人视为单一诉讼主体的所谓“诉讼团体”外，还因为在此类诉讼中如果允许仅以部分关系人为当事人，确定判决的既判力无从及于未同为当事人的其他关系人，将严重抵触纷争一次性解决原则及诉讼经济的要求。然而由于法律未明文规定一般的判断基准，也难以一一就个案类型作出具体规定，因此在何种情形下数个当事人应全体共同起诉或被诉，颇有疑问。就此而言，德国法上关于“共同诉讼之必要”的固有必要共同诉讼，最主要的诉讼类型即为合有（共有）之诉，其次是法律明定必须共同诉讼以及其他基于实体法理由而具有“共同诉讼之必要”的。相对于德国法上多就个案分别论述，日本法上则将固有必要共同诉讼归纳为三种不同样态，其中包括：①以形成之诉或确认之诉变动某法律关系的，除法有明文排除外原则上应以该法律关系之全部归属主体为共同原告或被告，如债权人提起撤销诈害债权行为之诉，应以债务人及第三人（受益人）为共同被告；②数当事人基于一定职务取得当事人之地位，而其职务须由数人共同执行的，就该职务相关事项涉讼时，该数人即有一同起诉、被诉的必要，如数遗产管理人就遗产的管理、数破产管理人就破产财团的管理等，如有进行诉讼的必要即须一同起诉或被诉；③涉及分别共有的纷争，如就应有部分涉讼、共有人因共有物所生债之关系而涉讼、因共有物的分割而涉讼等。[1]

2. “共同诉讼之必要”欠缺的效果

固有必要共同诉讼的数当事人未一同起诉、被诉的，实务与

---

〔1〕［日］高桥宏志：《重点讲义民事诉讼法》，张卫平、许可译，法律出版社2007年版，第194页以下。

通说一致认为其当事人适格有所欠缺，法院应以判决驳回原告之诉。〔1〕亦即固有必要共同诉讼中“共同诉讼之必要”乃当事人适格的要件，这与日本法相同，日本通说及实务也一致将其作为当事人适格的要件。〔2〕相对于此，德国法上关于“共同诉讼之必要”的欠缺，虽亦有认为是本案适格的欠缺，法院应以诉无理由判决驳回，但通说与实务则认为其属于诉讼要件的欠缺，应诉讼判决驳回。申言之，德国法上所谓本案适格是指原告是否依实体法享有其所主张的权利，且该权利是否针对被告者而言，本案适格如有欠缺，法院应以诉无理由本案判决驳回，亦即所涉及的是诉有无理由的问题。而所谓诉讼实施权则指在具体个案以自己的名义为原告或被告进行诉讼的权能，如有欠缺，法院应以诉不合法驳回。

事实上，我国法及日本法所谓当事人适格一词，本是源自于前述德国法上本案适格的概念，由于在普通法时代诉讼实施权的概念尚未明确形成，实体法权利的存在与诉讼上权利有密不可分的关系，当事人须具本案适格才可进行诉讼，亦即诉讼上当事人必须为系争法律关系的归属主体，乃实体当事人概念。然而随着诉讼上当事人与实体上系争法律关系归属主体的分离，才开始提出形式当事人概念，诉讼实施权的概念也由此形成。〔3〕

由上可知，我国法及日本法现行通称的当事人适格，实际上已经与本案适格的意义有所不同，而等同于诉讼实施权的概念，

〔1〕 参见姚瑞光：《民事诉讼法论》，中国政法大学出版社 2011 年版，第 117 页。

〔2〕 参见［日］高桥宏志：《重点讲义民事诉讼法》，张卫平、许可译，法律出版社 2007 年版，第 194 页。

〔3〕 参见陈荣宗、林庆苗：《民事诉讼法》（上），三民书局股份有限公司 2004 年版，第 163-164 页；也可参见王甲乙教授在民事诉讼法研究会第五十四次研讨会上有关“当事人适格之扩张与界限”的论述，载民事诉讼法研究会：《民事诉讼法之研讨（6）》，三民书局股份有限公司 1997 年版，第 5 页以下。

但因所采诉权理论的不同，在我国法下，“共同诉讼之必要”乃成为权利保护要件，而非诉讼（合法）要件。然而将“共同诉讼之必要”视为当事人适格的权利保护要件是否妥当，实有疑义。首先，实务与通说皆认为当事人适格与否应以原告主张的事实为准，非以法院判断的结果为准。[1]依此，部分共有人“主张”已是全体共有人而起诉，虽客观上尚有其他共有人未同为原告，仍具当事人适格而可受本案判决，如此并非合理。传统学说亦有认为固有必要共同诉讼数人如未一同起诉、被诉，法院不得命为补正，仅原告可以在一审或二审诉讼进行中追加原非当事人之人。[2]在该观点下，“共同诉讼之必要”的欠缺即使得以补正，亦往往因法院径自驳回而实质上无从为之。除此之外，就法院对当事人适格的判断，不得独立地提出不服，那么若在程序启动后认定当事人适格有所欠缺，而法院不待原告补正而直接将其诉讼驳回，不但未保障当事人接近本案判决的权利，且造成已进行的程序成为不必要的耗费，违背诉讼经济、程序安定性及当事人程序利益保护的基本要求。

基此，学说上就有认为法院可以通过作出中间裁定的方式解决当事人适格与否的争执。[3]除此之外更有观点认为可将当事人适格视为民事诉讼法所定起诉要件之一，在其有所欠缺而需要予

---

〔1〕 参见王甲乙等：《民事诉讼法新论》，三民书局股份有限公司 2010 年版，第 56 页；杨建华：《民事诉讼法要论》，北京大学出版社 2012 年版，第 200-201 页；陈计男：《民事诉讼法论》（上），三民书局股份有限公司 2000 年版，第 105-106 页；姚瑞光：《民事诉讼法论》，中国政法大学出版社 2011 年版，第 98 页；吴明轩：《民事诉讼法》（上），五南图书出版公司 2011 年版，第 158-159 页。

〔2〕 参见杨建华：《民事诉讼法要论》，北京大学出版社 2012 年版，第 98 页。

〔3〕 参见熊洋：“民事诉讼当事人适格问题研究”，武汉大学 2012 年博士学位论文。

以补正时，法院应先让其补正。[1]上述见解实颇有见地，本书同意此种观点，即“共同诉讼之必要”属于起诉的合法要件，在起诉阶段法院即应为审查，如有欠缺而需补正的，法院应先定期命其补正，无法补正或不作补正的，才以诉不合法驳回。

3. 共有关系中固有必要共同诉讼的诉讼形态

正如前文所述，在共有关系中固有必要共同诉讼的诉讼形态则更为特殊。共有关系存续期间共有物的处分及其他权利的行使应取得共有人全体的同意，因此，非经各共有人意思一致不得行使权利，否则必害及共有物的权利。在提起诉讼时亦须共有物全体为当事人，才有效力。据此，早期实务一致认为共有物分割诉讼原则上皆为固有必要共同诉讼，全体共有人应一同起诉、被诉。与此相同，现今学说上亦有认为“共有人行使共有物的权利，应征得共有人全体之同意，与固有必要共同诉讼当事人是否适格无关。例如分割共有物诉讼，为固有必要共同诉讼，缺一共有人为当事人，当事人即非适格，任何请求分割共有物之原告，不得主张其起诉已征得某一或某数共有人的同意，当事人就为适格。易言之，应为固有必要共同诉讼当事人者而未为当事人的，不得以已征得其同意起诉或被诉代替之。”[2]

依此见解，分别共有人已取得其他共有人的同意，对共有物进行处分、变更、设定负担，在实体法上固然发生效力，但若因此而涉讼，虽然已经取得其他共有人的同意，但仍然需全体分别共有人共同起诉或被诉。在共同共有的情形亦同，虽实体法上处分或其他的权利行使，部分共有人已取得共有人全体的同意，但在诉讼中仍需全体共有人共同起诉或被诉。

---

〔1〕 参见闫宾：“民事诉讼要件论”，西南政法大学 2012 年博士学位论文。

〔2〕 姚瑞光：《民事诉讼法论》，中国政法大学出版社 2011 年版，第 118 页。

4. 共有物分割诉讼属于固有必要共同诉讼

诉讼标的之法律关系若依照实体法的规定，实体权利义务的处分或管理必须由数人全体共同进行才为合法的，在诉讼法上这项诉讼实施权或诉讼管理权也必须由数人全体共同行使或对其行使才为合法而构成当事人适格。这种固有必要共同诉讼的发生，最为典型的情形就是在数人就一定财产权存在共有关系。关于财产权的固有必要共同诉讼，法院实务判例最常见的即为分别共有与共同共有两种情形下的分割共有物诉讼。[1]分割共有物诉讼是由于共有人间无法达成分割协议，而请求法院确定分割方法之诉，由于法院所形成的是分割方法以代替共有人间的协议，因此，必须以全体共有人为诉讼当事人，共有人间是就分割方法的争执在法律上必须同时解决，且对全体共有人均有利害关系。分割共有物诉讼的诉讼程序因而齐一化，使各共同诉讼人即使作出相异的行为，仍不妨碍判决基础的一致性。[2]

分割共有物诉讼程序的齐一性要求诉讼标的对于共同诉讼的当事人必须合一确定，因此，共同诉讼人中一人所作出的利益行为，效力及于共同诉讼人全体。[3]若存在诉讼停止的情形，其效力亦及于全体。[4]共有物分割诉讼中由于分别共有人的应有部分

〔1〕 依学者见解，有关财产权的固有必要共同诉讼类型中，除本书探讨的共有物分割诉讼外，共同继承人之间的遗产确认之诉亦是固有必要共同诉讼。参见［日］新堂幸司、福永有利：《注释民事诉讼法（5）》，有斐阁1991年版，第21页。

〔2〕 杨建华：《民事诉讼法要论》，北京大学出版社2012年版，第104页。

〔3〕 所谓有利益或不利益的判断，是指共同诉讼人进行诉讼行为时就形式上而言有无利益，并非指经法院审理后的结果有利益或不利益。因此，如果同意分割的原告或被告一人提起上诉，其效力及于原告或被告全体，至于不利益，譬如放弃诉讼请求、撤诉等，对共同诉讼人全体均不发生效力。参见杨建华：《民事诉讼法要论》，北京大学出版社2012年版，第105页；或参见吴明轩："关于'请求分割共有物诉讼审判'之研究"，载《法律评论》1983年第5期。

〔4〕 杨建华：《民事诉讼法要论》，北京大学出版社2012年版，第105页。

或共同共有人隐藏的应有部分，其全体共有人应有部分的总和为共有物的整体权利，因此，分割诉讼对于共有人全体有法律上的利害关系，需由请求分割共有人为共同原告、其余共有人为共同被告。因此，请求分割共有物诉讼属于民事诉讼程序上所称的诉讼标的对于共同诉讼的当事人必须合一确定。综上所述，分割共有物诉讼属于固有必要共同诉讼，提起分割共有物诉讼须以同意分割之人为原告，以不同意分割之人为被告，即共有人全体为当事人时，其诉讼当事人才为适格。

5. 共有物分割诉讼中强烈“共同诉讼之必要”色彩的削减

分割共有物诉讼属于固有必要共同诉讼，诉讼标的对于共同诉讼的当事人必须合一确定。然而随着个案纷争类型、特征的多样化，在很多情形往往难以期待全体共有人均成为诉讼上当事人，因此，如果仍固执坚持共有人全体“共同诉讼之必要”，不啻令诸多共有物分割纠纷无法以本案判决予以解决。因此近年来日本、我国台湾地区在实务上虽仍坚持共有人全体“共同诉讼之必要”，但同时又以各种方式逐渐缓和共有物分割诉讼其“共同诉讼之必要”，主要包括三种情形：其一，将“习惯”视为“契约另有规定”而认为无“共同诉讼之必要”。这种情形是指若共同关系契约规定共有物的处分（包括分割）及其他权利的行使毋须取得共有人全体的同意，那么可将“习惯”视为“契约另有规定”而认为其无“共同诉讼之必要”。其二，取得全体共有人的同意，即可由其中一人或数人起诉或被诉。相较于早期的见解，实务上亦渐有认为在取得全体共有人同意的前提下，共有人中的一人或数人即可就共有物分割的相关纷争起诉或被诉，且该同意不以书面同意为必要，不论以何种方法，只要能证明共有人已经同意即可。其三，不必取得全体共有人的同意，即可起诉或被诉。实务上也有个案认为在事实上无法取得全体共有人的同意时，部分共有人也可起诉或被诉。

由上可知，关于共有物分割诉讼中其“共同诉讼之必要”在原告方作为共有人时颇有难度，因为请求分割时须以全体共有人（或被告以外的全体共有人）为原告，然而各共有人往往有其各别考量而拒绝同为原告，此时其他共有人势必无从获得本案判决。反之，共有人若为被告方，则原告尽可依其意思将全体共有人（或原告以外之全体共有人）列为被告以进行诉讼，此时不会产生问题。因此，实务上乃由早期坚持“共同诉讼之必要”，即使全体共有人同意亦不得单独起诉、被诉的见解，转而尝试通过解释加以缓和。

即使如此，在固有必要共同诉讼其“共同诉讼之必要”的判断上，仍然有较大问题。一方面，实体法上共有法律关系的处分权属全体共有，不宜仅由部分共有人利用诉讼程序加以处分。另一方面，共有人往往为数甚多，很难期待全体共有人都成为诉讼当事人，而若因此拒绝部分共有人利用诉讼程序，获得本案判决以解决相关纷争，则与程序法解决纷争的根本要求有所不符。这种窘境亦同样存在于日本法上，战后日本学说与实务就共有（日本通说称之为“合有”）诉讼，也逐渐开始反省是否须将其一律视为固有必要共同诉讼，而出现尽量缩小固有必要共同诉讼范围的趋势。[1]在1996年日本民事诉讼法修正过程中，就曾经出现过提案认为“仅需有四分之三以上多数起诉，其起诉即为合法，法院应命剩余之人参加诉讼即可”，但该提案并未通过。[2]

上述窘境所牵涉的根本问题，在于“共同诉讼之必要”的判断是否应毫无弹性地以实体法上的处分管理权为依据。对于这一

---

〔1〕［日］高桥宏志：《重点讲义民事诉讼法》，张卫平、许可译，法律出版社2007年版，第197页以下。

〔2〕［日］高桥宏志：《重点讲义民事诉讼法》，张卫平、许可译，法律出版社2007年版，第204-208页。

问题，有学者坚持传统上所采的见解认为通过判决的既判力，诉讼程序的进行等同于实体法上处分，且往往代表管理活动。而如同各当事人不得单独处分实体法律关系，各当事人也不得单独就该法律关系进行诉讼，即不得单独起诉或被诉。[1]本书认为就此而言最为直接的解决方案是从实体法规定着手，将实体法上共同共有的规定朝按份共有的方向进行修正，如此一来共有的相关诉讼将不再具有如此强烈的“共同诉讼之必要”。事实上，我国民法学者的研究可为本书观点提供实体法上的论证支撑。有学者从比较法的视角对共同共有制度在各国实证法中的应用进行分析与总结，发现法国、德国等成文法代表国家都将共同共有排除在物权所有权之外，认为共同共有制度存在着弱化的趋势。[2]另有学者更是尖锐地指出，我国《物权法》的相关规定即表明立法者对共同共有制度本身存在某种怀疑或是力不从心，同居共财的社会条件越来越不具备，共同共有制度将趋向于没落。[3]除了实体法规范的修正之外，诉讼程序中法院可依原告申请以裁定方式将未起诉的共有人追加为原告，抑或直接以裁定将该所在不明的共有人列为原告，这样也能一定程度上削减共有物分割诉讼强烈的“共同诉讼之必要”色彩。

第四节　共有物分割诉讼的诉讼标的

共有物分割诉讼具有形成之诉的性质，对于形成之诉的诉讼

---

〔1〕 参见邱联恭讲述：《口述民事诉讼法讲义（2）》，许士宦整理，自版 2012 年版，第 312 页。

〔2〕 参见黄中廷、陈涛主编：《从共同共有到按份共有的变革》，中国农业出版社 2004 年版，第 95-97 页。

〔3〕 参见蔡养军：“论共同共有制度的源流”，载《扬州大学学报（人文社会科学版）》2014 年第 4 期。

标的问题理论界曾有过相当长时期的争论。事实上对于共有物裁判分割的诉讼标的为何，学者间及实务也有不同看法。一方面，分割共有物诉讼本质为非讼事件，非讼事件自无诉讼标的可言，但分割共有物事件诉讼化后，是依民事诉讼事件进行，而诉讼标的为诉之三要素之一，因此，分割共有物诉讼自然需要有诉讼标的。另一方面，分割共有物事件诉讼化的目的是为保障共有人的辩论权，避免发生突袭性裁判，因此，不论是基于防止突袭性裁判、处分权主义的观点，有将诉讼标的特定的必要，以特定审判的对象及范围。

诉讼标的乃原告为确定其私权的请求，或主张或否认法律关系存在，请求法院对其加以裁判。因此，诉讼标的实即法律关系，所谓法律关系乃法律上所定为权利主体之人对于人或物的关系。共有物裁判分割的诉讼标的有认为应采分割请求权，亦有认为是确定分割方法的请求，各有其不同论述。本书如下将探讨采何种观点更加合理。

一、共有物分割请求权

当事人以诉主张或否认的权利、义务或其他事项，请求法院加以判断，亦即法院审判的对象或客体，称为诉讼标的。[1] 换言之，诉讼标的为实体法上的请求权。对于分割共有物诉讼，在符合《物权法》第99条的诉讼条件下任一共有人可请求法院以判决确定分割方法，因此，实务上认为分割共有物诉讼的诉讼标的即为《物权法》第99条之共有物分割请求权。我国台湾地区“最高法院”1984年度第2次民事庭会议决议（二）中亦认为分割共有

〔1〕 姚瑞光：《民事诉讼法论》，中国政法大学出版社2011年版，第401页。

物诉讼的诉讼标的为共有物分割请求权。[1]学说中多有认为共有物分割诉讼的诉讼标的是共有物分割请求权，代表性的学者有陈计男教授等。其提出共有人请求分割的纷争形态有两种：其一，共有人对于可否请求分割及分割方法均有争执。其二，共有人全体仅就分割方法无法达成协议。在第一种情形双方所争执的是分割请求权的行使正当与否，并进而定分割共有物方法，其诉讼标的为分割请求权。但在第二种情形双方对于分割请求权的行使并无争执，所争执的为如何确定分割方法，这种形态的事件在性质上应为非讼事件，而应依非讼事件程序处理，但实务上就此形态的事件仍依一般诉讼程序裁判，因此，分割共有物诉讼的诉讼标的为共有物分割请求权。[2]然而这种观点是否正确尚需探讨。

首先，既然认为共有物分割诉讼为形成之诉，而共有物分割请求权的性质依照通说又是形成权，那么共有物分割请求权自然无法成为形成之诉的诉讼标的，因为依照传统的诉讼标的理论，形成诉讼的诉讼标的必须是以诉讼方式行使的形成权。[3]其次，若认为分割请求权为诉讼标的，那么由于法院判决应该就诉讼标的进行审理，如果认为原告之诉有理由，仅应判决准予分割。至于分割方法，由于仅是攻击防御方法，只能在判决理由中说明，不得在主文中载明，这与分割请求权的性质相矛盾。再次，若将分割请求权作为诉讼标的，将分割方法作为攻击防御方法，那么当原告的分割请求权存在，即应认为原告之诉有理由。即使原告主张的分割方法不为法院所采，也并非其诉之部分无理由。此时原告既然全部胜诉，即使其攻击防御方法（分割方法）不为所采，

[1] 参见台湾地区“最高法院”1984年度第2次民事庭会议决议（2）。

[2] 陈计男：“分割共有物之诉之审理及其裁判之效力”，载民事诉讼法研究会：《民事诉讼法之研讨（2）》，三民书局股份有限公司1990年版，第518页。

[3] 姚瑞光：《民事诉讼法论》，中国政法大学出版社2011年版，第287页。

也因当事人并不能单独针对攻击防御方法提出不服，所以原告也不能单独针对作为攻击防御方法的分割方法提起上诉。但此时即导致对于不利于己的分割方法原告无法上诉的情况，无异于原告因自己的起诉行为反而处在不利的地位，这样就导致实务中不得不承认原告及被告都能单独针对分割方法提起上诉，不过从本质上而言这与民事诉讼的基本原理相背离。最后，综上所述，认为分割请求权为共有物分割诉讼的诉讼标的之观点将会产生理论上的矛盾，并非可采的观点。

二、确定分割方法的请求

关于共有物分割诉讼的诉讼标的，有观点认为既然分割共有物诉讼是同意分割的共有人请求法院确定分割方法的形成诉讼，从而自应以原告申请法院确定分割方法的请求为诉讼标的。其理由主要包括：其一，分割共有物诉讼中分割方法才是当事人争执的焦点，并且分割方法直接构成当事人权利的内容，而非仅用以支持权利存否的手段，不能将其认定为攻击防御的方法。〔1〕其二，分割请求权的行使，仅由共有人以意思表示即发生效力，亦即一经行使，即产生其他共有人应依一定方法予以分割的法效果。此分割方法为何，原则上是由各共有人协议确定，以节省时间精力并避免纷争。仅在当事人协议不成时才请求法院决定。因此法院所需判断的仅为分割方法，并不包括应否分割部分本身。〔2〕其三，在申请法院确定分割方法之诉中，其分割请求权是否存在以及是

〔1〕　参见吕太郎：《民事诉讼之基本理论（1）》，智胜文化事业有限公司 1999 年版，第 7 页；参见杨隆顺："改进分割共有物事件裁判之研究"，载台湾地区"司法院"：《"司法院"84 年度研究发展项目报告》1996 年第 16 辑上册。

〔2〕　参见吕太郎：《民事诉讼之基本理论（1）》，智胜文化事业有限公司 1999 年版，第 7–8 页；参见杨隆顺："改进分割共有物事件裁判之研究"，载台湾地区"司法院"：《"司法院"84 年度研究发展项目报告》1996 年第 16 辑上册。

否经共有人行使此分割请求权，均仅为请求法院确定分割方法之诉的前提要件。[1]其四，通过诉讼最终解决能否分割的争议与请求确定分割方法，性质并不相同，诉讼标的也有所区别。法院在确定分割方法时，其前提要件即为对分割请求权是否存在作出审理，但不能以此认为分割请求权为诉讼标的。[2]此外，分割请求权的行使仅由共有人以意思表示就足矣，且一经行使即产生其他共有人应依一定方法予以分割的效果。此分割方法为何，原则上委由各共有人协议决定，仅在当事人协议不成时才申请法院决定，因此法院所定的分割方法并不包括应否分割部分。学说上有认为当事人以诉争执得否分割，与以诉请确定分割方法两者其性质并不相同。学者进一步指出若以共有物分割诉讼是形成诉讼，则理论上即应以原告确定分割方法的请求为诉讼标的，至于分割请求权的存在与否及是否业经行使，则为攻防方法。此时法院若认为原告分割请求权不存在，则因其前提要件不具备，其确定分割方法的请求自然就属于无理由，因此，此时应驳回原告之诉。[3]在分割方法说下，物权法上的共有物分割请求权仅为分割之诉的前提要件而已，而非诉讼标的。分割共有物诉讼中当事人所争执的为分割方法，因此，确定分割方法为其诉讼标的。

综上所述，认为分割请求权为共有物分割诉讼的诉讼标的之观点存在理论上的漏洞。因此学者即主张共有物分割诉讼是请求法院确定分割方法的形成诉讼，从而其诉讼标的为原告向法院申请确定分割方法的请求。总结来看，上述的立论理由可从两个维

---

〔1〕 吕太郎：《民事诉讼之基本理论（1）》，智胜文化事业有限公司1999年版，第8页。

〔2〕 杨隆顺："改进分割共有物事件裁判之研究"，载台湾地区"司法院"：《"司法院"84年度研究发展项目报告》1996年第16辑上册。

〔3〕 杨隆顺："改进分割共有物事件裁判之研究"，载台湾地区"司法院"：《"司法院"84年度研究发展项目报告》1996年第16辑上册。

度展开：其一，就分割请求权的行使方式来看，分割请求权仅由共有人的意思表示就可为之，且一经行使就产生其他共有人应依一定方法予以分割的效果。而分割方法的确定原则上由各共有人协商，以避免纷争，仅在当事人协议不成时才申请法院来裁判，因此法院所定的只是分割方法并不包含应否分割。其二，学说上也认为当事人以诉争执可否分割与以诉请求确定分割方法，两者在性质上并不相同。民法学者通说认为分割请求权存否之诉与分割方法之诉均为民事诉讼的性质。〔1〕而诉讼法学者则通常主张后者为非讼事件性质。〔2〕日本传统学说多未将二者予以明确划分，中岛玉吉先生曾较早对二者有过区别分析，〔3〕晚近的学说已经开始注意二者的不同。德国通说则区分为废弃共同关系的请求与进而实施共有物分割的请求。二者性质上的这种差异表明，请求分割与请求确定分割方法在以诉加以争执时，应有不同的诉讼标的，不可能在确认分割请求权存否之诉中对分割方法加以裁判。同理，在请求法院确定分割方法之诉中，其分割请求权是否存在以及是否已经共有人行使该项分割请求权，均是申请法院确定分割方法之诉的前提条件，除非原告另以其作为诉讼标的而提起中间确认之诉，否则法院只能将分割请求权存否的争执作为攻击防御方法，而非诉讼标的。

由上述分析可知，共有物分割诉讼的诉讼标的采“分割方法的请求说”的立论基点即在于是否将共有物分割诉讼定性为形成

---

〔1〕参见黄右昌：《民法物权诠解》，自版 1961 年版，第 190 页；史尚宽：《物权法论》，中国政法大学出版社 2000 年版，第 154 页。

〔2〕参见骆永家：《民事诉讼法Ⅰ》，元照出版有限公司 1997 年版，第 4 页。杨建华："非讼事件程序费用之征收"，载杨建华：《问题研析民事诉讼法（1）》，三民书局股份有限公司 1985 年版，第 159 页。

〔3〕参见［日］中岛玉吉：《民法释义（物权篇）上》，金刺芳流堂 1927 年版，第 460 页。

诉讼，若认为共有物分割诉讼为形成诉讼，那么理论上就应以原告确定分割方法的请求为诉讼标的。至于分割请求权的存否以及是否业已行使，则为攻击防御方法。法院若认为原告分割请求权不存在，则因其前提条件不具备，认定原告请求确定分割方法为无理由，驳回原告之诉。反之，若原告分割请求权存在并已经行使，法院即应确定分割方法，不得作出准予分割的记载。此外，由于确定分割方法的请求为诉讼标的，因此，若法院判决确定原告所主张的分割方法，仅被告可提起上诉，而若法院所定的分割方法与原告所主张的不同，则双方当事人均可以上诉。如此一来，前述理论上的矛盾即可解决。

三、分割诉讼标的之厘定

如果认为分割请求权为分割共有物诉讼的诉讼标的，那么法院的判决应就诉讼标的为之，因此，若法院认定原告之诉有理由时，仅应判决准予分割。此外若认为分割请求权为诉讼标的，分割方法为攻防方法，从而原告分割请求权存在，即应认定原告之诉有理由。即使原告主张的分割方法不为法院所采用，也并非其诉部分无理由，则原告因分割请求权存在而全部胜诉，即使其分割方法不为法院所采，因当事人不得单独对攻防方法提出不服，从而原告无法对不利于己的分割方法提起上诉，反而使原告因起诉而立于不利的地位，因此实务中不得不对承认分割请求权为诉讼标的作出调整，而承认原告及被告均可以单独对分割方法提起上诉。但此种处理方式终究与民事诉讼理论完全背离。[1]

若认为诉讼标的为确定分割方法而非分割请求权，则在确定

---

〔1〕吕太郎：《民事诉讼之基本理论（1）》，智胜文化事业有限公司 1999 年版，第 7 页。

分割方法的前提——分割请求权不存在时，法院即应驳回原告之诉。反之，法院则需判决确定分割方法。当法院所确定分割方法与原告主张不同时原告可提起上诉，此为分割请求权说的立论基础。[1]请求分割与确定分割方法本质上应为不同，其以诉讼加以解决时应有不同的诉讼标的，若在分割共有物诉讼中对于分割请求权是否存在有所争执，以及是否业已经过共有人行使此分割请求权，应提起一般确认诉讼或中间确认之诉。

不过需要考虑一种特殊的情形，及合并分割的诉讼标的问题。对于数不动产合并分割的情形，如果认为其诉讼标的采分割请求权说，则因各不动产有其共有物分割请求权，亦即各不动产有其独立的诉讼标的，因此，合并分割的诉讼标的为数共有物分割请求权，法院所形成的是数不动产的分割方法。至于如果认为分割共有物诉讼以请求确定分割方法为诉讼标的，也可作出类似的认定，即共有人请求就数不动产以合并分割为分割方法。因此，合并分割的诉讼标的是共有人请求法院就数不动产确定分割方法。由于各不动产有其诉讼标的，法院可以斟酌情形合并分割或分别分割，因此，合并分割为客观之诉的合并。

依我国物权法的规定，分割方法不能协议确定时法院可依任何共有人的请求而以判决确定分割方法。可知分割共有物诉讼是共有人利用诉讼程序请求法院以判决确定分割方法，共有人所争执的仅为分割方法的事实关系，这也是分割共有物诉讼是非讼事件的本质所在，因此，请求确定分割方法为分割共有物诉讼的诉讼标的。既然请求确定分割方法为诉讼标的，那么原告仅需请求确定分割方法，不以请求特定的分割方法为必要。法院在审理分

---

〔1〕 杨隆顺："改进分割共有物事件裁判之研究"，载台湾地区"司法院"：《"司法院"84年度研究发展项目报告》1996年第16辑上册。

割共有物诉讼时，应就分割方法的前提要件，即需先就有无分割请求权做出审查认定，而分割请求权的存否仅为当事人的攻击防御方法，若共有人对此有所争执，可以另提起确认之诉。如法院认为原告分割请求权不存在，则其前提要件不具备，确定分割方法的请求自属诉无理由，应驳回原告之诉。反之，若认为原告的分割请求权存在并已经行使，法院即应确定分割方法，可不作出准予分割的告知，且因确定分割方法的请求为诉讼标的，因此，若法院所定的分割方法与原告所主张的相同，则仅有被告可对分割方法的判决提起上诉。若法院所确定分割方法与原告主张的不符，则双方当事人均可提起上诉，在论理上似较属可采。[1]

此外，由于共有人对于共有物的应有部分本身就具有自由使用、收益、处分的权能，仅因共有形态而导致其权能受到一定的限制。共有人就其分别共有应有部分，除依物之使用目的或契约订有不分割期限外，可以随时请求分割。即在此条件下共有人间协议不成后向法院申请裁判，法院并无拒绝的权利，需依职权定出妥适的分割方法，也即是共有人一经请求分割共有物的意思表示，法院有定出分割方法的义务，而不是准否分割的裁判。若以此观点而言，则共有物分割诉讼的诉讼标的应为确定分割方法的请求。各共有人间对于是否同意分割共有物并无争执，仅是对确定分割方法有所争议，因此本书倾向赞成分割共有物诉讼的诉讼标的为对共有物确定分割方法的请求。

在我国共有物分割诉讼的司法实务中，多数共有物分割纠纷产生的原因是双方当事人对分割方法有争议，而对于各自的应有部分产权份额无争议、当事人双方也均愿意分割共有物。侯某某1

---

〔1〕 吕太郎：《民事诉讼之基本理论（1）》，智胜文化事业有限公司1999年版，第9页。

诉徐某某等共有物分割纠纷案[1]中，一审法院确定系争房屋之产权归侯某某1、侯某某所有，房屋剩余贷款由侯某某1负责清偿，由侯某某1支付徐某某相应份额的房屋折价款为宜。判决后侯某某1不服，向二审法院提起上诉称：侯某某1与侯某某的关系并不融洽，双方不可能共同居住在系争房屋内，一审法院将系争房屋判归侯某某1、侯某某按份共有，不仅没有解决纠纷，反而激化了双方的矛盾。按照一审判决，侯某某1无权单独决定出售系争房屋或者向法院申请强制执行，最终只能另行起诉要求与侯某某分割系争房屋。侯某某1对一审判决确定的产权份额并无异议，但认为一审确定的分割方法并没有解决产权人之间的纠纷，因此，上诉请求撤销一审判决，改判系争房屋归侯某某1所有，由侯某某1支付徐某某、侯某某房屋折价款，或者系争房屋归侯某某、徐某某所有，由侯某某、徐某某支付侯某某1房屋折价款。二审中侯某某1明确表示其愿意取得系争房屋全部产权，并支付侯某某、徐某某房屋折价款，因此，从彻底解决系争房屋共有人之产权纠纷的角度出发，同时考量三位产权人对分割方法的意见，二审法院判定系争房屋之产权归侯某某1所有，系争房屋剩余银行贷款由侯某某1负责偿还，侯某某1支付徐某某、侯某某系争房屋各三分之一产权份额之折价款。本案的争议焦点为在侯某某1、徐某某、侯某某均同意分割系争房屋的情况下，何种分割方法更为妥当。二审中双方当事人对一审判决确定的产权份额均无异议，仅对分割方法有争议。徐某某、侯某某均表示侯某某1与侯某某关系良好，两人可按份共有系争房屋，并可共同居住使用。侯某某1则要求系争房屋归其所有，由其支付两被上诉人折价款或系争房屋归两被上诉人所有，由两被上诉人支付侯某某1折价款。徐某某则明确表示因

---

〔1〕 参见（2014）沪一中民二（民）终字第733号民事判决书。

其名下已有房产，其只主张房屋折价款。综合双方当事人的意见，分割方法的主要争议在于系争房屋由侯某某1与侯某某按份共有是否妥当。由于侯某某1与侯某某系父子，双方具有共有系争房屋之基础，侯某某也同意与侯某某1共同居住系争房屋。但从侯某某1的主张来看其并不愿意与侯某某共同居住，因此，目前来说侯某某1与侯某某不具备共同居住系争房屋的条件，系争房屋由侯某某与侯某某1按份共有，双方就系争房屋分割之纠纷仍未彻底解决，因此二审法院宜采用变价分割的方式对系争不动产进行分割。

周少钦与中国工商银行股份有限公司广州芳村支行共有纠纷案[1]中，一审法院判决系争房屋归原告周少钦所有，原告周少钦向被告李娟支付折价补偿款。二审中当事人双方对一审判决判项第一、三、四项均无提出上诉，但就分割方法存在争议，因此，本案争议的焦点在于系争房产如何分割。二审法院集中对于系争房屋如何分割的问题进行审理，依照李娟享有系争房产的折价补偿款扣除李娟还应承担已付购房款一半的金额，判令周少钦向李娟支付折价补偿款的处理并无不妥，并维持一审判决。

某甲与某丙等共有物分割纠纷上诉案[2]中，一审法院作出折价分割的判决后上诉人不服，上诉至二审法院并认为自己在系争房屋中享有合法的居住权，且因其不符合在沪购房条件，若被上诉人强行收购上诉人的份额之后，上诉人将无处居住，因此，其不同意对系争房屋进行分割。并且原审法院采用折价补偿的方式进行分割显失公平，系争房屋的成交价远远高于评估价，使上诉人的权益受到损害，因此，请求二审法院撤销原判，改判驳回被上诉人的原审诉请，若一定要分割系争房屋，则要求改判被上诉

---

〔1〕 参见（2015）穗中法民五终字第815号民事判决书。

〔2〕 参见（2013）沪一中民二（民）终字第1025号民事判决书。

人采取出售其份额的方式分割。被上诉人某丙、某丁、某戊辩称，被上诉人在系争房屋中也享有合法居住权，也应受到保护。法律明确规定按份共有人有权要求分割共有物，本案系争房屋可以分割。声称在沪没有购房资格缺乏证据证明，一审法院采取的分割方法合法合理。

第五节　共有物分割诉讼标的额核定问题

一、学说与司法实务的争议

民事诉讼乃在确定当事人间私法上的法律关系，其因进行诉讼所产生的费用，应采有偿主义，其理由为防止当事人滥行起诉或滥行上诉、减少权利义务的争执及利用司法资源之对价。[1]裁判共有物分割诉讼既采民事诉讼程序，自应收取诉讼费用。诉讼费用的征收与计算，需核定诉讼标的之价额后方能计算，即诉讼标的额的核定与诉讼费用的计算与征收属于两个阶段的问题。对于裁判分割共有物诉讼，其诉讼标的额的核定问题，我国民事诉讼法、司法解释以及《诉讼费用交纳办法》[2]均未作出专门规定。

原则上，诉讼费用由败诉当事人负担，但在民事诉讼中亦有属于非讼事件性质的案件，例如请求分割共有物、确定经界之诉等，此类事件虽然以民事诉讼方式处理，但实质上并无所谓哪方

---

〔1〕 杨建华：《民事诉讼法要论》，北京大学出版社 2012 年版，第 120 页。

〔2〕 我国《诉讼费用交纳办法》第 29 条仅作出一般原则性的规定，诉讼费用由败诉方负担，胜诉方自愿承担的除外。部分胜诉、部分败诉的，人民法院根据案件的具体情况决定当事人各自负担的诉讼费用数额。共同诉讼当事人败诉的，人民法院根据其对诉讼标的的利害关系，决定当事人各自负担的诉讼费用数额。

当事人胜诉败诉的问题，若诉讼费用全部由形式上败诉的当事人负担。对于请求分割共有物、确定经界之诉等事件的诉讼费用，其他国家和地区通行的做法是法院可以酌量情形，命令胜诉的当事人负担一部分，以期公允。[1]例如，对于裁判分割共有物诉讼的诉讼费用，我国台湾地区“民事诉讼法”第80条之1作了专门性的规定：“因共有物分割、经界或其他性质上类似之事件涉讼，由败诉当事人负担诉讼费用显失公平者，法院得酌量情形，命胜诉之当事人负担其一部。”其第77条之11规定，对于裁判分割共有物之诉，其诉讼标的额之核定以原告因分割所受利益之价额为准。诉讼标的额核定后，再依“民事诉讼法”第77条之13以下规定计算诉讼费用。

关于分割共有物应如何核定其诉讼标的额，有三种不同的学说：“原告所受客观利益说”“共有物价额说”及“比例说”。“原告所受客观利益说”认为应以原告因分割所受利益的客观价额为准，所谓原告因分割所得受的客观利益，即原告就分别共有物其应有部分所占的比例或在共同共有物中其潜在应有部分所占比例的客观价值，核定诉讼标的额，应以该应有部分或潜在应有部分的客观价值为准，而非以共有物或共同共有物的全部价额。“共有物价额说”则认为应以共有物的价额为准，其理由在于，分割共有物诉讼，是共有人请求法院以判决消灭共有关系，在判决前原告的共有权仍存在于共有物的全部，其诉讼标的之价额，自应以

[1] 对此杨隆顺教授还提出，分割共有物诉讼系请求法院定分割方法之诉讼，只要法院判决分割，无论所采分割方法是否与原告主张相同，自形式上而言，即应认原告之诉有理由。依“民事诉讼法”第78条规定，即应由被告负担诉讼费用。而任何共有人均得请求法院以判决分割共有物。换言之，只要先提起分割共有物诉讼，即毋须负担诉讼费用，似有不公平之处，因此，宜另定分割共有物诉讼负担费用之条文，俾资应用。参见杨隆顺：“改进分割共有物事件裁判之研究”，载台湾地区“司法院”：《“司法院”84年度研究发展项目报告》1996年第16辑上册。

共有物的价额为准。[1]若以原告因分割所受利益的客观价额为准，将导致同一分割共有物诉讼，因起诉原告的不同而诉讼标的额不同。至于其诉讼费是否因其诉讼具有非讼性质而减征，则属诉讼费的征收问题，不应据以影响诉讼标的额的核定。还有学者持“比例说”认为该分割请求权的价额并非当然等于共有物的价额，而建议以共有物价额的一定比例作为核定标准。[2]

学者有操持“原告所受客观利益说”认为，分割共有物涉诉以原告因分割所受利益之价额为准。此处所指的分割共有物涉诉应包括共有物及共同共有物分割诉讼在内。法院在核定其诉讼标的额时，皆以原告起诉时因分割所受利益的客观价额为准，而非共有物全部的价额。在分别共有，应以原告就共有物的应有部分计算其价额。在共同共有，应以原告就共同共有物所占权利的比例计算其价额。虽然共同共有并无应有部分的概念，然而各共同共有人所占共同共有物权利的比例，仍然需依客观的标准来计算。具体而言，遗产在分割前为继承人全体共同共有，应以各继承人的应继承份额计算其价额。合伙财产为各合伙人全体共同共有，应以当事人约定的分配比例计算各合伙人的应得价额。若是协议分割的共有人，请求其他共有人履行协议分割契约的诉讼，各共有人因分割所受的利益不同，其诉讼标的额亦以原告因分割所受的利益为准。[3]可见“原告所受客观利益说”的立论基础在于诉讼标的额由法院核定，而该价额是原告应受判决保护的直接利益，因此，被告与诉讼标的额不产生关系。

---

〔1〕 陈志雄等:《诉讼标的价额之核定及诉讼费暨执行费等之计征标准》，新学林出版股份有限公司 2007 年版，第 128 页。

〔2〕 王甲乙等:《民事诉讼法新论》，三民书局股份有限公司 2005 年版，第 97 页。

〔3〕 吴明轩：“核定诉讼标的价额及计征裁判费之标准”，载《建华金融季刊》2003 年第 23 期。

不过有学者则针对性地提出，分割共有物诉讼是以分割请求权为标的，原告所得受的利益并非被告所失的利益，与一般财产权诉讼中双方的得失正相反对有异。因此计算其标的价额，并非必须拘泥于以原告所得受利益为准的原则。而原告请求权的价额亦非当然等于共有物的价额。据此，还有学者则建议采折中方案——以共有物价额的一定比例为准较切实际。否则以分割所得利益为准将导致共有人间立场的错乱，多人主张分割的一方，必然会选择应有部分最小的一人作为原告，其余的反而连同反对分割的一方同列被告，这种情形无异于变相减免裁判费，而使滥诉机会增加。[1]

认为诉讼标的额以共有物之价额为准的理论基础在于，因共有物分割诉讼性质仍属非讼事件性质，并无所谓哪方当事人胜诉或败诉的问题，若诉讼费用由形式上败诉当事人负担，实欠公允。有观点则提出关于分割共有物诉讼的诉讼标的额及裁判费的计算标准：分割共有物诉讼的诉讼标的额，按共有物起诉时的全部交易价额核定。但关于裁判费的征收，则按其共有物二分之一征收，以免对共有人过苛。也有观点认为，诉讼标的额以共有物的价额为准，其所核定的价额未免过高，也会阻却较少持分应有部分的共有人向法院请求分割共有物，并非妥适的核定方式。

值得关注的，是关于裁判分割共有物诉讼的诉讼费用问题，我国台湾地区曾历经几次修法过程。就裁判分割共有物诉讼费用的计算，2002 年台湾地区“司法院”曾提出三个条文搭配，即原修正草案第 77 条之 11、第 77 条之 13 第 2 项及第 80 条之 1。原修正草案第 77 条之 11 规定：“因分割共有物涉讼，以共有物之价额为准。”其立法理由中如是写道：“分割共有物之诉，系共有人请求法院以判决消灭共有关系。于判决前，原告共有权仍存在于共

[1] 王甲乙等：《民事诉讼法新论》，三民书局股份有限公司 2010 年版，第 56 页。

有物之全部，其诉讼标的之价额，自应以共有物之价额为准。至于其裁判费应否因其诉讼具有非讼性质而减征，属于裁判费的征收问题，不应据以影响诉讼标的额之核定。目前实务中认为分割共有物的诉讼标的额，以原告因分割所受利益的客观价额为准，致使同一分割共有物诉讼，因起诉原告的不同而异其诉讼标的额，并不合宜。”〔1〕原修正草案第77条之13第2项则就诉讼费用计算方式规定：“因分割共有物涉讼，按共有物价额三分之一征收裁判费。”其理由为：“裁判分割共有物诉讼是‘民事诉讼法’上形成之诉，同时具有非讼事件性质，如完全按照一般诉讼之收费标准征收裁判费，对于共有人未免过苛。”

然而进入修正草案审查阶段，关于裁判分割共有物诉讼诉讼费用之修正草案规定，除“民事诉讼法”第80条之1照原“司法院”提案版本通过外，其他两条并未通过。其中，台湾地区“民事诉讼法”第77条之11在审查会议时改采院字第2500号：“共有物分割诉讼的诉讼标的额，应以原告因分割所受利益的客观价额为准，非依共有物全部价额定之。”审查意见认为，分割共有物应以原告分割所受利益来核定诉讼标的额更为合理，因为若以共有物的价额作为诉讼标的额额定之标准，因不动产价值一般较高，则导致诉讼费用的计算结果必然偏高，对人民造成负担，因此，应以原告的应有部分作为诉讼标的额核定的标准。〔2〕基于此，也就没有必要再规定原修正草案第77条第2项依共有物价额的三分之一作为裁判费，因此删除之。〔3〕

---

〔1〕参见2002年10月11日台湾地区“立法院”第五届第二会期第四次会议议案关系文书的修正草案。

〔2〕参见台湾地区第92卷第8期院会记录《“立法院”公报》第1115页。

〔3〕参见台湾地区第92卷第1期委员会记录《“立法院”公报》第65页，以及第92卷第2期委员会记录《“立法院”公报》第266页。

二、共有物分割诉讼标的额的核定

民事诉讼采有偿主义，裁判分割共有物诉讼本质上虽为非讼事件，但共有人全体既然享有诉讼化的程序保障，可以就分割方法辩论而有攻击防御机会，自应负担诉讼费用。对于诉讼费用的计算，台湾地区的立法者虽为避免造成民众的诉讼负担，将诉讼标的额的核定由共有物全部修正为以原告的应有部分为准。然而已经有学者指出："四分之一案件中，原告与有表示意见之被告，对分割方式与分配方式都有共识。之所以仍产生争讼，是因为部分被告不知去向或拒不合作。有趣的是，原被告既然意见相同，为何不都列为原告，而将不合作或不知去向者列为被告？本书推论这是诉讼费用计算方式所导致。由于台湾地区"最高法院"1984 年度第 2 次民事庭会议决议（二）决议：'请求分割共有物之诉，其诉讼标的额的计算，应以原告在第一审起诉时因分割所受利益的客观价额为准，此种案件上诉时，其诉讼标的额及上诉利益额，也以此为准，不因被告或原告提起上诉而有所差异。'所以，共有人当然有诱因降低原告的数目，甚至'推派'应有部分最少的人当原告，其他人当被告，然后同意原告分割方案，以减少裁判费。这或许是为何，85%的观察值中，原告人数为一"。[1]

---

〔1〕 张永健教授曾依据法源法律网作为检索分割共有物判决的依据，并使用"XX 地方法院+民事+判决+全部（地院范围）+分割共有物（裁判案由）+XX 年 1 月 1 日—XX 年 12 月 31 日"为查询条件，分别检索各地方法院 2008 年年头到 2010 年尾之分割共有物判决，总共可得 2702 笔判决。为平衡追求统计推论之准确与妥善运用有限之研究资源，其分层随机抽样百分之二十五之案件。分层抽样之方式为各地方法院各（2008-2010 三年）之判决分开抽样，而因调解、和解而终结之事件，握公平共有分割为分别共有之案件，或属裁判驳回者等，因非属其关切类型，因此，可用之判决约为五百件。

实务界及通说认为，分割共有物涉讼应以原告所得受的利益为其诉讼标的额。然而，该标准是否妥适？探究分割共有物诉讼的性质，通说均认其属形式之形成诉讼，法院可依职权裁量是否准予分割及定其分割方式，不受当事人请求的拘束，实际上具有非讼事件的特性。因此在分割共有物诉讼，原告的分割请求权仅为请求法院分割共有物的权利，其利益并非与被告的利益对等，在计算诉讼标的额时，就没有拘泥于以“原告所得受的利益”作为核定标准的必要。再者，分割共有物诉讼属于固有必要共同诉讼，需以主张分割的共有人以其他共有人全体为被告提起诉讼，由法院对共有物的全部作出分割审理及裁判。如以原告所得受的利益作为核定标准，将导致因起诉原告的应有部分不同，而诉讼费征收有异，对其他共有人并不公平。由于诉讼费用的原因，欲分割共有物的共有人通常会应有部分较少的共有人为原告，将其余欲分割者及反对分割的共有人同列作被告，如此将形同变相减免诉讼费，而使滥诉的情形增加。

不仅如此，由于裁判分割共有物案件中，以不动产分割为大宗，诉讼费用的缴纳是为防免滥诉及耗费有限司法资源的对价，分割共有物诉讼具有非讼事件的本质，共有人所争执的是分割方法，为使当事人就分割方法享有辩论的机会而诉讼化，因此，共有人全体皆因而享有就分割方法辩论陈述意见的机会，因此，分割共有物诉讼往往旷日费时，且法院并非仅就原告的应有部分作出实体判决。况且诉讼标的额核定与裁判费征收属于两个层面的问题，因此若以原告因分割所受利益（即原告的应有部分）作为诉讼标的额核定的标准，再计算裁判费，则征收的裁判费就会很少。就实务上共有人提起共有物分割诉讼的结果而言，也是以共有物价额作为诉讼标的额核定标准，再搭配诉讼费用的调整方式，如此才较能符合诉讼费用收缴的意旨。

就调整诉讼费用的方式而言，依共有物的分割方法中有维持共有、合并分割等分割方法，所以诉讼标的额之核定应以共有物价额为准。至于诉讼费用的征收，则应再依比例及分割方法作调整，如多数共有人皆倾向维持共有的情形，诉讼费用可在个案中再减低。又因为无论是立法者还是司法实务中皆肯认分割共有物事件具有非讼事件的性质，因而才有胜诉当事人也负担部分诉讼费用的司法判例。如孙某某1诉孙某某共有物分割纠纷案[1]中，一审法院审理认为，系争房屋由孙某某、孙某某1继承所有，孙某某占十八分之十七份额，孙某某1占十八分之一份额。判决系争房屋房屋归孙某某所有，孙某某1应于判决生效之日起十五日内协助孙某某办理上述房屋产权变更登记手续。孙某某应于判决生效之日起十五日内支付孙某某1房屋折价款49 692元。案件受理费人民币966元，减半收取计483元，由孙某某负担456.17元，孙某某1负担26.83元。本案中，孙某某负担的诉讼费用即为案件诉讼费的十八分之十七，孙某某1负担的诉讼费用即为案件诉讼费的十八分之一。周某、府一帆诉府亦民共有物分割纠纷案[2]中，一审法院审理认为，系争房屋由原被告按份共有，其中周某、府亦民各占45%产权份额，府一帆占10%产权份额。周某于判决生效之日起十五日内给付府亦民房屋折价款2 025 000元。案件受理费38 800元，减半收取计19 400元，由府亦民负担8730元，周某负担8730元，府一帆负担1940元。本案中，周某、府亦民负担的诉讼费用即各为案件诉讼费的45%，孙某某1负担的诉讼费用即为案件诉讼费的10%。因分割共有物诉讼，法院确定分割方法而为形成判决，不论法院的分割方法是否与原告的主张相同，原告形

---

〔1〕参见（2015）沪一中民二（民）终字第1218号民事判决书。

〔2〕参见（2015）沪一中民二（民）终字第1138号民事判决书。

式上即获胜诉判决，因此，肯认胜诉的原告需负担部分诉讼费用。但在诉讼标的费用核定的情形，却仅肯认以原告的应有部分作为标准，似乎前后并不一致。不能仅因以共有物价额为诉讼标的额，就得出诉讼费用会造成民众负担的结论，毕竟诉讼费用的计算是另一层面的问题。

事实上，理论界的争议远不止诉讼标的额的核算，对于诉讼费用的计算标准，也存在争议。不过多数学者认为基于共有物分割诉讼的特殊性，在诉讼费用的承担上应区分具体情形。其中一种区分标准是看法院在共有物分割诉讼中是否准予分割，若法院判令不得分割的，由原告承担诉讼费用。法院判令分割的，由各当事人依据法院确定的各自所占的共有物的比例承担诉讼费用。也有学者主张区分的标准应为共有物分割是否为正常情形〔1〕下的分割，若属正常情形，则由各共有人按所获共有物的比例承担诉讼费用。若属非正常情形，则由主张分割的共有人自行承担全部诉讼费或由事实上引发分割之人负担诉讼费用。〔2〕基于上述分析，本书认为若诉讼标的额以原告因分割所受利益为准，如前述观点则形同变相减免裁判费，而使滥诉机会增加。以较少应有部分人为原告，其余之人同列被告地位，将使同为利用法院为裁判之人，以此为漏洞减免裁判费用，且实务中审理分割共有土地诉讼的法官必须亲临现场勘查了解，还需土地行政机关测量计算、鉴价等程序，所需的时间精力甚至远比普通诉讼繁杂，其耗费的人力物

〔1〕所谓正常分割主要包括类型：无禁止分割特约的按份共有、共有基础丧失的共同共有，均属此类情形。而所谓非正常分割的情形也包括两类：其一，约定不得分割的按份共有，基于特殊理由要求分割；其二在共同关系存续期间的共同共有，基于特殊理由要求分割。参见邬砚："实体法与程序法交互作用下的共有物分割诉讼"，载《现代法学》2016年第2期。

〔2〕邬砚："实体法与程序法交互作用下的共有物分割之诉"，载《现代法学》2016年第2期。

力等资源在无形中消耗。此外，若诉讼标的额以原告因分割所受利益为准，因所受的诉讼费用很少，还会降低共有人利用行政调处以及调解程序的意愿。反之，若诉讼标的额的核定以共有物的价额为准，则又会形成较少持分的共有人望之却步。因此，采折中说较为妥当，即诉讼标的额的核定以共有物的价额为准，而裁判费用则由各共有人依持分比例征收。但这样也可能产生一个问题，将导致共有物分割诉讼的上诉法院增加案件负担。然而即便如此，此方式的确较能杜绝滥诉并保障少数持分共有人请求分割的权利，又能促进当事人利用行政调处以及调解程序的意愿。

附带说明的是，对于合并分割的分割方法，若原告起诉时即就数不动产请求合并分割，则诉讼标的额的核定，应以原告就数不动产的应有部分合并计算。若原告起诉时仅请求就单一不动产予以分割，由被告提出反诉就另一不动产合并分割，则反诉诉讼标的额的核定，则以本诉被告（反诉的原告）的应有部分为准。据此，在就数不动产合并分割的情形，诉讼标的额的核定因由原告或被告提出而不同，似有不合理之处。况且上诉利益的计算，仍以“原告的应有部分”作为标准，因为这还涉及共有人的审级利益，由此看来，诉讼标的额的核定似应以共有物价额为宜。

三、分割共有物诉讼上诉利益的计算

分割共有物诉讼在上诉阶段应如何计算其上诉利益，是理论中的另一争议问题，也实务中的典型问题。关于其计算标准，有以一审原告起诉时因分割所受利益之客观价额说与上诉人全体对于共有物应有部分之价额说两种观点，分述如下：

（一）一审原告起诉时因分割所受利益的客观价额说

该观点认为，上诉利益的计算仍应依起诉时的诉讼标的额，即依原告因分割所得受利益的客观价额来核定，不因上诉人（被

告）的应有部分较高或较低而异。如有学者主张“请求分割共有物之诉，其诉讼标的额之计算，应以原告在第一审起诉时因分割所受利益之客观价额为准，此种案件上诉时，其诉讼标的额及上诉利益额，亦以此为准，不因被告或原告提起上诉而有所歧异。”[1]该见解是基于分割共有物诉讼属形式形成诉讼的性质，当事人不论是对分割方法不服抑或是对金钱补偿数额不服，其上诉的效力均及于“准予分割及确定分割方法”之全部，因而二审的审理状态与第一审并无二致，因此，其价额核定标准亦应相同。也有学者基于此认为，不论一方或双方当事人就一审判决不服上诉，均以一审原告起诉时的利益计算诉讼费用，且由于分割共有物诉讼属固有必要共同诉讼的性质，其上诉效力及于未上诉的同造共有人，因此，即使原告中仅有一人或数人提起上诉，仍应以全体起诉之原告的应有部分或潜在应有部分的价额核算诉讼标的额。[2]

（二）上诉人全体对于共有物应有部分的价额说

有学者认为，如依前述见解，以原告起诉时因分割所受利益的客观价额来核定上诉利益，而不问上诉者是原告还是被告，这样的观点混淆了起诉所得受的客观利益与上诉所得受的客观利益，在法理上尚属可议。[3]在分割共有物诉讼中各共有人对于共有物的应有部分，其利益非必相同，利用民事诉讼程序所得受的利益亦非一致，[4]认定上诉利益时应当回归价额核定的原则，以上诉人对于共有物之应有部分的价额核算较为妥适，并非以原告在第

---

〔1〕 刘明生：《民事诉讼法实例研习》，元照出版有限公司 2011 年版，第 214 页。

〔2〕 陈志雄等：《诉讼标的价额之核定及诉讼费暨执行费等之计征标准》，新学林出版股份有限公司 2007 年版，第 126 页。

〔3〕 杨建华：“上诉第三审所得受之客观利益”，载杨建华：《问题研析民事诉讼法（一）》，自版 1994 年版，第 395 页。

〔4〕 张浴美：“诉讼费用之研究”，载“法务部”司法官训练所编印：《司法训练所第二十六期学员论文选集》1990 年版，第 237 页。

一审所受利益，亦非以共有物的全部价额。而基于分割共有物诉讼属固有必要共同诉讼的特质，共同诉讼人之一人提起上诉时，形式上既有利于其他共同诉讼人，对共同诉讼人全体均生效力，因此在计算上诉利益时，应以该上诉的共有人全体对其应有部分的价额合并计算，方属合理。不过对此部分有不同见解认为，应以请求上诉人对于共有物应有部分的价额核定，而非以全体上诉人对于共有物应有部分的价额为准。但是该见解又无法说明共同诉讼人之一人上诉时其效力为何扩张及于其他共有人的问题，因此，有认为该见解无法贯彻上诉利益的实质公平性，并与上诉利益原则不符，应予变更。

本书认为，学说中所谓以原告因分割所受利益作为价额核定基准，实际上是“经济价额说”的具体表现，因此，标的价额的核算所重视的应为攻击者的利益，在概念上需将起诉利益与上诉利益加以区分。基于此，在分割共有物诉讼上诉时，就应以上诉人的上诉利益来核定，而不能单纯基于分割共有物诉讼在裁判程序上的特殊性进行考量。若遵循这一思考脉络，则上述两种见解中，后者应较为合理。原因在于，分割共有物诉讼的二审程序是就原告（上诉人）所请求或不服的“准予分割及确定分割方法”进行裁判，那么其诉讼标的额核定应采用“共有物价额说”或“共有物价额的一定比例说”，如此论理上才较为连贯。换言之，上诉利益之核算若依前说，以原告在一审起诉时因分割所受利益的客观价额为准，其与“原告所受之利益”本身尚有矛盾，亦难突破后说认为其混淆起诉利益及上诉利益的质疑。

值得说明的是对于部分原告共有人在一审程序中撤诉时，其上诉利益之核算乃一更为特殊的情形。具体而言，起诉时具原告身份的共有人，在一审审理过程中撤回起诉并经其余原告追加为被告，则上诉时其上诉利益究应以“起诉时列名为原告的共有人”

的利益来核算，还是以“上诉时具有原告地位的共有人”的利益来核算？就此问题，有观点认为诉经撤回视同未起诉，分割共有物诉讼的诉讼标的额通说认为以原告起诉时因分割所受利益之价额为准，分割共有物诉讼中计算上诉利益的诉讼标的额，以上诉具有原告地位的共有人在起诉时所受利益为准。分割共有物诉讼在审理中，部分原告撤回起诉，并经其余原告追加为被告，那么该当事人提起上诉时，已经失去原告的地位，因此，其因分割共有物所受利益应当予以扣除。该观点是以上诉时具有原告地位的共有人在起诉时所受的利益为核算标准，因此当事人提起上诉时因撤回起诉而丧失原告地位的共有人，其因分割共有物所受的利益自应予以扣除。该观点对于上述法律问题提出了进一步解释，但对于一审审理过程中撤回起诉之原告，是否被撤回起诉之效力扩张的问题，则难以说明，因此该观点也可能产生矛盾之处，仍有商榷余地。

第四章

共有物分割诉讼的程序规则

第一节　问题的提出

共有物分割事件在性质上有其特殊性，本质上为非讼性质，且兼具非讼事件诉讼化、共同诉讼之必要等特征，此必然会引起共有物分割诉讼在审理程序规则上的诸多特殊之处。一般而言在探究诉讼程序规则时会围绕管辖问题、当事人问题、审判组织、一二审的具体程序等进路展开，本书并不旨在面面俱到，主要摘取较之其他诉讼事件有特殊性的程序规则予以阐述，鉴于共有物分割诉讼程序的管辖、审判组织等问题并无明显特殊性，本书不予讨论，在此合先叙明。由于在篇章结构上本书的后一章节为共有物分割诉讼裁判规则的探讨，为避免出现理解上的偏差与研究范围的交叉，本章对其程序规则予以分析。基于上述两方面考量，此处用“共有物分割诉讼的程序规则”，而不使用“共有物分割诉讼的审理”这样的表述，以免产生歧义。具体而言，共有物分割诉讼审理程序的特殊问题包括分割诉讼之诉讼要件、重复起诉与反诉、诉讼上和解与调解、举证责任分配、上诉程序、诉讼中案外人的权利保障等。

共有物分割诉讼为固有必要共同诉讼，那么应如何确定其当事人，此即为当事人适格问题。诉讼中对于当事人的变更，如应有部分的受让人、共有人的继承人等情形，应如何处理？诉讼系属中被告共有人中一人死亡，原告亦为继承人时，应如何承受诉讼？原告在起诉后经一审终局判决后撤回，再与被告中的一人以前诉的其余当事人为被告，再次诉请分割同一共有物，是否合法？此均为共有物分割诉讼之当事人适格的确定问题。我国共有物分割诉讼实务中对于当事人适格问题亦存在较严重的认知偏差，如黄某某、熊某某与罗某某共有物分割纠纷案〔1〕中，法院错列本为共同原告或共同被告的共有人黄某为诉讼第三人；高晓然、高浩然诉高震然共有纠纷一案〔2〕中，法院漏列应当参加诉讼的共有人高玉然为本案被告。那么法院审理中对于共有物分割诉讼之当事人适格问题应确定何种规则，值得探讨。基于共有物分割诉讼性质的特殊性，其诉讼请求也应具有特殊性，且该诉具有特殊诉讼要件，不过对于协议分割是否为诉讼分割前置程序这一问题，我国理论界与实务界存在不同的认识，也即裁判分割共有物中，原告是否只有协议不成才可提起共有物分割诉讼？协议不成立是否构成提起此诉讼的诉讼要件，抑或仅仅是抗辩要件？达成分割协

〔1〕参见（2015）鄂荆州中民二终字第00281号民事判决书。
〔2〕参见（2014）金民初字第2554号民事判决书。

议是否决然排除诉讼分割？

共有物分割诉讼在审理中除了上述诉讼要件的特殊性外，在程序中的特殊问题还包括：共有人就同一共有物分别起诉要求分割时，应如何处理？我国共有物分割实务中有关重复起诉问题有哪些典型判例，如何判断前后两诉是否构成重复起诉？分割共有物诉讼中，若被告不同意原告所请求的分割方法，可否提起反诉？共有物分割诉讼为形成诉讼，在诉讼中能否达成诉讼上和解、在何种程序规制下达成、和解的内容为何、分割共有物事件达成诉讼上和解具有哪些特性？此一问题涉及分割共有物达成诉讼上和解之形成力问题，尚需从诉讼上和解制度在诉讼法上的目的论立场展开。共有物分割诉讼中对于共有物分割请求权是否存在、系争共有物的价值、共有物的分割方法等事项的举证责任应如何分配？分割共有物诉讼中共有人上诉的主观范围、二审法院的审理范围为何？当事人对于原物分割部分并无争议，而仅就金钱补偿部分有争议，亦即上诉人仅就补偿金部分提起上诉时，效力如何？共有物分割诉讼的案外人包含共有人作为被执行人时的执行债权人（执行申请人）以及应有部分之抵押权人，这两种情形下的保障机制有较大差异，如何从程序法角度保障其权利？上述为共有物分割诉讼审理程序的几大特殊问题，本章将分别阐述如下。

第二节　共有物分割诉讼的诉讼要件

依《中华人民共和国民事诉讼法》（以下简称《民事诉讼法》）第119条的规定，起诉应表明当事人、诉讼请求及其原因事实。分割共有物诉讼本质上为非讼事件，在上述诉之要素中其特殊性为何。本节将就裁判分割共有物诉讼的诉讼要件论述如下：

一、共有物分割诉讼的当事人适格

（一）须以全体共有人为诉讼当事人

共有物分割请求权的行使可发生共有物所有权变动的效果，因此，分割共有物诉讼需以同意分割的共有人为原告、以其余共有人为被告，为固有必要共同诉讼。[1]若共有人中的一人或数人在诉讼中未以其余共有人为被告，因双方应有部分的总和未达所有权的全部，法院就无从进行判决分割。因为法院如欲判决分割，必须保留部分共有物给非当事人的共有人，如此无异于法院对非当事人作出判决，理论上殊欠依据，且该共有人未参与辩论，对其权利的保障亦欠周全。因此，同意分割的共有人需以其余共有人为被告，不愿分割或对协议分割的请求置之不理者均应列为被告，当事人方属适格，亦即分割共有物诉讼，其诉讼标的对于共有人全体必须合一确定。

值得说明的是，关于固有必要共同诉讼的当事人适格问题，我国《民事诉讼法》第132条即规定，必须共同进行诉讼的当事人没有参加诉讼的，人民法院应当通知其参加诉讼。该条在学理上即为固有必要共同诉讼的当事人追加问题。《民事诉讼法解释》第70条规定了继承遗产诉讼中继承人之追加问题，第74条对共同诉讼追加当事人的规定进行了细化。实践中，若被追加的共同原告明确放弃其实体权利的，按照权利义务对等原则，法院不再需要合一确定其与其他共同诉讼人的实体权利义务，自然也就无须再要求其参加诉讼。若被追加的原告不愿意参加诉讼程序，又不放弃实体权利的，其实体权利义务仍应合一确定，此时法院仍应

---

〔1〕 杨隆顺："改进分割共有物事件裁判之研究"，载台湾地区"司法院"：《"司法院"84年度研究发展项目报告》1996年第16辑上册。

将其列为共同原告。鉴于其明确表示不参加诉讼，法院可进行缺席审理和缺席判决。实务界的观点亦认为，对于继承人不愿意参加诉讼的情形，法院需审查其放弃了相关诉讼权利还是实体权利，若并未放弃实体权利（继承权），法院仍应将其列为案件的共同原告。[1]本书此处探讨的分割诉讼之当事人确定与《民事诉讼法解释》的上述规定有差异之处。一方面，本书所探讨的并不包括共有人明确表示放弃实体权利的情形，因为此时其既非共有人，也就不存在分割诉讼的问题。另一方面，遗产继承案件与分割共有遗产案件应有较大差别，不同意分割的共有人或者对协议分割请求置之不理的共有人需被追加为当事人，但此两种情形并非“不愿意参加诉讼程序”的情形。因此，依照大陆法系关于共有物分割诉讼当事人适格之一般见解，同意分割的共有人需以其余共有人为被告，不同意分割或对协议分割的请求置之不理者均应列为被告。

参与分割的当事人以共有人为限，不动产分割中共有人的应有部分各为若干，应以土地登记簿记载的为准，虽然共有人已将其应有部分让与他人，在办妥所有权移转登记前，受让人仍不得以共有人的身份参与共有物的分割。若共有人或第三人对土地登记簿上的应有部分有所争执，则应另提起确认之诉。若共有人或第三人对应有部分有所争执，该争议问题是否为分割共有物诉讼的先决问题，受诉法院有无必要裁定停止分割共有物诉讼？对此一般认为请求分割共有物如为不动产，共有人的应有部分各为若干，应以土地登记簿登记为准。而法院裁判分割共有物，性质上为共有人间应有部分的交换，属处分行为，应以各共有人的处分

〔1〕参见张卫平主编：《最高人民法院民事诉讼法司法解释要点解读》，中国法制出版社 2015 年版，第 114 页；杜万华、胡云腾主编：《最高人民法院民事诉讼法司法解释逐条适用解析》，法律出版社 2015 年版，第 109 页。

权存在为前提，因此，提起分割共有物诉讼的当事人即为全体共有人。共有人或第三人即使对土地登记簿上记载的共有人或应有部分有所争执，而另以诉讼处理，该诉讼的法律关系并非分割共有物诉讼所依据的先决问题。

然而分割共有物诉讼是确定分割方法之诉，由物权法上所定的分割方法次序来看，应有部分的多寡是影响共有物分割方法的重要因素，如应有部分少、分得部分零散，则法院会倾向对共有人金钱补偿，反之，应有部分比例较高，则法院倾向于原物分配。因此，共有人应有部分的多寡不仅影响法院所形成的分割方法，也影响当事人在诉讼中的攻防方法，况且分割方法依赖于应有部分，因此，如果共有人间应有部分登记错误，而不裁定停止诉讼，必然影响当事人在诉讼中就分割方法所进行的辩论。不仅如此，在判决确定后分割方法已具有既判力，即使关于应有部分的诉讼胜诉也已于事无补，而仅能以金钱补偿方式寻求救济，就补偿部分必然会产生争执，徒生更多纠纷。因此基于纷争一次性解决的诉讼法理，是否应准裁定停止诉讼，似有斟酌余地。此外，如果共有人以外的第三人对于应有部分有争执，则可提起主参加诉讼而裁定停止，若该第三人实际上应为共有人却未被列为诉讼当事人，则该分割共有物诉讼即使判决确定，也因诉讼当事人不适格而对全体共有人均不发生效力。如此一来，徒然浪费劳力、时间、费用，因此本书主张就此部分可放宽裁定停止的范围，以贯彻财产权的保障。

由于死亡共有人的继承人就系争土地尚未办理继承登记前不得进行物权处分，因此，其他共有人如欲提起共有物分割诉讼，需在起诉前先请求继承人办理继承登记，但如此一来显然不符合诉讼经济原则。为求诉讼经济起见，本书认为应准予原告共有人合并提起继承登记与共有物分割诉讼。在分割共有物诉讼实务中，还会发生共有人已死亡而无继承人，或其继承人均放弃继承权、继承人有无不明的情形，导致整个事件陷于不能继续进行的窘境，而妨害到其他共有人分割请求权的行使。在此情形，本书认为，应先就共有人的遗产选定遗产管理人或申请法院选任遗产管理人，而管理人所为的诉讼行为对全体共有人均为有效。同理，如共有人之一是被宣告破产的破产人或被宣告失踪人，对于应有财产丧失其管理权及处分权，也即无诉讼实施权，该管理及处分权即由其管理人行使。在分割共有物诉讼中同样应以管理人为被告，当事人始为适格。综合上述三种情形，若共有权为数人共有而由一人担任管理人，则可由管理人代表该共有权的全体共有人起诉或应诉。共有物分割诉讼虽属处分行为的一种，但若对共有人全体有益，则由管理人所为的诉讼行为对全体共有人均为有效，因此，在这种情况下不产生当事人适格欠缺的问题。

（二）未以全体共有人为当事人的效力

分割共有物诉讼中如未以共有人全体为当事人，法院可以当事人不适格为由，以判决驳回原告之诉。此项欠缺，不得命其补正，但是原告在其诉未经裁判驳回，于一审或二审诉讼言词辩论终结前，仍可以追加原非当事人为被告。[1]如未以共有人全体为当事人，即使经实体判决确定，对于全体共有人不发生效力。因此，共有物分割诉讼如未以全体共有人为共同诉讼人，而法院对分割共有物作出了实体判决，该确定判决对于全体共有人不发生效力，与未分割的状态相同，共有人可以再请求分割。详言之，分割共有物诉讼如未以全体共有人为当事人，即欠缺当事人适格，该漏列部分共有人的判决不产生实质上效力，自无判决安定性的问题，当事人可以另行提起共有物分割诉讼，不会产生一事不再

〔1〕 杨建华：《民事诉讼法要论》，北京大学出版社2012年版，第103页。

理的问题，也无须通过再审程序予以救济。[1]

实务中有这样的案例，甲、乙、丙为土地共有人，甲以乙、丙为被告起诉请求分割共有土地，起诉后才知悉乙在起诉前已经死亡，其继承人为A、B，甲于是撤回对乙之起诉，追加A、B为被告，是否产生民事诉讼法关于诉之撤回及于全体的效力？本书认为乙在起诉前已死亡，无当事人能力，不可能与任何当事人就诉讼标的合一确定，就不会有上述效力的适用。起诉前共有人死亡，原告可合并请求办理继承登记与请求分割共有物。由于分割共有物诉讼发生物权变动效果，该物权变动属处分行为，共有不动产的共有人死亡时，在其继承人未进行继承登记前虽已取得不动产物权，但是继承人如欲分割共有物，则需以办理继承登记为前提，否则不得为之。

（三）当事人的变更追加

分割共有物诉讼应以全体共有人为诉讼当事人，当事人适格始无欠缺，如未以全体共有人为当事人，法院可以当事人不适格判决驳回。但原告在一审及二审言词辩论前，仍可追加原非当事人的共有人为被告。起诉时当事人固然以土地登记簿上记载的应有部分为准，但诉讼中当事人的应有部分仍会有变动的情形。该物权变动可分为依法律行为变动及非依法律行为变动，前者如应有部分的让与，后者如诉讼中当事人死亡发生继承等。本书分述如下：

（1）应有部分的受让人。

诉讼系属后为诉讼标的之法律关系虽移转于第三人，然而对诉讼并无影响，此即为当事人恒定原则。亦即原共有人的诉讼实施权不因此而丧失，仍为适格当事人，将来判决确定的效力及于

〔1〕 杨建华：《民事诉讼法要论》，北京大学出版社2012年版，第238页。

受移转人。[1]例如甲、乙、丙、丁共有A地，应有部分各为四分之一，甲、乙起诉请求法院确定分割方法，以丙、丁为被告，诉讼中丙将其应有部分让与给戊，依当事人恒定原则，丙的诉讼实施权因其应有部分让与戊而受影响，而戊将来亦受分割共有物诉讼判决的既判力所及。

当事人恒定具有安定诉讼程序的优点，但作为诉讼标的之法律关系既然已经移转，与移转之当事人的利害关系已渐淡薄，原当事人是否仍能尽力进行攻击或防御行为，不无疑问。因此，应有部分受让人可以经双方当事人同意，申请代当事人承继诉讼。对方当事人如不同意第三人承继诉讼，移转之当事人或第三人可以申请受诉法院以裁定准许第三人承继诉讼，此项裁定虽是诉讼程序进行中所作出裁定，但对第三人是否能加入诉讼程序影响重大，因此，利害关系人均可以对此提出上诉。[2]此外，作为诉讼标的法律关系的受让人（应有部分受让人），即使未承继诉讼或参加诉讼仍会受本诉讼既判力拘束，为避免该受让人不知有诉讼系属而遭不利益，应使其有知悉的机会，因此，法院在诉讼进行中若知悉诉讼标的有移转情形，应当以书面形式将诉讼系属的事实通知受让人，使其能承继诉讼或参加诉讼。

（2）共有人的继承人。

共有人提起分割共有物诉讼后，共有人之一在诉讼系属中死亡，诉讼程序需停止，应由其继承人全体承继诉讼，此时原告须请求继承人全体办理继承登记后，再与其余共有人分割共有物。此项追加请求实质上受判决事项约束的诉讼请求的扩张，不以被告同意为必要条件。如原告不知为此请求，法官应行使阐明权命

---

〔1〕杨建华：《民事诉讼法要论》，北京大学出版社2012年版，第240页。

〔2〕杨建华：《民事诉讼法要论》，北京大学出版社2012年版，第240-241页。

令其作出补充。[1]

分割不动产事件中若诉讼中原告死亡，其继承人承受诉讼后不办理继承登记。或被告死亡其继承人承受诉讼后不办理继承登记，原告亦不追加被告的继承人办理继承登记之诉，法院应否准予分割？根据前述的探讨，原告或被告在诉讼中死亡后其继承人虽已承受诉讼，但若未办理继承登记就不得处分该应有部分，因此，共有人的继承人办理继承登记为法院准予分割共有物的前提要件，否则法院即不应准予分割。

（3）被告共有人中的一人死亡，原告亦为继承人时应如何承受诉讼。

若当事人死亡，在确定当事人的继承人、遗产管理人或其他依法应续行诉讼之人承受诉讼前诉讼程序即告中止，但对于被告死亡情形时原告可否承受诉讼，需考虑一类特殊的情形，即如果原告与被告地位归属同一人，也就是原告、被告地位混同的情形，该诉讼应视为诉讼终结。[2]当事人地位出现混同时，若原告仍欲进行诉讼，法院应认定其诉不合法，以裁定驳回。[3]然而分割共有物诉讼因是就共有物确定分割方法，被告共有人中一人死亡，原告亦为其继承人时，原告可否承受被告的诉讼？对此，陈计男教授认为，“基本上当事人不能一下子作原告，一下子去承受作被告，假定共有人之一为他造的继承人或被继承人的时候，倘若他为唯一的继承人，可能是原告作为被告共有人之一的唯一继承人，因为继承的关系吸收到原告这边来。因为分割共有物的请求是请求就整个共有物分割，承受诉讼之前要先办理继承登记，继承登

---

〔1〕 吴明轩：“关于‘请求分割共有物诉讼审判’之研究”，载《法律评论》1983年第5期。

〔2〕 陈计男：《民事诉讼法论》（下），三民书局股份有限公司2000年版，第93页。

〔3〕 吴明轩：《民事诉讼法》（上），五南图书出版公司2011年版，第477页。

记后扩张他的应有部分范围而已，因此，在事实陈述里再做补充的陈述说明他应有部分扩张。”[1]例如共有人甲、乙、丙、丁，甲对乙、丙、丁提起分割共有物诉讼后，乙死亡，依法应由其继承人继承诉讼。此时，若乙的继承人中如包括甲（如继承人为甲、戊、己三人），则甲承受诉讼的结果，将变为兼居两造身份，自不合理。因此，应将此种情形理解为，此时甲的应有部分因继承而增加，仅由戊、己二人承受诉讼，当事人即属适格。然而甲仍应请求戊、己协同办理继承登记，自属当然。

（4）原告一审终局判决后撤诉，能否与被告共有人中的一人再次起诉分割。

由于诉之撤回视同未起诉，因此，原则上原告仍可就同一事件再行诉讼。但在本案终局判决后将诉撤回，不得重复提起同一之诉。因此，关键在于原告与被告中的一人再以前诉其余当事人为被告，是否为同一事件？依部分实务见解采传统诉讼标的理论，分割共有物诉讼的诉讼标的为共有物分割请求权（性质上为形成权），而为形成之诉，其分割方法不受当事人请求的拘束。因此分割共有物诉讼中对于“同一事件”的认定标准，不能与一般民事诉讼相提并论。事实上正如前文论述，共有物分割诉讼的形态有二：①共有人请求分割共有物诉讼。②共有人请求确定分割方法之诉。该两种诉讼形态在性质上均为形成之诉，形成之诉中主体的不同将会导致诉讼标的之差异。对于分割共有物诉讼，在一审法院作出本案终局判决后原告全体撤回诉讼，事后原告与被告中的一人共同以前诉其余当事人为被告，就同一共有物起诉请求分割。后诉的原被告既有部分与前诉不同，即行使形成权的主体已

[1] 陈计男：“分割共有物之诉之审理及其裁判之效力”，载民事诉讼法研究会：《民事诉讼法之研讨（2）》，三民书局股份有限公司1990年版，第520-521页。

有不同，其诉讼标的自然也与前诉不同，前后两诉应非同一事件。也就是说，因形成之诉的诉讼标的为原告的形成权，因此，假如原告与被告不同，形成权行使的主体不同，诉讼标的自然不同，不属同一事件。〔1〕因此，原告在起诉后经一审终局判决后撤回，再与被告中的一人以前诉的其余当事人为被告，可以再请求分割。另外，若认为共有物分割诉讼的诉讼标的为确定分割方法的请求，则共有人间因诉讼标的需合一确定，实质上为同一当事人而为同一事件，原告经第一审判决后撤回，再与被告中的一人同为原告，再次请求分割，则应裁定驳回起诉。

（四）我国共有物分割诉讼实务中当事人不适格的具体表现

我国共有物分割诉讼实务中对于当事人适格问题亦存在较严重的认知偏差，主要表现在错列本为原告或被告的共有人为诉讼第三人以及漏列应该参加诉讼的共有人两种情形。以下本书即摘取两个典型判例并对其加以评析。

黄某某、熊某某与罗某某共有物分割纠纷案〔2〕中，罗某某、黄某是死者黄俊之妻、之女，黄某某、熊某某是死者黄俊的父母。黄俊因工伤死亡，深圳市社保部门给予两原告、被告及黄某工亡补偿款共计50余万元，原、被告商定将上述款项汇入罗某某的银行账号，嗣后两原告多次要求依法分配上述款项，但被罗某某拒绝。现两原告起诉请求分割工亡补偿款。本案中法院是将黄某某、熊某某列为本案原告，罗某某为被告，黄某列作第三人。

本案为共有物分割诉讼之错列当事人的情形。本案中法院将黄某某、熊某某列作原告，罗某某列作被告，黄某列为第三人，为当事人的确定错误。由于工亡补偿款是共有物，为黄某某、熊

---

〔1〕司法周刊杂志社：《民事法律问题研究汇编——民事实体法》，司法周刊杂志社1988年版，第326-327页。

〔2〕参见（2015）鄂荆州中民二终字第00281号民事判决书。

某某、罗某某、黄某共有，黄某亦为共有人之一。而两原告诉请分割，共有物分割请求权的行使可发生共有物所有权变动的效果，因此，分割共有物诉讼需以同意分割的共有人为原告，以其余共有人为被告，为固有的必要共同诉讼。若共有人中的一人或数人在诉讼中未以其余共有人为被告，因双方应有部分的总和未达所有权的全部，法院就无从进行判决分割。因此，同意分割的共有人需以其余共有人为被告，不愿分割或对协议分割的请求置之不理者均应列为被告，当事人方属适格。本案中法院应向当事人黄某释明是否同意分割该工亡补偿款，若同意则应列作为共同原告，若不同意则应列为被告。本案法院将其列作第三人显属当事人确定错误，为当事人不适格。此外，共有物分割诉讼如未以全体共有人为共同诉讼人，而法院对分割共有物作出了实体判决，该确定判决对于全体共有人不发生效力，与未分割的状态相同，共有人可以再请求分割。详言之，分割共有物诉讼如未以全体共有人为当事人，即欠缺当事人适格，该漏列部分共有人的判决不产生实质上效力，当事人可以另行提起共有物分割诉讼，不会产生一事不再理的问题，也无须通过再审程序予以救济。本案中法院将共有人黄某列作第三人，将对其实体权益与诉讼权益造成损害。法院未以全体共有人为共同诉讼人，而对分割共有物作出了实体判决，对全体共有人不发生效力，当事人可以另行提起共有物分割诉讼予以解决共有物纠纷。

高晓然、高浩然诉高震然共有纠纷一案[1]中，高晓然、高浩然、高震然、高玉然是死者高玉顺的四个子女。高玉顺死亡后大连金州新区民政局给付遗属丧葬费及一次性抚恤金约30万元，上述款项全部打入被告高震然的个人账户。死者丧事实际由高玉然

〔1〕 参见（2014）金民初字第2554号民事判决书。

操办，原告未能说明实际花费的丧葬费具体数额。因原告未提供相关证据加以证明，因此，法院无法对系争共有款项进行分割，判决由二原告、被告、高玉然共有。本案中法院是将高晓然、高浩然列作本案原告，高震然为被告，高玉然为案外人。

本案为共有物分割诉讼之漏列当事人的情形。首先，本案中法院将案由列为不当得利之诉，属于法律适用错误，本案应为共有物分割诉讼，此点已在本书第一章详述该案二审改判的事实与理由部分，本处不再探讨。其次，受诉法院将高玉顺列为案外人，属于当事人确定错误。本案为共有物分割纠纷，分割共有物诉讼中全体共有人应有部分的总和为共有物的整体权利，因此，分割共有物诉讼对于共有人全体均有法律上的利害关系，需由请求分割而起诉的共有人全体为共同原告，其余共有人全体为共同被告。因此，请求分割共有物诉讼，属于民事诉讼程序上所称的诉讼标的对于共同诉讼的当事人必须合一确定。因此，分割共有物诉讼属于固有必要共同诉讼，提起分割共有物诉讼须以同意分割之人为原告，以不同意分割之人为被告，即共有人全体为当事人时，其诉讼当事人才为适格。本案中高玉顺的子女高玉然亦为共有人之一，其依法享有对系争共有物（丧葬费及抚恤金）的应有份额，受诉法院应向当事人释明系争法律关系的性质，因为涉及本案丧葬费及抚恤金的权利人还应包括高玉然，并且由于法院已认定高玉然系高玉顺丧事的实际操办人，因此，应告知当事人申请追加或依职权追加高玉然为本案当事人，而非法院所认定的案外人身份。若共有人高玉然同意提起分割共有物诉讼，则须以同意分割之人，即高晓然、高浩然、高玉然为原告，以不同意分割之人高震然为被告；若共有人高玉然不同意提起分割共有物诉讼，则高晓然、高浩然作为原告，高玉然、高震然为共同被告，即共有人全体为当事人时本案诉讼当事人才为适格。

二、共有物分割诉讼的诉讼请求

共有物分割诉讼中原告所作出的应受法院判决事项约束的请求，简称诉讼请求，无论是共有物裁判分割或共有物协议分割，均与一般诉讼程序有别，以下将分述之。

（一）共有物裁判分割诉讼的诉讼请求

民事诉讼法中一般诉讼程序采用辩论主义为原则。所谓辩论主义，或称不干涉主义，即法院仅能依据当事人请求的范围及其所提供的诉讼资料作为裁判的基础。如果法院在审理中对当事人未请求的事项予以裁判或将其未请求的利益归属于该当事人，或对当事人未提出的事实依职权加以斟酌并据以裁判，则有违辩论主义。然而因共有物裁判分割之诉的性质特殊，原告或者被告共有人虽可以请求或主张最有利于己的分割方案，请求法院定共有物的分割方法，但是法院仍然有自由裁量权，不受当事人请求或者主张的约束，可以在《物权法》第100条所定的原物分配、变价分配、价金补偿等三种分割方法中择一斟定适当的分割方法。另外由于共有物分割诉讼乃形成分割方法之诉，因此，原告共有人请求确定分割方法的请求即可，无须另外作出准予分割共有物的请求，即使原告共有人作出该请求，法院对此也无作出裁判的义务。若共有人在请求裁判分割共有物诉讼中，合并请求命其他共有人交付分得物及协同办理分割登记，均属欠缺权利保护要件，法院应认为各该部分之诉为无理由，以判决驳回。

（二）共有物协议分割诉讼的诉讼请求

在订立协议分割契约后，若共有人就协议分割契约所定的权利义务发生争执，因而提起确认之诉，所作的诉讼请求需区别积极确认之诉与消极确认之诉两种情形，前者是请求确认协议分割契约所定的权利义务存在，后者是请求确认该协议分割契约所定权利义务不存在。这与一般的确认之诉所作的诉讼请求并无不同。然而共有人若因其他共有人违约而提起给付之诉，即共有人提起请求其他共有人履行协议分割契约之诉，原告共有人究竟应如何作出诉讼请求？这一问题在实务上有不同见解。一种观点认为共有人请求其他共有人履行协议分割契约是给付之诉，原告仅能向法院就自己的利益作出请求而不得干预被告，因为被告是否会请求原告依约履行为其是否行使权利的问题。因此，基于此点，法院应驳回原告共有人合并请求被告交付分得部分并协同办理分割登记部分。另一种观点则认为共有物的协议分割是以消灭各共有人就共有物的共有关系为目的，因此各共有人起诉请求其他共有人履行协议分割契约，所作的诉讼请求应为命令各共有人（包括原告及被告全体）依协议分割契约所确定分割方法、交付分得部分并协同办理分割登记，原告的请求足以消灭各共有人间的共有关系，其诉为有理由。

依协议分割共有物诉讼的诉讼性质，对于此类诉讼事件的审理应回归一般民事诉讼“辩论主义”及“处分权主义”的审理准则，法院不得就未请求的事项进行裁判而受共有人诉讼请求的约束。关于协议分割共有物诉讼的诉讼请求，一般给付诉讼中原告诉讼请求一般为，“被告应给付原告金钱财物”或“被告应为某特定行为或不行为”，亦即原告的请求需以被告应如何履行其义务为内容，而不应出现“原告应向被告履行何种给付内容”。不过这种原则在协议分割之诉中是否应作例外处理，即有探讨价值。依前述审理原则，法院在审理协议分割共有物诉讼时，就原告未请求的事项不得进行裁判，否则即属诉外裁判，但原告的请求若仅仅依一般给付诉讼请求“被告应为何种给付内容”的，法院在判决主文中也仅能判示“被告应如何履行其义务”。但如此一来，仅有被告单方负依协议履行义务，根本无法达成原协议分割契约所欲达成的目标，因为充分实现协议契约的内容除需被告配合外，也需原告一方积极履行其义务，否则共有关系仍无从消灭。

关于这一问题，我国台湾地区“最高法院”民事庭会议自1998年便开始广泛讨论，先后多次开会专题进行辩论，正反意见各有坚持，终于在2001年10月16日的决议中获得绝对多数的共识。本决议所探讨的案件事实摘要为甲、乙、丙、丁等四共有人订立了协议分割契约，后丙不履行分割契约，甲、乙遂以丙、丁为共同被告向诉请履行协议分割契约。决议认为共有物协议分割与裁判分割皆以消灭各共有人就共有物的共有关系为目的，而协议分割契约应由共有人全体参与协议订定方能有效成立。该契约所确定分割方法，性质上为不可分，应以其他共有人全体为被告，当事人适格才无欠缺。且法院应判令各共有人（原告及被告全体）依分割协议确定分割方法及办理分割登记事项，而不能只判令被告负担义务。[1]这一决议突破实务中多年固有传统见解的瓶颈，即认为在给付之诉中法院绝对不能命原告向被告给付，或者命令原告之间或被告之间互为给付，挣脱多年来不必要的束缚。亦即在共有人请求其他共有人履行协议分割契约之诉中，因其属于情形特殊的给付之诉，例外首创准许法院命双方当事人互为给付的先例，以此彻底解决共有人的分割纠纷，避免造成共有人重复起诉、徒增讼累的不良后果。因此，如原告的诉讼请求仅请求法院判命被告履行协议分割契约所定对于自己所负的义务，就不能达成共有人全体订立协议分割契约终止共有关系的目的，其诉讼请求就属于不完整的情形，法官应行使阐明权，命令其作出补充的请求，以方便法院的裁判。法官还需确定一个补充请求的期间，原告逾期不作出补充请求的，应认其诉不合法，裁定驳回。

---

〔1〕详可参见台湾地区“最高法院”2001年10月16日民事庭决议。

本书认为对于共有人请求其他共有人履行协议分割契约之诉中诉讼请求的作出应采第二种观点。主要理由有以下三要点：

第一，共有人就共有物订立协议分割契约，目的是消灭各共有人间的共有关系，因此，分割契约的成立以全体共有人参与订立分割协议为前提要件。协议分割契约成立后各共有人对于其他共有人因分割而得到的分得物，按其应有部分负担与出卖人同一的担保责任。由于分割的效果即为各共有人互易应有部分所有权，使得各共有人分割取得其分得物的单独所有权，因而消灭各共有人间的共有关系。

第二，若为不动产的分割，共有人订立协议分割契约之后，即使其协议分割在法院达成调解或者诉讼上和解，在土地行政机关进行协议分割登记前，仍不能使各共有人取得其分得物的单独所有权，必须经登记后才发生各共有人分别取得其分得物单独所有权的效力。因此，履行共有不动产协议分割契约的分割登记时需由全体共有人申请，仅由部分共有人申请进行协议分割登记的，应予以驳回。

第三，依履行契约的特性，共有人起诉请求其他共有人履行协议分割契约时应请求法院命令各共有人（包括原告及被告全体）互为履行协议分割契约所定的义务，否则不能达到终止共有关系的目的。如果原告及被告均为多数，即需请求法院命原告与被告间、原告间、被告间互为履行协议分割契约所定的义务。以上述决议所探讨的案件事实为例来看，甲、乙二人向法院起诉请求履行协议分割契约，在此诉讼程序中法院判决要想达成终止共有关系的目的，必须判令全体共有人均依约履行分割义务。申言之，被告丙、丁分别对原告甲、乙履行义务，原告甲、乙也应分别对被告丙、丁履行义务，甚至原告甲、乙之间，被告丙、丁之间，也应互负协议履行协议分割契约所定的义务，只需其中一人不履行，就不能达到终止共有关系的目的。

因此，对于履行共有物协议分割契约之诉，原告共有人诉讼请求应为请求法院判命各共有人（包括原告及被告全体）互为履行交付分得物及协同办理分割登记，并非仅请求法院判命被告履行对于原告所负的义务。反之，原告诉讼请求若仅请求法院命被告履行协议分割契约所定对于原告所负的义务，而不及于原告对于被告或者原告之间、被告之间所负的义务，即使法院依原告的请求作出全部胜诉的判决，仍然不产生消灭共有关系的效力。因此在请求履行共有物协议分割契约之诉中，若原告共有人请求仅请求法院判命其他共有人（被告）履行其对于原告的义务，则其所作的诉讼请求并不充分，受诉法院可对其行使释明权命令其作出补充请求，以符合履行协议分割契约诉讼的基本要求。

（三）共有物分割诉讼诉讼请求的特殊性

基于处分权主义、辩论主义，法院应受当事人诉讼请求的拘束，但分割共有物诉讼却与此不同。分割共有物诉讼乃形式上的形成诉讼，在诉讼请求上具有如下的特殊性。

1. 诉讼请求的非拘束性

分割共有物诉讼的特殊性为法院不受原告诉讼请求的拘束，这是由于共有人请求法院以判决确定分割方法乃事关全体共有人利益。原告虽然可将最有利于己的分割方法作为其诉讼请求，但法院确定分割方法时并不受原告诉讼请求的拘束，并可依具体情形按照实体法的规定酌确定分割方法。[1]亦即原告请求分割共有物，并以诉讼请求主张具体而有利于己的分割方法时，法院虽不采纳原告所主张的分割方法，也无须以判决驳回，因为原告请求仅需表达请求法院确定分割方法就是合法有效的诉讼请求，而无

〔1〕 吴明轩：《民事诉讼法》（上），五南图书出版公司2011年版，第785页。

须向法院表明具体的分割方法是采原物分割、变价分割抑或是折价分割，即使原告提出适用某种分割方法的主张，法院也不受其拘束。同时，法院在审理时若认为原告所主张的某种分割方法不当，也不得判决驳回其诉讼。因此，原告所主张的分割方法仅供法院参考而已，[1]对于原告所主张的分割方法，法院即使未采纳也非其诉无理由，不能判决其部分败诉。由于分割共有物诉讼是共有人对于分割方法无法达成协议，因而申请法院确定分割方法，因此，分割共有物诉讼的当事人应无必要再请求准予分割。[2]

2. 原告无须合并请求交付分得物及办理分割登记

共有物分割判决的形成力在判决确定时发生，在法院以判决确定分割方法以前各共有人就分割后所取得的单独所有部分尚未确定，亦即在判决前未确定其分得原物或价金，原告无从依未确定的分割结果请求交付分得物或办理分割登记。[3]不动产共有人诉请分割共有物经法院判决作出原物分配，任何一方当事人均可申请法院就分得部分交付进行强制执行。因共有物分割判决是形成判决，在判决确定时即形成分割之效力，各共有人在判决确定时即可取得分得部分的单独所有权，而无须等到共有物所有权的转移登记或交付应有部分。因此，共有人在请求分割共有物诉讼中合并请求交付分得部分及协同办理分割登记均属欠缺权利保护要件，法院应认定各该部分之诉无理由而以判决驳回。

---

〔1〕 孙森焱："论分割共有物之判决"，载《法学丛刊》1966年第41期。

〔2〕 杨隆顺："改进分割共有物事件裁判之研究"，载台湾地区"司法院"：《"司法院"84年度研究发展项目报告》1996年第16辑上册。

〔3〕 参见陈计男："分割共有物之诉之审理及其裁判之效力"，载民事诉讼法研究会：《民事诉讼法之研讨（2）》，三民书局股份有限公司1990年版，第575页；或参见孙森焱："论分割共有物之判决"，载《法学丛刊》1966年第41期。

三、共有物分割诉讼的特殊诉讼要件

共有物分割诉讼的程序规则中除了上述当事人适格、诉讼请求等要素外，尚有两大特殊的诉讼要件，其一为分割方法不能协议决定，其二为共有人间虽达成协议分割契约但因消灭时效完成而部分共有人拒绝履行该协议分割契约。前者所谓共有人不能协议决确定分割方法，是指共有人对是否分割达不成协议、虽达成分割协议但达不成对分割方法的一致意见。〔1〕后者即为同意分割的共有人行使分割请求权后，其他共有人虽负有与之协议分割方法的义务但不履行协议分割契约，共有人即可诉请法院裁判确定分割方法以消灭共有关系。

（一）共有人不能协议决确定分割方法

裁判分割共有物中原告是否只有协议不成才可提起共有物分割诉讼，即协议不成立是否构成提起此诉讼的诉讼要件，或仅仅是抗辩要件。依台湾地区“民法”第824条第2项〔2〕的规定，分割方法无法协议决定为原告共有人提起共有物分割诉讼之要件，因此，在起诉时应予证明，才可请求法院裁判。但实务上是采抗辩的要件说，认为原告起诉时不必先证明没有协议的情形，被告可以此作为抗辩。而所谓“协议”是指全体共有人协商同意而言，

---

〔1〕 此外，对共有人协议分割的请求置之不理也可理解为达不成分割协议，也有学者认为所谓的分割方法不能协议决定还包括广义上的意义，如共有物应有部分之抵押权人不同意对共有物进行分割或者不同意共有人确定的分割方法等。参见谢在全：《民法物权论》（上册），中国政法大学出版社2011年版，第556页。

〔2〕 台湾地区旧“民法”第824条第2项规定，对于分割方法不能协议决定的，法院可以依任何共有人的申请，作出如下分配方法：①以原物分配于各共有人；②变卖共有物，以价金分配于各共有人；同条第3项规定：以原物为分配时，如共有人中有不能按其应有部分受分配者，得以金钱补偿之。

与“决议”不同，不适用多数决的原则。[1]因此，原告起诉后，被告有人反对分割或不同意原告主张的分割方法、不愿与原告分割时，则也被视作双方不能依协议决确定分割方法，此时原告诉请分割应被准予。并且依据台湾地区“民事诉讼法”第403条第1项第3款关于共有物分割诉讼中强制调解的规定，原告在起诉前未经协议，但是在诉讼前需经法院调解，因此，在实务中鲜有因原告未能证明“共有人不能协议决确定分割方法”这一要件，而判定其诉不合法、驳回起诉的情形。

然而在理论上，对于协议分割是否为共有物分割诉讼的特殊要件或称作裁判分割之先决条件这一问题，学界观点不一。关于此问题，或可从比较法的考察寻找到解题思路。日本民法典第258条第1款规定，“对于分割，共有人不能达成协议时可以请求法院对其分割。”日本学者三潴信三认为，惟在协议不成时才可为裁判上分割。[2]新堂幸司教授亦认为“协议不成乃是起诉条件。”[3]王泽鉴教授根据台湾地区“民法”第824条的规定，认为该条文表述虽然以“分割的方法不能协议决定”作为共有人提起分割诉讼的前提条件，但是共有人对是否分割达不成协议，即共有人中有人主张分割、有人不愿意分割，此种情形也属于“分割的方法不能协议决定”。[4]此外，共有人向法院起诉分割共有物时，其中一项特殊诉讼要件即为共有人不能协议分割，也就说裁判分割之先行要件为共有人不能达成共有物的分割协议，若未经

〔1〕参见我国台湾地区“最高法院”1940年上字第472号判例。

〔2〕参见［日］三潴信三：《物权法提要》，中国政法大学出版社2005年版，第88页。

〔3〕参见［日］新堂幸司、福永有利：《注释民事诉讼法（5）》，有斐阁1991年版，第20页。

〔4〕参见王泽鉴：《民法物权（第1册）通则·所有权》，中国政法大学出版社2001年版，第362页。

协议则不得径行起诉。[1]谢在全教授亦赞同此种观点。[2]谢哲胜教授则认为，此先行协议要件并非拘束共有人或法院起诉审理的绝对必要法定先行要件，若共有人未经协议而提起共有物裁判分割，法院进而审理并确定分割方法，并不违法。[3]陈计男教授亦认为所谓不能协议决定并不以曾经全体共有人协议而不能决定为必要，协议时间也不受限制，原告起诉后被告有人反对分割或不同意原告所主张的分割方法时，即应认为原告的请求合法。即使原告在起诉前未经协议程序，但若共有人在诉讼过程中达成此协议，实务中通常制作和解笔录而终结诉讼。[4]

依我国《物权法》第100条的规定，共有人可协议确定分割方法，达不成协议的可以诉请法院作出分割。分割方法不能协议决定的，法院可依任何共有人的申请进行适当分配。然而我国理论界与实务界上对于可否认为协议分割即为诉讼分割前置程序这一问题也存在分歧见解。传统观点认为共有人在提起分割共有物诉讼前应先经过协议程序，唯有协议分割不成才可提起分割之诉。[5]有反对观点则认为基于私法自治原则达成的分割协议并非消除共有人所固有的形成诉权，其只是其中一种分割样态。[6]还

[1] 参见王泽鉴：《民法物权（第1册）通则·所有权》，中国政法大学出版社2001年版，第320-332页。

[2] 参见谢在全：《民法物权论》（上册），中国政法大学出版社2011年版，第311页。

[3] 参见谢哲胜：《民法物权》，三民书局股份有限公司2012年版，第124页。

[4] 参见陈计男："分割共有物之诉之审理及其裁判之效力"，载陈计男：《程序法之研究（2）》，三民书局股份有限公司1995年版，第71页。

[5] 参见王利明：《物权法研究（上）》（第3版），中国人民大学出版社2013年版，第747页；杨立新：《共有权理论与适用》，法律出版社2007年版，第119页；韩松等：《物权法所有权编》，中国人民大学出版社2007年版，第332页。

[6] 参见吴春燕、吕栋："按份共有分割请求权若干问题研究"，载《西南政法大学学报》2010年第3期。

有学者认为我国《物权法》第 100 条的规定中所谓的“达不成协议”仅仅是一种“事实性描述语句”，其意指共有人可协议确定分割方法，协议不成时可诉请司法救济，也就是说该条所规定的并非分割诉讼之诉讼要件，而是基于共有人的私法自治而赋予其行使分割请求权的双重选择——可行使分割协议上的债权请求权，也可行使固有的形成权。[1]在“协议不成”之定性的类似观点中，有学者认为在共有人启动分割诉讼时若要求“分割的方法不能协议决定”这一诉讼要件，势必会延宕诉讼时间、增加诉累。[2]也有学者从比较法角度、权利救济角度、诉讼法角度等三个层面予以剖析，认为“分割方法不能协议决定”不宜作为诉讼要件。[3]

另外，需要探讨的是共有人间若达成了对共有物的分割协议，这是否决然排除诉讼分割，即共有人可否再提起分割诉讼请求法院重新确定分割方法？对此，我国实务界有观点认为若达成了对共有物的分割协议即不得再提起分割之诉，若共有人中有不履行分割契约的，则应提起要求共有人履行分割契约之给付诉讼而非分割共有物之形成诉讼。[4]在我国实务操作中，法院审理查明共有人在起诉前未经协议分割或原告共有人未能证明“共有人不能协议决确定分割方法”，但只要在诉讼中被告共有人对于共有物可否分割或分割方法有所争执，法院一般不以欠缺“共有人不能协议决确定分割方法”这一诉讼要件而判定原告之诉不合法、驳回

---

〔1〕 参见李国强：“论共同继承遗产的分割规则：以《物权法》的解释和《继承法》的修改为视角”，载《法学论坛》2013 年第 2 期。

〔2〕 参见郭砚：“实体法与程序法交互作用下的共有物分割之诉”，载《现代法学》2016 年第 2 期。

〔3〕 参见房绍坤：“共有物分割之诉审理的若干问题”，载《当代法学》2016 年第 5 期。

〔4〕 参见最高人民法院物权法研究小组编：《〈中华人民共和国物权法〉条文理解与适用》，人民法院出版社 2007 年版，第 312 页。

起诉。易言之，未经协议分割已非共有物分割诉讼的前提要件。张某等诉潘某某共有物分割纠纷案[1]中，两原告以形成诉讼的方式行使按份共有物的分割请求权，被告提出双方未就共有物分割进行协商，并援引《物权法》第100条前半段的规定进行抗辩。因此，法院即面临着该争点的审理，提起分割诉讼是否须以共有人不能协议分割为要件？本书认为共有人对于共有物的分割请求权可通过分割协议上的债权请求权或固有形成权这两种方式行使，二者并非天然冲突、彼此不兼容，前者只是共有物分割的路径之一，且前者并不当然排斥后者。事实上基于共有物分割请求权的形成权本质，从该形成权的本质属性与裁判规则来看，虽然其本身赋予共有人随时提起分割之诉的权利，但只能通过形成诉讼的方式行使。具体到上述案例，两原告虽不能举证与被告是否就共有房屋的分割事宜进行协商，但不能因其未经协商，而认定两原告不具备按份共有财产的分割请求权的构成要件，或在诉讼中强行要求双方当事人进行协商。本案原被告共有人在起诉前虽未经协议分割程序，然而在起诉后却存在双方无法对分割事项达成协议确定的事实，被告共有人对于原告共有人主张的分割方法有所争执，此时应将其理解为"共有人不能协议决确定分割方法"，因此，原告之起诉具有权利保护的利益，其诉应为合法，可见提起分割共有物诉讼前是否经协议分割已非必要。

（二）共有人拒绝履行协议分割契约

就共有物成立协议分割契约后共有人间虽然互相负有依该契约内容履行的权利及义务，如移转登记、金钱补偿等，但该项权利为依协议分割契约所产生的给付请求权，可适用消灭时效。若消灭时效完成后其他共有人以此进行抗辩，共有人的共有物分割

---

〔1〕 参见（2014）湖安民初字第830号民事判决书。

请求权已经因协议分割契约成立而消灭，其他共有人随后又因消灭时效完成而拒绝给付，协议分割契约的内容无从履行。揆诸《物权法》第 99 条之立法目的旨在消灭物的共有状态，因此，在上述情形若不允许裁判分割则该共有状态将无法消灭，不符合分割共有物的立法精神。值得说明的是按照一般民法理论消灭时效完成后债务人可拒绝给付，但此拒绝给付的抗辩权并非使请求权当然消灭。因此消灭时效完成后若其他共有人未以消灭时效完成抗辩而拒绝给付，则无本项适用的余地，如此才符合抗辩权说的意旨。

共有人间协议分割契约订立后，还有一类较为特殊的情形需予以说明。共有人全体合意成立协议分割契约后，如共有人之一未经登记而将其应有部分让与第三人，此时共有人不得径行请求裁判分割，因为协议分割契约在登记后对于应有部分的受让人具有效力。在共有不动产的情形，如未登记该协议分割契约不得与应有部分受让人对抗。申言之，在协议分割契约成立后，因未登记应有部分受让人不受该协议分割拘束而不符合本项诉讼要件。因此，其他共有人就不得直接请求法院裁判分割。应有部分受让人不受该协议分割契约的拘束，其仍可行使共有物分割请求权，请求其余共有人与之协议分割方法，如协议分割不成立才能诉请法院裁判分割。

第三节 共有物分割诉讼的重复起诉问题

一、共有物分割诉讼中重复起诉的基本理论

共有人就同一共有物分别起诉要求分割时，应如何处理？此涉及有无民事诉讼法中关于当事人在诉讼系属中不得就已经起诉的事件再行起诉，即一事不再理原则的适用问题。由于分割共有

物诉讼需以全体共有人为当事人，当事人适格始无欠缺，因此，若共有人就同一共有物分别起诉时当事人实质上相同。[1]又由于法院不受请求方法的拘束，因此，共有人就同一共有物分别起诉时，是否应裁定驳回即应视诉讼标的而定。

若认为共有物分割诉讼的诉讼标的为共有物分割请求权，由于各共有人可以随时请求分割共有物，则各共有人请求分割共有物的形成权是个别独立存在，因此，如果甲、乙、丙、丁四人共有一块土地，甲以乙、丙、丁为被告提起分割共有物诉讼后，若乙再以甲、丙、丁为被告，提起分割共有物诉讼，甲及乙分别所提起的两个诉讼并非同一之诉，不适用一事不再理的规定。但是两诉的诉讼标的既属同一，即请求就同一标的物确定分割方法，一个诉讼事件判决确定的结果即消灭共有关系，这将使另一诉讼丧失诉讼的法律关系，因此，在审判上应使两诉合并辩论、合并判决以免诉讼程序的浪费及裁判的冲突。因此在此见解下，因分割共有物诉讼为形式上的形成诉讼，各共有人有各自请求分割共有物的形成权，因此，无须驳回。反之，如认为诉讼标的是就某共有物确定分割方法的请求，则前后两诉的诉讼标的同一，则应认为两起诉讼乃属同一事件，应裁定驳回。基于前文对共有物分割诉讼的诉讼标的之阐述，共有人就同一共有物分别起诉时，前后诉的诉讼标的同一，构成重复起诉，应裁定驳回。

二、我国共有物分割诉讼中有关重复起诉问题的典型案例

（一）吕某某、赵某某与孙某某、文某某共有纠纷案[2]

一审法院认为本案两原告已于2011年起诉两被告，请求法院

〔1〕陈计男：“论分割共有物之诉”，载《法令月刊》1983年第12期。

〔2〕参见（2014）大民一终字第623号民事判决书。

依法分割系争不动产，法院已作出相应的判决。现两原告再次起诉两被告，要求分割案系争不动产，两次诉讼所依据的事实和理由相一致，属于一事再诉，据此裁定驳回两原告的起诉。二审法院审理认为本案前诉生效民事判决乃确认了两上诉人与两被上诉人对该两套房屋所享有的共有产权份额，而本案系两上诉人以对系争两套房屋享有共有权为由诉请依法分割共有物，其诉讼请求、所依据的事实和理由均与前诉不同，不属于重复诉讼，一审认定本次诉讼属于一事再诉乃属错误，应予纠正。

（二）姚洪珍等与王桂英物权保护纠纷上诉案[1]

本案中被告认为本案争议已由（2011）渝四中法民终字第00523号判决确定，因此原告提起诉讼为重复起诉，应属不合法。一审法院认为前诉案件系原告提起确认共有物份额之诉，本案属于分割按份共有物之诉，两案的诉讼标的并不相同，因此，被告所提出本诉讼是重复诉讼的主张不予认可。二审法院作出类似见解，认为前诉判决是针对原告对于系争宅基地享有份额的确认之诉，该判决执行之中，由于上诉人已在该宅基地上建房，原告于是起诉要求上诉人对其享有的宅基地份额折价补偿，本案属于给付之诉，本案与前案的诉讼标的、理由均不相同，因此，本案诉讼不属于重复诉讼。

（三）胡石林等与胡某某2等共有物分割纠纷申请案[2]

本案争议之焦点即为两案诉讼主体是否相同、诉讼请求是否相同、是否构成重复起诉的问题。再审法院审理认为前诉判决的当事人为胡某某1、胡石林、胡某某3、胡浩林、刘仁智、刘某1、刘某及胡某某2，本案当事人为胡某某1、胡石林、胡某某3、胡

---

〔1〕 参见（2014）渝四中法民终字第00516号民事判决书。

〔2〕 参见（2014）鄂民申字第00924号民事判决书。

浩林、刘某1、刘某及胡某某2。经查，刘某1、刘某系刘仁智子女，因刘仁智死亡，因此，本案诉讼当事人没有刘仁智，其相关份额已由刘某1、刘某继承，申请人的此项再审事由不成立。关于两案诉讼请求是否相同的问题，前诉判决的诉讼请求是要求分割诉争房产，所得款项按份分配，本次起诉的诉请是要求对诉争按份共有房产进行分家析产。前后两案诉讼标的相同，且实物分割、变价分割都是对共有物的具体分割方法，其实质相同，即都为了实现共有物的分割，因此两案诉讼请求相同，此项再审事由不成立。鉴于本案是具有血缘关系的亲属之间为实现居住权引发的纠纷，双方应本着互谅互让的精神予以协商处理，在没有出现行使共有物分割请求权“重大理由”的证据之前，前诉判决未对诉争房产予以分割并无不当，原审原告对同一诉讼标的再次请求分割属于重复起诉，二审裁定驳回起诉正确。

（四）李明波与蒙爱玉等物权确认纠纷上诉案[1]

一审法院认为本案纠纷系因诉争房产土地使用权的权属问题而引发，该案前诉经判决确定后，诉争房产已为生效判决确定。现原告又提起本案诉讼，要求判决归其所有，由其按各被上诉人享有的份额给予补偿，因之前的生效判决已对此进行了处理，因此，本案原告的起诉属于依据同一事实重复起诉，违背一事不再理的原则，其起诉不符合法律的规定，依法应予驳回。二审法院审理认为前诉乃共同原告针对系争不动产提起确权之诉，经前诉判决确认诉争房产归原被告共同共有，现本案上诉人要求将诉争房产的宅基地使用权判决归其所有，并由其按各被上诉人享有的份额给予补偿，其目的是要求将共同共有物予以分割，本质在于终止或者消灭共有关系，提高对共有物的经济利用效率，平衡共

---

〔1〕 参见（2014）海中法民三终字第98号民事判决书。

有人之间的利益，性质上属于变更之诉，本案与前诉所提起的确认之诉在当事人、法律关系、诉讼请求都存有差异。因此，原审法院认为本案属于重复起诉，违背一事不再审的原则，裁定驳回李明波的起诉，显然不当，应予撤销。

三、对相关判决的分析

案例一：本案属于共有产权份额确认之诉与共有物分割诉讼间是否构成重复起诉的问题，由于两诉间诉讼请求、所依据的事实和理由均不相同，不属于重复诉讼。具体而言，前诉的诉讼请求是请求依法分割和继承遗产，属于法定继承纠纷。后诉的诉讼请求是判令系争两套房屋的产权归两原告所有，两原告按评估价格按各被告所占产权份额在扣除债务和孳息后向其支付相应的房款。根据最高人民法院《民事案件案由规定》第 48 条的规定，后诉争议属于共有物分割纠纷。依最高人民法院公报案例以及民事诉讼法解释第 247 条的规定，重复起诉之构成需符合当事人、诉讼请求、争议事项、当事人之间的民事法律关系均一致的四要素。具体到本案中上述四个条件仅有被告是一致的，其余三项条件均不符合。因此，后诉没有违反一事不再理原则，不属于重复起诉。前诉的民事判决确认了各继承人对遗产房屋的继承份额后，各当事人对系争房屋已经构成按份共有。后诉当事人因无法协商确定共有房屋的分割方法，诉请人民法院依法判决分割，这是法律赋予上诉人的正当权利。综上所述，本案不属于一事再诉，一审法院认定事实和适用法律错误。

案例二：前诉判决是针对系争宅基地享有份额的确认之诉，前诉的判决执行过程中发生后诉，后诉当事人起诉要求对其享有的宅基地份额折价补偿，本案应属于分割共有物诉讼，具有形成之诉的性质，而非二审判决中载明的给付之诉。因此前诉是确认共有物份额之诉，为确认之诉，后诉是分割按份共有物份额之诉，为形成之诉。本案与前案的诉讼标的、理由均不相同，因此，原告共有人提起的本案诉讼不属于重复诉讼。

案例三：再审认为前后两诉的诉讼主体相同、诉讼请求相同，胡某某3等人对同一诉讼标的再次请求分割属于重复起诉。不过对此本书认为再审判决应为错误，首先，前诉民事判决的当事人为胡某某1、胡石林、胡某某3、胡浩林、刘仁智、刘某1、刘某及胡某某2，而本案当事人为胡某某1、胡石林、胡某某3、胡浩林、刘某1、刘某及胡某某2，前诉的当事人之一刘仁智已经死亡，后诉中由其继承人刘某1、刘某（同时也是前诉的当事人）承受诉讼，此时后诉中该二当事人的应有份额增加，因此两案诉讼主体并不相同。其次，关于前后两诉的诉讼请求是否相同，本书认为系争共有房屋为按份共有，前诉中当事人的分割主张为变价分割，所得款项按份分配。而后诉中当事人主张的分割方法为实物分割，诉讼请求并不相同。因此前后两诉的诉讼主体不相同、诉讼请求亦不相同，胡某某3等人对同一诉讼标的再次请求分割不构成重复起诉。

案例四：后诉中上诉人要求将诉争房产宅基地使用权判决归其所有，并由上诉人按各被上诉人享有的份额给予补偿，其目的是要求将共同共有物予以分割，本质在于终止或者消灭共有关系，提高对共有物的经济利用效率，平衡共有人之间的利益，性质上属于变更之诉，前诉为原告提起的确认之诉，两诉在当事人、法律关系、诉讼请求都存有差异。因此，本案不属于重复起诉，不违背一事不再审的原则。

第四节　共有物分割诉讼的诉讼上和解

一、诉讼上分割共有物和解的达成

分割共有物诉讼为财产事件，依物权法第100条诉请裁判分割共有物，该分割方法的判断、裁判及分割线如何划分，法律并未规定要件事实，而委诸法的自由裁量权，此点即系非讼事件性质。因此，裁判分割共有物事件在性质上属于非讼事件，分割方法及分割线如何划分，对于当事人有重大利害关系，不下于所有权的存在与否判断。法官依职权决定分割线，以裁量权公平为之，不受原告有关分割方法的诉讼请求所拘束，从而裁判分割共有物判决即是形成判决。然而依我国物权法采取移转主义，当事人即共有人之间互相移转自己应有部分予对方，包含有互相移转占有、互为给付在内，就权利关系的变动而言，当然系具有形成之诉的性质与内容。另一部分命某共有人移转应有部分给其他共有人，此即有给付之诉的内容与性质。由此可得而知，请求裁判分割共有物诉讼兼具有形成判决及给付判决之内容。

德国法学家耶林曾说过，目的是法律的创造者，其意味法律之制定如果没有目的或脱离其目的，法律即不复存在，因此法律的制定均有其欲实现的目的与价值。法律安定性是使人民信赖以产生规范的效力。法律所欲实现的目的与价值即在于达成社会正义、安定性功能与目的合法性。诉讼上分割共有物和解的达成，以创设、变更或消灭法律关系为内容，原告、被告在诉讼期日内，双方当事人一致意思表示消灭共有关系的情形下在和解笔录上签字时，有其形成力，即发生物权移转的效力。因此，诉讼上分割共有物和解如同诉讼上离婚和解一样，赋予法院和解分割共有人一定的形成效果，可适度减少协议分割共有物的弊端及不履行争端的再生。事实上如诉讼上分割共有物和解的内容适法，并导致权利或法律关系发生、丧失或变更之效果时，即因该诉讼上和解而产生与确定判决同一形成力。而诉讼上分割共有物的和解达成，需满足原告起诉时请求的意思，也应包含所有权利的移转占有及互为给付的内容。当然有论者认为，诉讼上和解是基于当事人间合意而达成，本质上不能发生形成判决相同的效果，这是纯粹以诉讼外的协议和解评论诉讼上和解，显未妥适。

二、分割共有物达成诉讼上和解的效力

否定诉讼上和解分割共有物有形成力的见解，即主张形成判决所产生的形成力，不能由当事人以和解方式代替。那么这样的见解是否适用于所有具备形成诉讼性质的事件？学者有观点认为，诉讼上和解是基于当事人间合意而达成，本质上不能发生形成判决相同的效果。或谓和解若以创设、变更或消灭法律关系为内容的，有其形成力。对上述见解，亦有学者提出批评，认为形成之诉应区分诉讼标的是涉及公益还是仅保护当事人的私益。〔1〕而分割共有物诉讼的诉讼标的，实务中有认为其为共有物分割请求权，学说亦有赞成者〔2〕，然此种见解是否正确？由于通说认为分割请求权的性质是以意思表示方式行使的形成权，则分割请求权自无法成为形成诉讼的诉讼标的，因为依照传统诉讼标的理论，形成诉讼的诉讼标的乃必须是以诉讼方式行使的形成权。〔3〕分割共有物诉讼

〔1〕 陈荣宗、林庆苗：《民事诉讼法》（中），三民书局股份有限公司 2004 年版，第 578 页。

〔2〕 陈计男：“分割共有物之诉之审理及其裁判之效力”，载民事诉讼法研究会：《民事诉讼法之研讨（2）》，三民书局股份有限公司 1990 年版，第 518 页。

〔3〕 姚瑞光：《民事诉讼法论》，中国政法大学出版社 2011 年版，第 287 页。

事件的当事人即共有人，从实体法上看其是共有人间相互移转应有部分，从一个大的共有状态分为各别小的所有权。因此，共有关系的消灭是通过共有人间互相交换应有部分的一部分而形成的，显然仅是当事人间为保护其私益所为的诉讼行为，可以达成诉讼上和解。

关于分割共有物达成诉讼上和解之效力，有学者指出分割共有物诉讼为形成之诉，依其性质不适于诉讼上和解，但由于共有物分割诉讼是因共有人间就共有物分割方法不能协议而诉请裁判分割，在诉请裁判分割时，法律未限制不得再协议分割，当事人即可在诉讼系属后再行协议分割，因此，分割共有物诉讼中成立之和解性质上应属协议分割，至于法院成立的调解与诉讼上的和解有同一效力，可作同一解释。[1]本书认为该观点尚值得商榷，因为如果当事人间达成了诉讼上和解，却又以形成力不能由当事人以和解方式产生为由，否定诉讼上和解具形成力，同时又将之定性为协议分割的结果，认定其仅有终结诉讼的效力，那么这跟实体法上分割共有物的协议和解契约效力就完全相同。若仅着眼法官判决后，共有关系因形成判决从共有变成单独所有，而忽略实体法上共有人间交换、移转的意思，不但无法阻止后诉的提起，在有共有人不履行的情形发生时，还需另行取得执行依据，才能办理分得部分的交付，如此一来，不仅违背了程序利益保护原则及诉讼经济原则，并且当事人当初提起诉讼而后达成诉讼上和解的真实意图也遭抹杀。

（一）诉讼上和解分割共有物的法理依据及解释原则

其实学者间对形成诉讼的机能发挥、诉讼标的、判决效力及适用的诉讼法理（如：处分权主义、直接主义、辩论主义、举证

---

〔1〕 杨建华：《问题研析民事诉讼法（3）》，陈心弘增订，三民书局股份有限公司2010年版，第1232页。

责任法则）等事项，不乏认为尚无定论，宜个案探究。[1]原因在于同属形成诉讼范畴的各类诉讼，彼此的性质、内容与结构多有不同，很难进行统一的掌握理解。本书所检讨的有关形成诉讼达成和解问题亦是如此，譬如能否达成和解，在何种程序规制下达成，和解的内容为何等问题，也只能委诸个案中进行衡量考察，不能一概而论。[2]

若纯粹以诉讼上和解的本质解释推论判决的效力而去解释诉讼上和解的效力，则诉讼上和解应无形成力可言。本书认为应该抛开本质论而注重诉讼上和解制度在诉讼法上的目的论，佐以价值论的立场，了解诉讼上和解在法律效果方面与法院判决发生同一效力为目的。为兼顾当事人的实体利益及程序利益，判决程序与诉讼上和解程序应具有相当关联性，且有互为程序转换的可能与必要，这也可在程序法理交错适用肯定论及信赖真实主义中寻求到法理根据。[3]从保障程序主体权、尊重程序主体地位的原则而言，不论在判决程序或诉讼上和解程序，其运作者即法官均应赋予当事人有追求实体利益及程序利益的机会。因此，法官在判断究竟宜否劝导当事人达成诉讼上和解或以判决终结分割诉讼程序时，应灵活使用其诉讼程序指挥权，在确保当事人应有的程序主体地位前提下，依个别纷争事件的特性及案情，弹性运作该程

---

〔1〕 详参见［日］新堂幸司：《民事诉讼法》（第2版），弘文堂1990年版，第188页；或参见［日］高桥宏志：《重点讲义民事诉讼法》，张卫平、许可译，法律出版社2007年版，第66-69页。

〔2〕 陈荣宗、林庆苗教授亦认为形成诉讼能否达成诉讼上之和解以及和解效力如何，需个案考量。参见陈荣宗、林庆苗：《民事诉讼法》（中），三民书局股份有限公司2004年版，第578页；亦有学者对此持反对见解，参见陈计男："论诉讼上和解"，载陈计男：《程序法之研究（1）》，三民书局股份有限公司1986年版，第30页以下；姚瑞光：《民事诉讼法论》，中国政法大学出版社2011年版，第414页以下。

〔3〕 参见邱联恭：《程序制度机能论》，三民书局股份有限公司2008年版，第1页以下、第89页以下。

序，使当事人获得自行选择如何追求上述利益的机会。

依此，本书认为不可一概而论诉讼上和解无形成力，应将诉讼上和解定位为其是使双方当事人能积极参与纷争解决过程，而提升其自律性解决纷争能力的诉讼程序过程，借此寻求诉讼上和解与判决的融合可能性，因此，应思考其实现所需的程序保障为何。

（二）分割共有物达成诉讼上和解无形成力的省思

分割共有物诉讼事件所涉利益原则上仅在废止共有关系，并同时将各共有人抽象的应有部分具体化而变为单独所有的效果而已，往往无涉公益，而仅归属由双方当事人共享。仅以分割共有物诉讼是形成之诉，就否定当事人有达成诉讼上和解的程序处分权，或主张所达成的和解无形成力，均需省思其妥适性。

原告在诉讼上行使形成权，其效力为何，这与其诉讼所处地位、对方当事人的应对、诉讼经过及法院诉讼活动等问题密切关联，因此，需在具体个案中斟酌当事人的意思及各种利益状态，个别予以判断，不宜一概而论。以程序选择的权益析论，分割共有物达成诉讼上和解，虽具有协议分割的性质，但应赋予裁判分割的效力。分割共有物诉讼虽有形成诉讼的性质，但尚非当事人所不得处分的事项，并且分割共有物诉讼事件达成诉讼上和解，并有形成力、执行力与既判力，可据以办理分割登记及强制执行交付的见解，固然有追求具体妥当性的一面，但部分学者对形成力的理解似仍以协议分割的效力内容为出发点，认为在当事人持诉讼上和解笔录办理分割登记时才产生取得分得部分单独所有权的效力，而非如共有物分割判决在判决确定时（原则上为和解有效达成时）即产生消灭共有关系及取得分得部分单独所有权的效力。〔1〕对

〔1〕 陈荣宗、林庆苗：《民事诉讼法》（中），三民书局股份有限公司 2004 年版，第 578 页。

形成效力而言，能否主张诉讼和解在原告形成之诉有形成效力，值得进一步研究，为此本书分析如下。

首先，为赋予分割共有物达成诉讼上和解一定的法律效果，避免因当事人未办理分割登记而影响其本人及相关利害关系人（如继受者或善意第三人）的权益，应增订分割共有物达成诉讼上和解的规定，各共有人不待登记或交付即取得分得部分的单独所有权，且法院应依职权通知登记机关。如此可适度减少另行起诉的弊端，让双方当事人理性面对分割共有物的本质、节省诉讼资源。

其次，现行民事诉讼法应扩大强制调解事件的范围，将分割共有物诉讼列为调解前置事件，要求纷争当事人在起诉前应先经调解，其法理基础或欲追求实现的目的是综合考量共有物分割纠纷的解决需兼顾当事人间感情上因素及和谐关系的维持等。然而这其中尚具有家事纷争的特殊性，宜否一同列入一般财产权纷争的调解程序中，仍值得检讨。在调解程序中，法官应尽力针对共有物分割事件的特性、需求，设法分析其所涉实体利益及程序利益的轻重，而当事人间权利存否范围未必仅满足于单凭客观实体法上的纷争解决判断。[1]

最后，深究分割共有物诉讼事件的特征，可发现在纷争发生前当事人间通常已存在较为密切的关系，其纷争解决又特别需要合乎双方实情或维持继续交往及和谐关系。对分割方法而言，双方利害关系的重要程度实不亚于对所有权存否本身之的争执，事关共有人的权益重大，为谋求慎重公正，民事诉讼法将之列为诉讼事件来审理，使当事人可以受到较慎重的程序保障，以充分行使其辩论权。而着眼于分割共有物事件所具备的和谐性、妥协性

〔1〕 邱联恭：《程序选择权论》，三民书局股份有限公司2000年版，第184-185页。

及合目的性等特征，将之列为调解前置事件，也为诉讼上和解提供了前导性的具体化规定。而在前置调解程序，当事人不能合意，无法达成共识，而循诉讼途径解决纷争时，实务上尚无法赋予诉讼上和解效力与确定判决有同一效力的情况下（有形成力、执行力与既判力，可据以办理分割登记及强制执行交付的见解），法院即应分析该事件所涉实体利益及程序利益的轻重，再度劝谕诉讼当事人达成诉讼上和解。

三、分割共有物诉讼达成诉讼上和解应依循的程序

分割共有物诉讼事件的性质，就双方间因所处环境或有一定亲谊关系，或事件具有非讼色彩，判断争讼的重心是在酌量双方当事人日后的权利义务，当事人间存有某种交往关系或相邻关系，特别需要合乎双方实情的解决判断，而未必仅满足客观实体法。循此，若将不动产共有人间因共有物的管理、处分或分割发生争执，纳入强制调解事件的范围，即为防止进入诉讼，在起诉前即由法院进行调解。调解与诉讼上和解，同是在法院进行，均产生诉讼法上的效果，被合称为裁判上和解（相对于裁判外和解），均属促成合意解决的程序。但分割共有物诉讼事件在调解不成后，移至法庭上进行审理，居间者的角色由具有社会角色的调解委员转换为具有法律专业背景的法官。

民事事件的质、量随社会及经济的变迁与日俱增，内容及形态亦趋向复杂。同时民众的权利意识高涨，也扩大纷争解决的困难度、加重法院的负荷。为避免权利人因程序制度的使用而蒙受与其追求的实体利益相均衡之程序上不利益，应斟酌诉讼事件类型的性质、特征及需求，构筑适合该类型事件的程序制度、程序内容及处理的法理。综本书所析，试提出论点要旨如下：

（一）和解程序应依循的诉讼程序原则

高涨的国民权利意识及社经情势的变迁导致纷争解决的困难，法院案件负荷日益增加，然而司法资源毕竟有一定限度，诉讼上和解实为扩大程序制度解决纷争功能的重要方式。但在诉讼上和解过程中仍应依循集中审理原则，在调查证据前应将争点晓谕当事人，并集中于此进行言词辩论、调查证据，使得本案有计划地进行审理。在调查证据以前，先行整理、掌握争点，而将本案审理分成争点整理阶段与证据调查阶段，促使审理集中化。审理中宜公开心证、表明法律见解，听取当事人辩论，而非仅强调判决具有强制当事人接受的效力。在和解前，充分赋予当事人参与程序的机会，除有助于当事人对司法的信赖度及信服度，依此所达成诉讼上和解所为的和解笔录，于日后据为强制执行的执行依据时，也可避免执行难的状况。

（二）分割共有物事件达成诉讼上和解的效力与规律

诉讼法学上有一定的理论体系，因此，诉讼法上有所谓多数说。从法官独立的原则来看，若为多数法官所采用，通常就被认为是审判实务上应然之理。我国实务中一般认为分割共有物诉讼如进行诉讼上的和解，本质上仍是基于当事人的协议，以自治方法解决其分割方法，仅能将其解释为是共有人协议分割，不产生形成判决分割的效力，因此，仍应由共有人协同办理分割登记，否则不发生共有权丧失及取得单独所有权的效果。然而本书认为，将诉讼上和解纯粹定位为仅是基于当事人的协议，不仅与民法的协议和解无异（诉讼外和解），亦忽略了诉讼上和解是在诉讼进行中所为。当事人基于适时审判请求权，请求法院适时适式审判，借以平衡追求实体利益与程序利益。而民事诉讼法除了赋予当事人程序选择权及程序处分权之外，也赋予法院较大的程序裁量权，并加重其一定范围的阐明义务。但是法院在一定条件下如何兼顾程序利益与系争实体利益，对于当事人间有争执的事实，若未经争点整理、证据调查、言词辩论等程序，通常不能正确认定事实，如判断有误、事实有错，将使判决（诉讼上和解）失误，公平裁判沦为空谈，达成诉讼上和解亦无实质意义。

事实上对于分割共有物诉讼，我国台湾地区的通说认为当事人可以达成诉讼上和解。学者即有观点认为，由于分割共有物事件诉讼标的之法律关系，在实体法上可由当事人任意处分，因此在提起诉讼后，当事人自然享有程序上的处分权限。[1]不过有学者进一步对该项和解的性质作了限缩性解释，将当事人在分割共有物诉讼中达成的和解在效力上等同于协议分割，[2]即承认当事人有达成和解的程序处分权，但应以实体法上容许当事人合意处分的协议分割制度予以定性。对此笔者并不赞同。共有人不能依协议决定时诉请裁判分割，对于在诉讼进行中达成和解的，若否定其和解具有形成力，而将之定性为协议分割的结果，认为该和解最多仅具有终结诉讼的效力，抑或是民法上分割协议与和解契约的效力而已，这种观点不但无法阻止后诉的提起，也违背程序利益保护原则及诉讼经济原则，实际上剥夺当事人实现其实体上利益及程序上利益的权利。因此，分割共有物诉讼中当事人可成立诉讼上和解，且该和解与确定判决具有相同的效力。

就裁判分割共有物事件而言，如前述论点，除了具有形成判决之形成请求，也含有给付判决之给付请求部分，不能仅将其定性纯为形成判决。而诉讼上和解，如在满足一定程序下，即当事人适格、利害关系人皆已参与诉讼上和解程序，且在已赋予因不可归责于己之事由致未能参加诉讼上和解程序的第三人有提起第

〔1〕 陈计男：《民事诉讼法论》（下），三民书局股份有限公司2000年版，第128-129页。

〔2〕 姚瑞光：《民事诉讼法论》，中国政法大学出版社2011年版，第517页。

三人撤销诉讼的权利之下，限制当事人的处分权能，迫使当事人再循诉讼程序以求救济，显然无法兼顾实体利益与程序利益等程序法上的保护原则。

形成判决的形成力在判决确定时发生，使得当事人间权利义务关系产生变动效果，而不许第三人事后再争执本案判决内容。但形成诉讼的诉讼标的及判决类型，不乏有学者认为尚无定论而应就个案探究，[1]认为对世效并非形成判决的特征。而分割共有物诉讼的事件类型及所涉利益，原则上仅在消除共有关系，解开共有状态，使抽象的应有部分具体化变为单独所有的效果，取得单独所有权，这并不涉及公共利益的范畴，因此，无须限制处分权主义的适用。当事人经调解不成，遂依提起诉讼的原意（寻求公正判决使纷争落幕，坚持处分权主义）续行诉讼。民事诉讼法中强调审理集中化及诉讼促进措施，一定程度上加重了当事人的诉讼促进义务，法官行使阐明义务并充实事证搜集及纷争解决制度后，在平衡当事人的实体利益与程序利益的前提下，也应兼顾当事人的处分权能。分割共有物事件并非当事人不得处分的事项，所达成的诉讼上和解也为法所容许，因此应赋予其形成力。

四、分割共有物事件达成诉讼上和解的特性

在诉讼权保障及当事人程序选择权、程序处分权保障的前提下，赋予法院一定的程序裁量权及阐明义务，分割共有物事件达成诉讼上和解，除具有协议分割的合意性质，还应赋予其形成力。

---

〔1〕 日本学者中，伊藤真、田头章一、福永有利等教授均持该观点。详可参见［日］秋山干男等编：《コンメンタール 民事诉讼法 3》，日本评论社 2008 年版，第 24 页；［日］田头章一："形成诉讼および诉讼类型论の歴史と展望"，载［日］福永有利等主编：《民事诉讼法の史的展开：铃木正裕先生古稀祝贺》，有斐阁 2001 年版，第 262 页。

从程序法及当事人行使程序选择权上看，分割共有物事件达成诉讼上和解还有如下特性：

（一）诉讼上和解分割共有物与判决分割共有物互为诉讼程序转换

关于诉讼上分割共有物和解与协议分割共有物的关系，有学者指出诉讼上成立和解或调解，虽与确定判决有同一效力，然而诉讼法上的和解分割是基于当事人协议，并非由法院以裁判方式所作出的分割，不产生既判力。如果当事人就分割共有物诉讼成立诉讼上和解后另行提起诉讼，法院应认定其诉无保护必要而以判决驳回。分割共有物诉讼在诉讼上成立的和解在性质上与协议分割相同，均是基于当事人协议而为债权契约，属于民法上因法律行为使不动产物权发生变动，非经登记不产生效力。因此，分割共有物诉讼成立诉讼上和解，非形成判决，无既判力，当事人间并无从依和解笔录取得单独所有权的效力。至于该诉讼上和解是否产生强制执行力的问题，由于其实质上为协议分割，不是以判决作为执行依据，除已在和解成立内容约定交付义务外，不能据此进行交付分得物的强制执行。[1]然而本书认为，诉讼上分割共有物和解与协议分割共有物，虽然都含有当事人的合意表示，然而诉讼上分割共有物和解，是法官及诉讼参与人（含当事人）间从事有关程序制度的活动及程序上行为。法院在一定条件下，依职权裁量决定如何平衡兼顾程序利益与系争实体利益。另一方面，程序当事人基于其程序处分权，在一定范围内决定如何取舍程序利益，以避免减损其系争实体利益或系争标的外财产权、自由权。由此可知，诉讼外的协议分割由于当事人欠缺诉讼程序参

〔1〕杨建华：《问题研析民事诉讼法（3）》，陈心弘增订，三民书局股份有限公司2010年版，第1234-1235页。

与，难以与诉讼上和解比拟。

此外，诉讼上和解分割共有物与判决分割共有物，皆依诉讼程序制度赋予当事人及利害关系人程序主体地位，在发现真实及促进程序的基本要求下，从当事人的程序主体权、程序保障及程序选择权等原理出发，法官致力于保障程序当事人实体利益及程序利益的兼顾。依此逻辑，判决程序与诉讼上和解程序具有极大的关联性，且有互为程序转换的可能与必要，应认为诉讼上和解分割共有物具有判决分割共有物的性质及效力。而就分割共有物诉讼事件类型，受诉法院除必须裁量定出共有物的分割方法，兼顾发现真实及促进诉讼程序运作的要求，采审理集中化措施，践行纷争事件争点整理，在审理程序中充分释明，以充实辩论内容。有效达成的分割共有物和解笔录，其性质应为物权的归属，就积极意义而言，应赋予当事人可以分割登记并请求交付应得部分的执行依据。

如果该诉讼上和解未经法院公开法律上见解及心证，此和解笔录是否产生分割的形成效力？若将诉讼上和解视同一般和解的法律行为，那么当然非经登记不发生效力。但是诉讼上和解显然并非纯私法行为，如同因继承、强制执行、征收、法院判决或其他非因法律行为，在登记前已取得不动产物权的，应经登记才可处分其物权，亦即不待登记已取得所有权。由于不论诉讼上和解的进行程度为何，可以随时请求和解解决，而法院皆应公开法律上见解及心证，但诉讼上和解终究并非民法上和解，不应忽略法院在其达成过程中所应扮演的角色，而更应侧重于探求诉讼上和解的应有规律，以确定合意达成过程的正当性及其效力。虽然法院在判决前或诉讼和解前未公开心证及法律见解，就着手当事人和解，但分割共有物诉讼为特殊形态的诉讼类型，非讼事件性质浓厚，法官可完全依职权作出裁量而不受当事人诉讼请求的拘束，况且我国采书状先行主义，法官就该诉讼事件争点，心中早有定论。因此本书认为，法官即使没有全部开示相关法律见解及心证，未充分听取当事人或诉讼代理人的辩论，也不应全然否认诉讼上分割共有物和解具有公法上诉讼行为的特征，而不认其具形成力。

（二）当事人程序利益及程序选择权的行使

承上，诉讼上和解分割共有物是在诉讼程序进行中所为，在法院的参与下，由法院提出和解的争点整理及适时公开心证，程序当事人为继续依裁判方式分割共有物，而选择和解途径，虽然和解方案有程序当事人的合意成分，但却也同时包含了法官的裁量及心证。现行民事诉讼法是指向于促使法官及当事人致力落实适时审判请求权及程序选择权等法理，[1]采行审理集中化措施或诉讼促进方案，强制性要求当事人、受诉法官及程序关系人均应尽一定的协力义务，在从事诉讼程序上行为及审理活动的过程中，尽可能促使程序的利用、进行，更加迅速地发现真实及促进诉讼。

现行民事诉讼法赋予当事人程序选择权，使其可以择定以权利、原因事实或纷争事实为特定诉讼标的，平衡追求实体利益及程序利益。在当事人所提出请求的原因事实可构成实体法上数请求权竞合的情形，亦应尽量尊重其所选用的合并形态（分割共有物、所有物返还请求权、拆屋还地）或就法律上攻击防御方法所排列的审理顺序，而不宜要求原告请求按序择一或全部审判。基于上述法理，为了保障并强化当事人的程序主体地位，使其有机会避免或减轻因系争分割共有物事件的审理招致的不利益，应认为当事人处分权主义的运用不仅是基于私法自治原则的贯彻，还是确保其程序主体权的手段之一，除应保障当事人对系争实体权即财产权的支配权能，还应使当事人充分追求程序利益。依此可

---

〔1〕 邱联恭：《程序利益保护论》，元照出版有限公司2005年版，第139页。

知，程序选择机会的赋予意味着当事人及程序关系人更有机会参与程序，赋予当事人可以依诉讼裁判程序或诉讼上和解解决纷争的路径选择。

当事人依程序选择权、程序处分权而循诉讼上和解分割共有物，应使其具有裁判分割之效力。就共有人取得其单独应有部分而言，应有形成力，即单独取得所有权的时间点不应延后至办理分割登记时，以避免共有关系尚未消除的空窗时点，法律关系有趋于复杂化之虞。因当事人间行使上述程序处分权，选用法官和解方案的合意，属于平衡追求实体利益及程序利益的行为，兼含有实体法要素及程序法要素，且同时顾全系争标的外的财产权及自由权，或不使这些权利受到减损而做出的合意行为。该诉讼上和解从根本上来说，是以私法契约自由原则为基础的实体法上处分权的行使形态，然而其也是经由法官的诉讼指挥及争点整理所提出的和解方案以平衡或优先追求程序利益，并非仅仅代表着当事人的合意或私法自治。

（三）法院应依职权通知登记机关办理登记

诉讼上分割共有物和解，学术通说及实务见解皆认为其兼具私法上及诉讼法上效果，且与确定判决有同一效力。共有物的分割多不涉及公共利益，仅为共有人间利益的纠纷，且共有人彼此间亦多有亲属关系，法官在维持和睦以及共有人利益的考量下，通常希望能通过法庭和解方式解决争议。尤其是在涉及家事事件的共有物分割案件时，为贯彻家事事件当事人纷争的圆融解决，谋求成员全体利益的意旨，允许当事人于诉讼上和解。况且共有物分割在性质上属于准许当事人合意处分或形成法律关系的范畴，在和解笔录作成时理应赋予其与确定判决相同的形成效力与既判力。因此自和解笔录作成时即发生效力，若有依法应办理登记的情形，法院应依职权通知登记机关办理登记，以生公示作用。从而可得推论，诉讼上分割共有物和解，依其性质，不应以其未经登记而否认当事人合意处分或形成的法律关系。依此结果，分割共有物达成诉讼上和解，在登记前共有关系已经消灭，任一共有人取得单独所有权，只是在登记之后才可以处分其物权。因此，对于诉讼上分割共有物和解的，即使事后部分共有人拒绝协助办理登记，共有人持和解笔录也可单独申请共有物分割登记，从而分割共有物达成诉讼上和解已具形成力。

综上所述，从分割共有物诉讼事件的特殊形态及其性质，以及程序选择权及程序处分权等法理原则来看，当事人未循诉讼外协议分割而选择裁判分割共有物，若在诉讼程序中达成诉讼和解，应具有裁判分割的形成力与执行力。诉讼上和解同调解或私法上一般和解协议显然有别，受诉法院衡量双方利益并分析整理争点后，在诉讼进行中劝告当事人息讼或依职权提出和解方案，劝谕双方采纳，确有公权力强制其中。诉讼上和解是一行为兼有私法、诉讼法效果，将形成力排除于诉讼上和解的效力之外，显然不妥，其未斟酌诉讼上和解制度在诉讼法上的目的及价值。就诉讼上和解分割共有物的定性，即使认为其中实体法上要素适用私法自治原则，也应针对其程序上要素及程序选择行为的效力，寻求程序法的适用，落实程序保障原则下分割共有物诉讼上和解的形成力。

第五节　共有物分割诉讼的举证责任分配

一、共有物分割请求权存否的举证责任

共有物分割请求权存在乃提起共同共有物分割的请求权基础。依我国《物权法》第 99 条的规定，共同共有人提起分割诉讼需具备共有基础丧失或者有其他重大理由的请求权基础。我国实务部

门在处理共有人是否具有分割诉讼的请求权基础时，也基本从“重大理由”和“共有的基础丧失”这两个方面入手。然而审判实践中有争议的是如何定性“重大理由”以及如何理解“共有的基础丧失”。就此有观点指出，所谓重大事由系不分割将对共有人显失公平或对共有物使用效率有重大影响的客观情形。[1]因此基于不可抗力而导致共有目的难以实现、影响共有物正常使用的情形即属于重大事由之一。共有人中存在违约或侵权行为、造成其他共有人利益受损或共有人因特殊情形急需分割共有物也属该情形。也有观点对“重大事由”进行类型化分析，认为其包括约定分割、共有人对共有物的本身价值造成重大不利影响时的分割、共有人特殊需要时的分割等几类具体情形。[2]而所谓“共有的基础丧失”通常即包括共同共有解体、共同共有关系消灭、夫妻婚姻关系终止、继承人分割遗产、分家析产等具体的情形。

依证明责任的一般法则，当事人主张有利于己之事实的，就其事实有举证的责任，主张法律关系存在的当事人仅须就该法律关系发生所需具备的特别要件负举证责任，至于他造主张有利于己之事实，应由他造举证证明。共有物分割诉讼中共有物分割请求权存在的举证责任即应由主张分割的共有人负担，由其证明共有的基础丧失或者有重大理由需要分割。原告共有人请求分割共有物，若被告共有人主张分割请求权不存在，或共有物存在不得分割的情形，此时原被告双方即对于共有物可否分割发生争执，自应由主张分割请求权不存在、存在不分割契约、或共有物存在不得分割的情形的被告负担举证责任。本书将摘取我国实务中的

---

〔1〕参见黄勤武：“共有财产分割请求权条款的理解与适用——‘重大理由’和‘共有的基础丧失’的含义”，载《人民法院报》2008年9月16日，第6版。

〔2〕参见仇慎齐：“夫妻关系存续期间共有财产分割‘重大理由’标准之理解”，载《人民法院报》2007年9月11日，第6版。

典型判例并加以评析。

（一）典型判例

1. 王某与郭某甲离婚后财产纠纷案[1]

法院审理认为本案原告提起要求依法对系争房屋分割的请求权基础是该争议房屋的所有权为原、被告共同所有，原告对此负有举证证明的义务。从目前双方所举证据看，该争议房屋至今未领取房屋所有权证且房屋所有权存在争议，无法确定。本案原告要求对系争房屋分割的诉讼请求，证据不足，因此，法院对原告的该诉讼请求不予支持，原告可待产权明确后再行诉讼解决。审理中原告提出增加诉讼请求，要求依法确认系争房屋为原、被告婚姻关系存续期间的夫妻共同财产。法院审理认为本案原告要求对系争房屋进行分割的诉讼请求和要求依法确认系争房屋为原、被告的婚姻关系存续期间的夫妻共同财产的诉讼请求系不同的法律关系。依照法律规定只有在明确本案争议房屋所有权的归属，并且有法律效力的前提下相关当事人才能分割该争议房屋。本案中原告要求法院审理其两个诉讼请求，不符合法律规定，因此，对原告要求确认系争房屋为原、被告的婚姻关系存续期间的夫妻共同财产诉讼请求，不予准许。原告要求确认系争房屋为原、被告的婚姻关系存续期间的夫妻共同财产，应另行主张该权利。

2. 刘某某与周某某、刘某某1共有物分割纠纷案[2]

二审法院审理认为系争房屋的权利人为原被告双方，但该房屋产权证并未载明权利人是共同共有还是按份共有，因此，系争房屋应为各权利人共同共有。虽然原被告在房屋买卖合同中约定了各自的权利份额，但该约定只能视为权利人内部约定，不具有

---

[1] 参见（2014）淮法民初字第1379号民事判决书。

[2] 参见（2014）渝五中法民终字第06040民事判决书。

公示效力。由于共同共有人分割诉讼的请求权基础为出现重大理由或共有基础丧失，而本案中上诉人、原审原告举示的证明无法证明其请求分割系争房屋符合法律规定，因此，刘某某上诉理由不成立，一审判决结果正确，应予维持。

3. 原告姜某诉被告康某1、被告康某2共有物分割纠纷案〔1〕

法院审理认为在共有关系不明确的情况下，如果共有人之间具有家庭关系则应视为共同共有，共同共有人分割诉讼的请求权基础为出现重大理由或共有基础丧失。本案中姜某与康某1尚处于婚姻关系存续期间，二人基于婚姻所形成的共同共有关系的基础并未丧失。一般而言在婚姻关系存续期间只有出现最高人民法院关于适用《中华人民共和国婚姻法》若干问题的解释（三）（以下简称《婚姻法解释（三）》）第4条所列的重大理由时，夫妻一方才可以请求分割共同财产且不得损害债权人的利益。从姜某有关举证及本案查明的事实来看，姜某在其与康某1婚姻关系存续期间要求分割自己享有的家庭共有财产的份额并不具备相应的条件，其在本案中所提诉讼请求并无事实及法律依据，法院不予支持，遂判决驳回原告姜某的全部诉讼请求。

（二）对相关判例的评析

案例一：本案原告对系争共有不动产提起分割的请求权基础是该争议房屋的所有权为原、被告共同所有，原告对此负有举证证明的义务。然而，该争议房屋至今未领取房屋所有权证且房屋所有权存在争议，无法确定，需待产权明确后再行诉讼解决。因此，共有物分割诉讼中主张分割的共有人（原告）须就分割的请求权基础之一——共有物为原、被告共同所有负担举证责任。

案例二与案例三：案例二事实上涉及两个问题：共有物分割

〔1〕参见（2014）朝民初字第19867号民事判决书。

诉讼与共有人请求其他共有人转让应有部分之诉的混淆、共有物分割请求权存在的举证责任分配。对于第一个问题，本处不作评析。关于分割请求权存在的举证责任分配问题，案例二与案例三中共有物分割请求权存在的举证责任均需由主张分割的当事人（原告）负担，如不能证明“共有的基础丧失或者有重大理由需要分割”，则将承担败诉的风险。因此，共有物分割诉讼中主张分割的共有人（原告）须就分割的请求权基础之二——共有基础丧失或存有重大理由需要分割负担举证责任。

二、系争共有物价值的举证责任

共有物分割诉讼的审理程序中，共有物分割方法之确定乃当事人争执的核心，也为法院审理的重心。依我国物权法的规定，在确定分割方法时以原物分割为原则，不宜原物分割时则可变价分割或折价分割。对于共有不动产，实务一般乃采折价分割之方法，一方面，由于不动产一般具有物理不可分割性且分割后易减损其价值而不宜原物分割。另一方面，变价分割会因共有人支付拍卖、变卖或评估机构相当一笔费用而造成共有人的额外损失。采折价分割之方法时，系争共有物的价值即关涉折价的数额，因此也是实务中当事人争执的焦点问题。而对于审理程序中系争共有物价值的举证责任分配问题，实务有见解即认为应遵循举证责任分配之一般原则。具体而言，共有人主张对系争共有物变价分割或者由同意取得共有物所有权的一方折价补偿另一方，那么其对于系争共有物的价值应负有举证责任，在经法官释明后若不能提交系争共有物价值之证据或拒不支付拍卖、变卖或评估费用，致使无法查实系争共有物的价值，则法官无法进行分割，该共有人（一般为原告共有人）即应当承担举证不能的法律后果。若对于系争共有物的价值，原告共有人已委托评估机构作出评估，而若被告共有人持异议（如认为评估价值低于市场价值），则需对此提供证据证明或申请重新评估，否则应就此承担举证不能的责任。以下选取我国实务中的两起典型判例对此予以说明。

（一）典型判例

1. 吴某某与王某某共有物分割纠纷案[1]

法院审理认为原、被告为结婚共同购买房屋，现二人已经结束恋爱关系，共有讼争房屋的基础已经丧失，且被告同意分割讼争房屋，原告要求分割共有房屋符合法律规定。但讼争房屋系商品房，依其物理属性无法进行实物分割，应当变卖房屋后分割价款或者由同意取得房屋所有权的一方折价补偿另一方。对于讼争房屋的价值原告负有举证责任，在经法庭释明后原告仍拒不支付评估费用亦不同意对房屋进行竞价，致使无法查实讼争房屋的价值，无法进行分割，原告应当承担举证不能的法律后果。因此，对于原告起诉要求分割讼争房屋的诉讼请求，因证据不足，法院不予支持。

2. 梁某某1诉梁某某等共有物分割纠纷案[2]

法院审理认为因原告表示愿意购买四被告所享有的产权份额，而四被告均表示同意出售其享有的产权份额且没有使用讼争房屋，因此，原告要求通过折价方式购买四被告所享有的产权份额，较为合理，法院予以支持。对于购买房屋产权份额的价格问题，由于原告已委托评估机构对讼争房屋的市场价值作出评估，被告称该价格低于市场价格，但未对此提供证据证明，也不申请法院进行评估，应就此承担举证不能的责任，考虑到原告委托评估的评估时点与本案提起诉讼的时间间隔不大，因此，该评估报告可以

[1] 参见（2014）巴法民初字第02834号民事判决书。

[2] 参见（2014）穗越法民三初字第773号民事判决书。

作为折价分割时认定房屋产权份额的价格依据，因此原告应向四被告共同支付价金。

（二）对相关判例的评析

上述二案例均属于讼争房屋不宜采取实物分割的情形。对于案例一原告拒不支付评估费用，亦不同意对房屋进行竞价，致使无法查实讼争房屋的价值，无法进行分割，因此，应当承担举证不能的法律后果。对于案例二，原告要求通过折价方式分割共有房屋，且已委托评估机构对讼争房屋价值作出评估，被告反对该评估价值但未对此提供证据证明，也不申请法院进行评估，应就此承担举证不能的责任。不过对于实务中的上述理解，本书认为似有不妥。举证责任的对象为要件事实，而系争房屋价值应不属于要件事实。且基于前文对分割共有物诉讼非讼事件性质的界定，房屋价值应为法院依职权确定，因此，系争共有物的价值应属法院查明之事实为妥，不宜适用举证责任分配之原则。

三、裁判分割方法的举证责任

共有物分割诉讼并非纯粹的诉讼事件，因实质上存有行政权作用的性质而具有浓厚的非讼性格色彩，该非讼性质在共有物分割诉讼的审理程序中则集中体现为法官对于分割方法之裁量权。事实上，实务中分割共有物的方法强烈依赖法官的职权裁量，法官决确定分割方法不受当事人请求的拘束，通常由法官斟酌何种分割方法较能增进共有物的经济效益并兼顾双方的利益，最后综合决定适当、合理、公平的分割方法，不因哪一方起诉而有不同。因此从举证责任的效用来看，对于分割方法就不存在应由何方负担举证责任的问题，因为其全由法官自由裁量，而不会由任何一方当事人来承担。不过由于物权法规定了原物分割为分割方法裁判之第一选择顺序，因此，对于裁判分割方法，是否应完全排除举证责任的适用余地，即有再探讨的必要。本书认为，由于实体法对于法定分割方法有选择顺序之限制，只有在原物分割与其他两种分割方法出现选择顺序之争议时，才可适用举证责任分配的一般原则。我国实务中即存在共有物分割诉讼审理程序中分割方法举证责任的判例，兹引用并评析如下。

（一）典型判例：黄某某1与黄某某共有物分割纠纷案[1]

一审法院审理认为鉴于系争房产归原告一方较为有利，理由是被告比原告年长八岁且年迈体弱，回内地处理系争房产不便，为保护原被告双方的合法权益，将系争房产变为经济利益最大化，系争房产归原告较妥，原告支付价金给被告。宣判后原告不服原审判决，提起上诉称原审判决将风险和责任推卸给原告违背公平原则，因为如果原告变卖系争房屋价值高于评估价值，则原告有占被告便宜之嫌，如果变卖价值低于评估价值，则将风险推卸给了原告，因此原告亦不愿意接受该房屋。二审法院审理认为双方当事人对系争房产属按份共有不持异议，法院予以确认。原告上诉认为应采取变价分割方式分割共有物。本案中双方无法对共有物达成协议分割，据此原审法院根据当事人的申请依法委托房地产评估有限公司对共有物价值作出评估，双方对评估结论均无异议。因此，原审法院在共有物不具备实物分割的前提下考虑到双方为同胞兄弟，且被告比原告年长等情况，采取折价分割的方式分割共有物，于法不悖。被告未能举证证明折价分割方式造成共有物价值减损或损害其合法权益，因此，其请求变价分割共有物的上诉意见，理据不足，法院不予支持。

（二）对相关判例的评析

本案中系争共有物不宜原物分割，一审法院在对共有物价值

[1] 参见（2014）中中法民一终字第985号民事判决书。

作出评估后判决折价分割的方式，二审法院审理认为黄某某 1 未能举证证明折价分割方式造成共有物价值减损或损害其合法权益，亦判决采折价分割的方式分割共有物。本书认为该判例理由中对于举证责任分配的论述并不充分。我国《物权法》第 100 条关于共有不动产的分割乃以原物分割为第一选择顺序，但是该条并未对变价分割及折价分割的先后顺序进行规定，一般由法官自由裁量选用何种分割方法。上述案例中法院认为采取折价分割方式，上诉人主张采取变价分割的方式，此时法官应在判决理由释明共有物分割诉讼为形式上形成之诉，法官对于分割方法享有自由裁量之权，而非适用证明责任的分配。事实上只有在原物分割与其他两种分割方式出现选择顺序之争议时，才有证明责任适用的可能性。本案例中法官选择变价分割的分割方法主要出于后续判决执行的考量，原因在于变价分割在实践中都通常采取拍卖、变卖方式，而拍卖、变卖手续多、成本高，还会滋生其他的诸多纠纷，实践中法官一般不采取变价分割。

第六节　共有物分割诉讼的上诉问题

一、对具有非诉本质的分割诉讼设置上诉程序的意义

前文已论及分割诉讼具有非讼事件性质，此时即会产生疑问，为何要对该事件设置上诉程序？其意义何在？首先，分割共有物事件本质上为非讼事件，然而由于分割方法与各共有人的财产权有重大利害关系，各国、地区的立法政策为慎重处理一般均以民事诉讼程序进行，此即为分割共有物事件的诉讼化审理。我国实务中亦将分割共有物事件依民事诉讼程序处理，此点可从《民事诉讼法解释》第 17 条、第 28 条的规定看出。因此，在我国现行

法下讨论分割共有物事件的诉讼化审理特征亦具有其现实意义。一方面，分割共有物事件是由法院依职权酌定公平、适当的分割方法，法院在形成分割方法上有裁量权，而对于分割方法的争议，共有人间利害尖锐对立的程度往往不亚于所有权存否本身的争执，事关共有人的利害重大。此外，鉴于非讼程序中职权主义色彩较浓，法院不受当事人主张的约束，会削弱其参与程序的积极性，〔1〕还会影响案外人的权利。〔2〕因此，我国立法及实务对于分割共有物事件的诉讼化处理，即是使当事人能够受到较为慎重的诉讼程序保障。不难看出，共有物分割事件上诉程序的设置从根本上而言乃其审理诉讼化特征的反映，二者存在逻辑上的重要关联。此即为立法及实务对该事件设置上诉程序的意义所在。

二、实质不服说的适用

上诉是当事人对于受不利益的下级审终局判决提出不服的方法。下级审中受胜诉判决的当事人自不许提起上诉。关于不服的审理，向来有形式不服说及实质不服说，对于一般诉讼，实务上是采形式不服说。但对于分割共有物诉讼，经法院判决确定分割方法时，原告即获得形式上的胜诉，又由于法院并不受原告所请求分割方法的拘束，甚至可采用被告所请求的分割方法进行分割，因此对原告而言，法院所定的分割方法只要不是其主张的分割方法，实质上即为不利的判决，因此，通说认为原告对于法院所确定分割方法不服时，仍可对其提起上诉，即“采实质不服说”。〔3〕

〔1〕 参见郝振江：“论非讼事件审判的程序保障”，载《法学评论》2014年第1期。

〔2〕 事实上我国实务界中，对于共有物应有部分的抵押权人及债权人（即分割诉讼中作为诉讼标的物的共有财产同时又是执行标的物的情形）等案外人的实体权利与程序权利，即需通过诉讼程序（如诉讼参加、诉讼告知等）加以保障。

〔3〕 参见陈计男：“分割共有物之诉之审理及其裁判之效力”，载民事诉讼法研究会：《民事诉讼法之研讨（2）》，三民书局股份有限公司1990年版，第538页。

可见法院对于共有人所主张的分割方法仍应予以斟酌，所谓原告分割方法的请求对法院全无拘束性这一观点并非绝对的。但若法院所定的分割方法与原告主张的相同，仅有被告采可提起上诉。[1]

三、共有物分割诉讼的上诉范围

（一）上诉的主观范围

分割共有物诉讼的诉讼标的对全体共有人需合一确定，诉讼程序应使共同诉讼人均能一致进行。民事诉讼中所谓共同诉讼人中一人之行为有利益于共同诉讼人或不利益于共同诉讼人，是指就形式上观察在行为当时是有利还是不利于共同诉讼人，并非指经法院审理结果有利则其效力及于共同诉讼人，不利则其效力不及于共同诉讼人。因此，共同诉讼人中之一人，对于下级法院的判决提出不服提起上诉，在二审法院未就其内容进行审判之前，不能确定其提起上诉的行为对于其他共同诉讼人不利，其效力应及于共同诉讼人全体，即应视其上诉为共同诉讼人全体所为。在必要共同诉讼之一人提起的上诉，只有上诉合法时其效力及于全体，如果原告或被告中一人上诉不合法，其上诉的效力就不及于同造共同诉讼人。

关于共有物分割诉讼二审中当事人的确定，由于共有物分割诉讼的诉讼标的对于共全体有人有合意确定的必要，因此，应由共有人全体分为两造一同起诉或一同应诉，其当事人适格才无欠缺。只要其中一人未参与诉讼，法院即不得就原告所为的分割共有物或履行协议分割契约的请求进行实体上有无理由的审判，而应认定当事人不适格以判决驳回其诉。若未以共有人全体一同起

---

〔1〕 吕太郎：《民事诉讼之基本理论（1）》，智胜文化事业有限公司 1999 年版，第 9 页。

诉或一同被诉，而法院误认为是适格当事人，就原告所为分割共有物或履行协议分割的请求作出实体上有无理由的裁判，即使该裁判已经确定，对于应参与诉讼共有人的全体也不发生效力。在一审程序中若原告未以共有人全体一同起诉或一同被诉，如甲、乙、丙、丁、戊五人共有一土地，甲、乙仅以丙、丁为共同被告向法院提起分割共有物诉讼，漏列共有人戊为被告，其当事人虽不适格，然而甲、乙在一审言词辩论终结前，追加戊为共同被告，无需征得被告之同意，同样的，在二审程序中甲、乙也可以作出诉之追加。〔1〕

（二）诉讼标的不可分

分割共有物诉讼的确定分割方法之诉，因此，当事人不得将之割裂，仅就其分得部分单独提起上诉。〔2〕因此，当事人仅就其分得部分提起上诉，是就该判决的分割方法全部提起上诉。例如当事人对于原物分割部分并无争议，而仅就金钱补偿部分有争议，亦即上诉人仅就补偿金部分提起上诉时，效力如何？由于金钱补偿是分割方法的一部分，基于分割方法不可分原则，上诉人虽仅就补偿金额部分提起上诉，应认定其对全部分割方法不服提起上诉，即使二审法院维持原审的分割方法，仅就金钱补偿部分予以变更，亦应将原审分割方法判决全部予以废弃，不得仅就变更补偿金部分的判决予以部分废弃。〔3〕详言之，法院如果采用金钱补偿的分割方法，由于原物分配与金钱补偿间有不可分关系，若当事人仅对金钱补偿的判决部分提起上诉，关于原物分配部分也为

〔1〕 吴明轩："试论不动产分割之诉"，载《月旦法学杂志》2002年第81期。

〔2〕 参见陈石狮教授在民事诉讼法研究会第二十四次研讨会上的发言。陈计男："分割共有物之诉之审理及其裁判之效力"，载民事诉讼法研究会：《民事诉讼法之研讨（2）》，三民书局股份有限公司1990年版，第548页。

〔3〕 陈计男："论分割共有物之诉"，载《法令月刊》1983年第12期。

上诉效力所及。因此，分割共有物之上诉是以分割方法为上诉的诉讼标的，分割方法在原物分配（及原物分配的补充方法）与维持共有并用的，当事人若仅对原物分配或维持共有部分上诉，应认定上诉效力及于该分割方法的全部。

此外，合并分割是原告或被告请求就数不动产确定分割方法，因此，当事人仅就其分得单一共有土地部分提起上诉，上诉范围亦及于数不动产。因为裁判分割是以分割方法为诉讼标的，在数不动产合并分割、法院分别分割时，因合并分割是基于共有人请求该分割方法，因此，如法院分别分割，对请求的共有人仍作出不利判决，因此，如果请求合并分割而法院分别分割时，上诉标的是合并分割的分割方法，上诉范围及于请求合并分割的数不动产。也即分割共有物事件中若判决以原物分割并以金钱补偿，二者共同构成裁判分割的内容，亦即原物应如何分配与金钱应如何互为找补，二者是作为一个分割方法。

（三）无变更不利益禁止原则的适用

上诉为受不利益判决的当事人请求上级法院变更为有利益判决的救济方法，其言词辩论应在上诉请求的范围内进行。法院作出判决时也应在上诉请求范围内进行，不得对上诉人作出较原判决更为不利益的判决，此即为不利益变更禁止原则。分割共有物诉讼，因其本质上属于非讼事件，诉讼化后为形式上的形成诉讼，关于其形成内容即分割方法，法院不受当事人主张的拘束，因此，二审法院不受不利益变更禁止原则的拘束，仍可以作出其认为最适当的分割方法，命令当事人依该方法进行分割。[1]因此，基于

---

〔1〕参见陈计男、杨建华、骆永家、陈石狮等四位教授在民事诉讼法研究会第二十四次研讨会上的发言。陈计男："分割共有物之诉之审理及其裁判之效力"，载民事诉讼法研究会：《民事诉讼法之研讨（2）》，三民书局股份有限公司 1990 年版，第 525、534、538、548 页。

分割共有物诉讼的本质是请求法院确定分割方法的非讼事件，并无胜诉败诉的观念可言，自无不利益变更禁止原则的适用。

（四）共有物分割诉讼的二审审理范围

共有人以其他共有人全体为被告向法院提起共有物分割诉讼，经一审法院判决后通常情形下当事人只有在受到败诉判决时才能提起上诉。但在共有物分割诉讼，因其性质特殊，法院认为原告之诉为无理由并以判决驳回，原告可以对此提出不服。反之如认为原告之诉有理由，以判决定共有物的分割方法，无论原告或被告，均可以主张所定的分割方法不当，对其提起上诉。因此诉讼具有不可分性，对其上诉效力所及的范围即可区分为四种具体的情形：其一，原告共有人为复数，一审法院判决驳回原告之诉后只需原告共有人中的其中一人提起合法的上诉，则视为其他共同原告也成立上诉。其二，被告共有人为复数，一审法院依原告的请求以判决定共有物的分割方法后只需被告共有人中的其中一人提起合法的上诉，则视为其他共同被告也成立上诉。其三，原告或被告共有人有一方为复数，一审法院不受原告请求或被告主张的约束，以判决定共有物的分割方法，只需其中共有人中的其中一人主张分割方法不当，均可提起上诉。其四，对于一审判决所确定分割方法的一部分，共有人请求不服，其上诉效力及于诉讼判决之全部。试举一例，法院以价金补偿的方式确定分割方法，原告或被告仅对其中命令价金补偿的判决提出上诉，其上诉效力及于诉讼之全部，不能仅以其中命令金钱补偿部分作为二审的审理范围。

关于二审法院的审理范围，原则上二审言词辩论应在上诉请求的范围内为之，分割共有物诉讼的二审程序亦适用此项规定。但基于分割共有物诉讼的特殊性，若二审法院审判的范围仅以上诉请求为限，则不能达到分割诉讼的目的。本书区分三种不同的具体处理情形并作如下说明：

第一，一审判决准予分割共有物并酌确定分割方法，若被告仅对分割方法部分提起上诉，二审法院是否可就准予分割部分调查裁判？对此问题有两种不同观点。一种见解认为一审判决准予分割共有物并酌确定分割方法，当事人仅对其中分割方法部分提起上诉，关于准予分割共有物部分，既然未经上诉自然不在二审法院的审理范围。另一见解认为法院以判决准予分割共有物及确定分割方法有不可分割的关系，当事人仅对确定分割方法的判决提起上诉，其效力及于准予分割部分。否则一审判决准予分割共有物，未经当事人请求不服，如一审法院就法律禁止分割的共有物以判决准予分割，而二审法院若不得对此部分进行调查裁判，必然会违反法律的规定。本书认为基于分割共有物诉讼的特性，法院应以原告有无共有物分割请求权为其审理范围。至于法院所定的分割方法如何，仅附随于原告的分割请求权而生，不能离开分割请求权而独立存在。因此，若一审判决准予分割共有物并酌确定分割方法，共有人只对后者提出上诉，基于共有物分割请求权与分割方法的牵连性，其上诉效力应及于诉讼判决之全部，二审应对准予分割部分一并审理裁判。

第二，一审判决准予分割共有物并将分割方法确定为价金补偿，由共有人折价的方式补偿给其他共有人，若当事人仅对该分割方法的判决提起上诉，二审可否判决改采其他分割方法？对于此问题，一种观点认为价金补偿是指原物分配及补偿金钱合并为分割方法的一种，当事人仅对命补偿金钱的判决提起上诉，关于原物分配的判决非在上诉范围以内，二审法院不得对其调查裁判。本书则认为价金补偿与原物分配、变价分配并列为三种分割方法，命令补偿金钱的判决属于价金补偿方法的一部分，当事人既然对命令补偿金钱的判决提起上诉，就是对于一审判决所定价金补偿的方法提出不服，二审法院若认为一审所定的价金补偿方法不当，而改采其他分割方法，应为法律所许。

第三，原告起诉合并请求分割共有物、协同办理分割登记及交付分得物。一审法院依原告请求作出其全部胜诉的判决，被告仅对一审准予分割共有物及所确定分割方法的判决提起上诉，对于一审命令其协同办理分割登记及交付分得物的判决并未提出不服，二审法院是否可以对协同办理分割登记及交付分得物部分调查裁判？对此，本书认为原告提起请求分割共有物的诉讼请求中后两个请求与准予分割共有物实际上具有主从关系，不得任意割裂，否则将发生实务上不易解决的困难。如上例，被告仅对一审准予分割共有物的判决提起上诉，二审法院认为一审所确定分割方法不当，改定其他分割方法。因一审命令被告协同办理分割登记及交付分得物，皆是以一审判决所确定分割方法为其给付的客体。一审判决所确定分割方法既然已经被废弃，若不许二审法院依其改定的分割方法命令被告协同办理分割登记及交付分得物，不能达到提起请求分割共有物诉讼的目的。因此，若被告仅对一审准予分割共有物及所确定分割方法的判决提起上诉，对于一审命令其协同办理分割登记及交付分得物的判决并未提出不服，二审法院可以对协同办理分割登记及交付分得物部分调查裁判。

第七节　共有物分割诉讼案外人的权利保障

学者过去对于共有物分割诉讼的研究，主要集中在共有物分割诉讼的本质属性、审理程序的特殊性、分割方法的裁判规则、共有物分割判决的效力等问题，并聚焦于共有人的实体权利与程序权利的保障，对于该类诉讼中案外人的权利保障与救济制度很少论及。事实上，共有人与案外人的利益需在诉讼程序中保持平衡，尤其是程序利益。具体而言，共有物分割诉讼中的案外人包括共有人作为被执行人时的执行债权人（执行申请人）以及共有物分割诉讼中应有部分之抵押权人。对于前者，通常即为共有物分割诉讼中共有物同时作为执行标的物的情形，同时还存在于债权人代位析产之诉的情形。对于后者，则牵涉有关共有物分割诉讼的判决效力问题。本书以下将探讨作为执行标的之共同共有财产分割诉讼，以及被设定担保物权之共有财产分割诉讼，这两类共有物分割诉讼中案外人的权利保障问题，以期对于司法实践中该类问题的正确处理有所助益。

本节所探讨的共有物分割诉讼中的案外人包括共有人作为被执行人时的执行债权人（执行申请人）以及共有物分割诉讼中应有部分之抵押权人。对于前者，通常即为共有物分割诉讼中共有物同时作为执行标的物的情形，同时还存在于债权人代位析产之诉的情形。对于后者，则牵涉后文有关共有物分割诉讼之判决效力部分（此处不再赘述）。

一、共有物分割诉讼中另案执行债权人的程序保障

在共有物分割诉讼中有一类较为特殊的情形，当共有物（此处主要是指共有的动产财产，共有不动产的情形主要是在下文抵押权人的程序保障中论述）被作为其他案件的执行标的物时，由于对其分割会牵涉执行债权人（执行申请人）的利益，譬如该共有物的分割协议内容为何、所有权份额如何确定、采用何种分割方法等等，这些都会涉及债权人的实体利益，因此，在共有物被作为执行标的之分割诉讼中需特别注重本案分割诉讼与另案执行案件的程序衔接，保障执行债权人的实体权利与程序权利。而对于在具体的诉讼中应如何做到兼顾执行债权人与共有人的利益，

需从程序角度与实体角度展开。程序上除了遵循上文关于共有物分割诉讼的诉讼请求、当事人适格等基本审理程序外，还应该确定执行债权人合理的诉讼地位。由于执行债权人并非共有人，在分割诉讼程序中其对共有物并无所有权，但共有物裁判分割的结果与其有某种法律上的利害关系，也即执行债权人对于该共有物享有独立的利益，不过该独立的利益并非独立的请求权，因为该实体利益并非直接存在于共有物上，只是源自于其在执行依据中确定的实体法律关系中的权利，〔1〕因此，执行债权人因与案件的审理结果有利害关系而应在分割诉讼中列作为无独立请求权第三人，其可主动参加诉讼或被追加进入分割诉讼中。

在厘清执行债权人的诉讼地位后，需探讨分割诉讼与执行程序的对接问题。事实上由于债权人代位析产诉讼的标的即为分割请求权，不过该分割请求权并非前章论述的共有物分割请求权(本质上是一种形成权)，而是对债务人及其原来的共有人的共有物分割请求，本质上是一种给付请求权。对于执行程序中如何实现该给付请求权，有观点认为需区分被执行人的身份是作为按份共有人还是共同共有人，若共有物为按份共有则为其在共同财产的应有份额，若共有物为共同共有则为其在共同财产的平均份额，也就是说在两个共有人共同共有时则为一半的份额，三个共有人共同共有时则为三分之一的份额，以此类推。〔2〕也有观点认为执行程序中给付请求权的实现需慎重考虑，因为对于共同共有物及

〔1〕 徐建新："多方利益均衡保护：共有财产分割案件的裁判要点"，载《中国审判》2012 年第 10 期。

〔2〕 参见刘璐：《民事执行重大疑难问题研究》，人民法院出版社 2010 年版，第 157 页；江必新主编：《民事强制执行操作规程》，人民法院出版社 2010 年版，第 211 页。

共同共有人来说，执行债权人的介入并未有任何实体法依据。[1]本书同意这种见解，在按份共有财产的分割诉讼与执行债权人对于该共有财产的执行程序中，执行债权人的给付请求权可以顺利实现较无疑问，有疑问的是对于共同共有财产的执行问题。虽然物权法赋予共同共有人请求分割共同共有物的权利，但是该权利的行使需要法定要件为前提，即前述所论及的“丧失共有基础”与“重大理由”，很显然其是一种特定情形下所产生的救济权，以此保障共有人可以解除不欲维系或不能维系的内部共有关系，此时作为外力的执行债权人强行介入之正当性即值得再商榷，而且法律并未赋予共有人的债权人对于共同共有财产的强制执行权，因此，其并不具备启动执行程序之正当性。

二、共有物分割诉讼中抵押权人的程序保障

（一）应有部分抵押权的移存与实行

在共有物分割诉讼中当共有物（此处主要是指共有不动产的情形）的应有部分被设定抵押权时，由于对该共有不动产的分割会牵涉抵押权人之利益，因此，有必要探讨共有物分割诉讼中应有部分之抵押权人的程序保障问题。对此问题，首先需予以研究的是抵押权在共有物分割后其应移载的方式为何？因我国是采移转主义的立法例，[2]因此，所设定的担保物权不因分割而受影响，仍依应有部分的比例而存于各共有人所分得之物上，即使分配不公对抵押权人也无影响。在共有土地为按份共有的情形，若共有

[1] 参见童付章：“共同共有财产的执行与代位析产之诉的制度构建”，载《政治与法律》2014年第5期。

[2] 虽然我国《物权法》对共有财产分割的效力并未作出规定，但理论与实务界的通说均认为采移转主义，而不采认定主义（宣示主义）。参见黄勤武：“共有财产分割的效力”，载《人民法院报》2013年4月3日，第7版。

人之一就其份额设定抵押，在办理分割登记时该设定的抵押权不因分割行为而产生变动，仍然是转载于分割后的各土地之上。有学者认为这是“抵押权不可分性”的必然结果，[1]但亦有学者认为这是共有物分割的效果，与抵押权不可分性无关，因为民法上所谓的不动产抵押是以不动产本身设定抵押权的情形而言，不包括对共有人所拥有不动产之应有部分设定抵押。[2]虽然阐述的理由不同，但上述两种观点对于共有物分割后应有部分设定抵押权不受影响的结论并无不同。共有物经分割后有抵押人取得共有物全部的情形，亦有抵押人未分得共有物而受价金分配的情形，这两种不同的处理情形将导致应有部分抵押权的存续方式有不同的结果。

1. 抵押人取得共有物全部的情形

共有物分割的类型可区分为共有人全体协议分割及协议不成时请求法院裁判分割，而分割的结果均有可能使抵押人取得共有物全部。由于协议分割是以契约改变共有物所有权归属的方法，其非采多数决，[3]而应由全体共有人参与协议订立，协议分割契约方能有效成立，因此，称之为“协议”而非“决议”，并须全体共有人均依协议分割契约履行，才能消灭共有人间的共有关系。[4]又协议共有物分割的方法采私法自治原则，在不违反法律强制禁止性规定下无论依原物分配或价金分配均可，甚至由共有人之一取得单独所有权，并依买卖的法理支付价金取得其他共有人之应

[1] 参见姚瑞光：《民法物权论》，自版1991年版，第212页；或参见温丰文："共有物分割对应有部分抵押权之效力"，载《月旦法学杂志》2000年第59期。

[2] 参见郑玉波："应有部分与抵押权"，载郑玉波主编：《民法物权论文选辑》(上)，五南图书出版公司1984年版，第283页；杨松龄："共有土地分割登记转载问题之探讨"，载《台湾土地研究》2005年第1期。

[3] 谢哲胜：《民法物权》，三民书局股份有限公司2012年版，第226页。

[4] 蔡明诚："共有之应有部分及共有物分割"，载《月旦法学教室》2002年第2期。

有部分。〔1〕共有物分割后共有人（抵押人）取得共有物全部，基于共有物分割采移转主义，对于因分割而归属自己的部分，是自其他共有人受让存于其上的应有部分权，因而取得分割所得部分的单独（全部）所有权。〔2〕应有部分抵押权设定后不动产让与他人，应有部分抵押权不因此而受影响，亦按其原设定权利范围存续于该物上。

各共有人受原物分配显有困难时可将原物分配于部分共有人，此时未受分配的共有人可受金钱补偿，而所谓将原物分配于"部分共有人"当然也包括只有一个共有人的情形。〔3〕当抵押人取得共有物全部时，由于是受让其他共有人的应有部分与其原有应有部分合计，则应有部分抵押权不因此而受影响。或有认为共有人取得共有物全部所有权，本应基于混同的法理，其原来的应有部分应归于消灭，但因该应有部分为第三人权利的标的，其存续对第三人有法律上的利益，因此，原来的应有部分不消灭，仍为该抵押权的权利标的。〔4〕

2. 抵押人受价金分配的情形

共有物分割后抵押人受价金分配有变价分割或折价补偿分割两种情形，若共有不动产无法以原物分割，则可选择变价分割的分割方法并将所得价金分配于各共有人，若共有人设定的抵押权所担保的债权未成就，如共有人与抵押权人未约定清偿期或者所

〔1〕 林瑞成："共有物分割问题之检讨"，载《台湾法学杂志》2007年第92期。

〔2〕 温锦堂："论共有人应有部分之抵押与分割之本质"，载郑玉波主编：《民法物权论文选辑》（上），五南图书出版公司1984年版，第300页。

〔3〕 谢在全：《民法物权论》（上册），中国政法大学出版社2011年版，第561页。

〔4〕 郑玉波："应有部分与抵押权"，载郑玉波主编：《民法物权论文选辑》（上），五南图书出版公司1984年版，第284页；温锦堂："论共有人应有部分之抵押与分割之本质"，载郑玉波主编：《民法物权论文选辑》（上），五南图书出版公司1984年版，第299页。

约定的清偿期尚未届至，而拍定人取得共有土地全部并愿意在拍定或承受的抵押物价额范围内清偿债务，经抵押权人同意后抵押权仍按原设定权利范围存于拍定第三人所得共有物上，应有部分抵押权不因此而受影响。换言之，变卖共有物时除买受人为共有人外共有人有依相同条件优先购买权。此即共有物变价分割时共有人之优先购买权规定，其为法定的优先购买权，有别于意定的优先购买权和习惯的优先购买权。但其仅具债权效力，亦即执行法院若违反规定而进行所有权变动时共有人仅可依法主张国家赔偿，而不得主张已作出的所有权变动对其不发生效力。[1]

当抵押人在共有物分割后未受原物分配而自其他共有人受金钱补偿，其原有抵押权仍依原设定权利范围，存续于其他共有人取得的共有物上，其情形与变价分割相同。[2]上述两种分割方式中，若该抵押权应移存抵押人所分得的部分上，而该抵押人又因变价或补偿分割未受分配土地时，抵押权人就抵押人因此所得受的赔偿或其他利益，仍可行使权利，但其性质转换为权利质权。因此，在补偿分割下基于公平的理念承认不动产分割补偿时，抵押人就其他共有人分得的部分有法定优先权，亦即法定抵押权，如此可以更好地保护应受补偿共有人的权益。[3]由于该法定抵押权的次序优先于因共有物分割而移存于特定部分的抵押权，因此，原抵押权人就抵押人所登记的法定抵押权有权利质权，若其他共有人因故意或重大过失向抵押人进行给付的，对抵押权人不生效力。

---

〔1〕 谢哲胜："共有物变价分割时共有人的优先承买权"，载《月旦法学教室》2011年第101期。

〔2〕 郑玉波："应有部分与抵押权"，载郑玉波主编:《民法物权论文选辑》（上），五南图书出版公司1984年版，第285页。

〔3〕 黄健彰："特定优先权的类型"，载《中正大学法学集刊》2009年第27期。

（二）共有物裁判分割移存方式的检讨

1. 集中模式或分散模式仅能择一

共有物分割的类型可分为协议分割及裁判分割两种，其中因协议办理共有物分割登记时，若应有部分抵押权人出具同意书，则分割后抵押权移存于原抵押人取得的土地上。法谚云“同意不生损害”，因此，出具同意书的应有部分抵押权人若因此未能全部受偿，亦应自行承担该项后果。然而裁判分割是法院依共有人的请求，以判决命令分割共有物，因此，裁判分割方法的适当与否，似乎仅以共有人为考量依据。关于共有物裁判分割的移存方式，有两种模式：一种是当抵押权人参加或受告知诉讼时，该应有部分抵押权即移存于抵押人所分得之物（此即为集中模式〔1〕）；另一种是当其他共有人在分割前亦有以其应有部分设定抵押权，且未向抵押权人告知诉讼（此即为分散模式〔2〕）。若发生集中移存

〔1〕所谓“分散模式”即指应有部分抵押权在共有物分割后，按原设定应有部分移存于分割后各宗土地上，此种移存方式主要依据为“权利移转主义”（权利付与主义），而认为共有物分割完毕时才发生效力，因此，系向将来发生，并不溯及既往。学者对分散模式持肯定说的立论理由主要有四：分散模式下应有部分抵押权不会受影响、其他共有人之权益亦可获得救济、无碍于交易安全的保障、第三人不致有不测损害。参见陈河泉：“共有土地分割之研究”，东海大学 1995 年硕士学位论文；谢哲胜：“应有部分设定抵押权后共有物分割的效力——释字第六七一号评释”，载《月旦裁判时报》2011 年第 8 期。亦有学者基于分散模式易造成其他共有人的负担与风险、影响分割之效果，导致共有关系复苏、易致生抵押权登记及受偿次序混乱等原因，对分散模式持否定见解。详细可参见谢在全：《分别共有内部关系之理论与实务》，三民书局股份有限公司 1999 年版，第 111 页；杨松龄：“共有土地分割登记转载问题之探讨”，载《台湾土地研究》2005 年第 1 期。

〔2〕所谓“集中模式”系分割后应有部分抵押权集中移存于原设定人取得之土地上，亦即以抵押人所分得单独所有之土地为该抵押权之标的。参见陈明灿：“论共有土地分割与权利保护——简评‘司法院’大法官释字第六七一号解释”，载《台湾法学杂志》2010 年第 150 期。此种移存模式以“认定主义”（宣示主义）为依据，认为共有物分割之效力应溯及共有关系发生之时，因此，共有人以其应有部分设定抵押权，在共有物分割后，即将抽象之应有部分变成具体部分，则应有部分抵押权应仅存于该设定人所分得部

的部分抵押权受偿次序为后，抵押权人就有无法完全受偿的可能，其权益自因裁判分割而受有损害。因此，本书认为，为了避免此种情形发生，裁判分割共有物时若原共有物上有多个应有部分抵押权存在，共有人应向全部应有部分抵押权人进行诉讼告知，或由全部应有部分抵押权人参加诉讼，如此全部应有部分抵押权才能在分割后一致的采集中模式移存，否则仅可按原应有部分移存各共有人分得的土地上（分散模式），以保障全部应有部分抵押权人的权益且易达成适当的分割方法。

2. 判决主文内应载明抵押权移存方式

前述业已探讨，共有人应向全部应有部分抵押权人进行诉讼告知，或由全部应有部分抵押权人参加诉讼，那么接下来的问题是，当权利人（抵押权人）同意分割方法、参加诉讼、受共有人（含原、被告）告知诉讼，其应有部分抵押权移存于抵押人所分得的部分，应否在判决主文中载明？多数观点是采否定说认为分割共有物诉讼中的分割方法不受任何共有人主张的拘束，在法院未作出判决前，究竟是原物分割、变价分割，或部分原物、部分变价分割，或原物分割搭配补偿金与部分共有人等分割方法，本无定论。因此，所谓“权利移存于抵押人所分得的部分”也将有种

（接上页）分。参见郑玉波：“应有部分与抵押权”，载郑玉波主编：《民法物权论文选辑》（上），五南图书出版公司1984年版，第279页。对集中模式持肯定说的立论理由主要有三：①集中模式可保障其他共有人权益；②集中模式下抵押权人并无不测；③能使应有部分抵押权人之权益获得保全。参见张良华：“以不动产应有部分设定抵押权后，裁判分割共有物抵押权归属之研究”，载《司法周刊》1985年第199期；尤重道：“应有部分设定抵押权后分割共有物抵押权归属问题之研究（三）”，载《现代地政》1998年第5期。而否定说则认为若共有土地分割有不公平之情事，例如协议分割时，共有人串谋将共有物分割后最劣等的部分分配于设定应有部分抵押权的共有人取得，则抵押权人之权益不免因之而遭受损害，因此，集中模式恐有害应有部分抵押权人之权益。参见郑玉波：“应有部分与抵押权”，载郑玉波主编：《民法物权论文选辑》（上），五南图书出版公司1984年版，第279页。

种不同的形态。虽然对于不同形态的分割方式，应当在判决中写明抵押权的移存方式及效果，但权利人基本上仅为利害关系人、参加人、受告知诉讼人，尚非原被告共有人可比，因为权利人虽然可以在诉讼程序中陈述并能为自己及被参加人或告知诉讼人进行一定的诉讼行为，但并无当事人应受判决事项约束的诉讼请求。关于抵押权移存于抵押人所分得部分，属于共有物分割的法定效果，无庸当事人进行任何请求，即使作出了请求，法院也无需在判决主文内载明，仅在判决理由中说明即可。〔1〕

然而，本书认为法院对共有物分割的分配方式有原物分割、变价分割、部分维持共有或合并分割等多种选择，则各项裁判分割的结果，原有抵押权移存状态可能并不单纯，此时若不相对变更（减少）设定权利范围，将形同担保标的范围增加，又法院定共有物的分割方法时通常均是基于自由裁量权所作出的公平合理之分配，因此若未在主文载明分割后应有部分抵押权所担保的标的范围，登记机关通常难以判别。因此，法院应在判决主文内载明该移存部分，方便办理判决共有物分割登记或申请强制执行变价分配价金时，登记机关或强制执行机关有所依据。

（三）应有部分担保物权人的诉讼参加及告知诉讼

鉴于共有物分割对应有部分上设定之担保物权的影响，需注重共有人与担保物权人的利益平衡，尤其是担保物权人的程序利益。因此，须思考在制度设计上如何做到实务界所期许的那样，在加强第三人保护的同时又能做到物尽其用、充分发挥物的价值。〔2〕我国台湾地区共有物分割诉讼中法院可根据共有人

〔1〕参见黄健彰：“担保物权的物上代位性——民法物权编修正后相关条文的解释适用”，载《中原财经法学》2011年第27期。

〔2〕黄勤武：“共有财产分割的效力”，载《人民法院报》2013年4月3日，第7版。

的申请或依职权通知应有部分担保物权人作为第三人参加诉讼，这是诉讼参加与诉讼告知制度，本书认为可供我国实务界借鉴。共有物分割诉讼中，在应有部分担保物权人参加共有物分割诉讼或经共有人告知诉讼而未参加的情形，应有部分的担保物权是移存于应有部分担保人（抵押人或出质人）所分得的部分。由于诉讼参加的效力是不得主张本诉讼的裁判不当，因此，若从共有物分割的效力而言，参加诉讼情形下应有部分的担保物权移存于担保人所分得的特定部分，应有部分担保物权移存关系因此单纯化。

民事诉讼中设定诉讼参加制度，旨在使法律上利害关系人有参加本诉讼的机会，从而使其受判决的拘束。而如果诉讼的结果对于第三人有法律上利害关系，法院可以在事实审言词辩论终结前通知第三人参加诉讼。由于应有部分担保物权人受告知诉讼不以法院通知为限，共有人亦可告知诉讼，而告知诉讼的效力准用诉讼参加的效力，在受告知人不参加或逾时参加时视为已参加诉讼。因此，应有部分担保物权人参加诉讼，或受告知诉讼而未参加的情形下均不得主张本诉讼裁判不当，亦即贯彻纷争解决一次性的原则，防止第三人在共有物分割诉讼判决确定后，主张分割判决有误而提起第三人撤销之诉，造成确定裁判的不安定。

（四）共有人涂销抵押权诉讼与抵押权人程序保障的典型判例

我国有关共有物分割诉讼的实务中亦有判例以系争房屋未涂销抵押登记、未还清贷款为由，判决驳回原告共有人的分割请求。吴某等诉曾某某共有物分割纠纷案〔1〕中，一审法院认为原被告双方均无合理可行的实物分割方案，不宜对讼争房屋进行实物分割，加之原被告均表示不购买对方的产权份额，因此，无法以折价方

〔1〕参见（2014）穗中法民五终字第1882号民事判决书。

式分割讼争房。因现房屋仍处于抵押状况，且抵押权人仍坚持不同意拍卖讼争房，即没有发生新的事实，因此对原告提出的以拍卖讼争房取得价款进行分割的分割方案，本案不再调处。因变卖房屋也是变价分割的方式之一，同理在讼争房屋仍处于抵押状态且抵押权人明确表示不同意对系争房屋进行变卖分割的情况下，原告要求对系争房屋的变卖形式进行变价分割也缺乏法律依据，据此一审法院判决驳回吴某的诉讼请求。判后原告提起上诉称，一审法院抵押权人明确表示不同意对系争房屋进行拍卖、变卖分割，及抵押权人在本案中又再次不同意对系争进行拍卖、变卖分割为由，驳回我方的诉讼请求明显错误。该案之所以驳回我方的诉讼请求，是由于当事人双方之间对系争房屋的产权份额没有确定，但本案中双方的产权份额已经确定，已经具备分割的前提条件。另外根据《物权法》第 91 条的规定，在抵押人转让抵押物时只要受让人能够代为清偿债务消灭抵押权，抵押人就可以自由处置抵押物。因此，拍卖、变卖取得的价款分割方式具有可操作性。二审法院审理认为本案的焦点为吴某要求以“拍卖、变卖取得的价款分割”的方式对系争房屋进行分割能否成立的问题，由于目前系争房屋的贷款尚未还清，抵押权人的债权尚未实现，抵押登记手续也未涂销，本案中广发行也明确表示涂销系争房屋抵押登记之前必须先还清贷款，不同意系争房屋先拍卖再还清贷款。因此，在系争房屋未涂销抵押登记且抵押权人明确表示不同意拍卖的情况下，原告要求以“拍卖、变卖取得的价款分割”的方式对系争房屋进行分割，目前存在事实上的障碍，条件尚未成就不能得到支持，二审法院遂判决驳回上诉，维持原判。

我国台湾地区有关共有物分割诉讼实务中，亦有共有人涂销抵押权诉讼与抵押权人之程序保障的典型判例。如甲与乙共有物分割纠纷案[1]中，甲向地方法院提起涂销抵押权诉讼，遭判决驳回。一审判决认为，其一，由于共有物分割采权利移转主义，因此，分别共有人的应有部分系抽象的存在共有物的全部之上，以应有部分设定抵押权后抵押权的效力也是以应有部分的比例存在共有物的全部之上，也即原存在于共有物上的抵押权并未因为共有物的分割而消灭，事实上该抵押权不仅存在于原设定抵押的共有人其分得部分上，还存在于其他共有人的分得部分上。其二，土地共有人虽然仅就其应有部分设定抵押，但基于抵押效力的抽象存在性，且为了防止抵押人逃避债务而作出不当的分割方法、有损抵押权人的权益，因此，应将抵押权仍按照原应有部分存在于分割后的各宗土地上，此即应有部分抵押权的不可分性。其三，未以应有部分为担保设定抵押权的共有人，在共有物分割后所取得的土地上，原应有部分转载的抵押权登记仍然存在，这将使得其取得的所有权是附有负担的所有权。因此基于权利保障的角度，未以应有部分设定抵押权的共有人，在共有物分割完成时，可以请求设定抵押权的共有人除去权利瑕疵。

甲不服地方法院判决向台湾地区“高等法院”提起上诉，二审法院判决废弃一审判决、抵押权设定登记均予以涂销。二审法院审理认为，首先，消灭共有关系乃共有物分割的目的，若认为

---

[1] 本案基本案情：甲、乙共有A土地，甲的应有部分为三分之二，乙的应有部分为三分之一，乙以其应有部分为担保分别向丙公司、丁银行及戊公司设定抵押权。嗣后A土地经法院裁判分割，甲取得A1土地所有权全部，乙取得A2土地所有权全部，而丙、丁、戊的抵押权仍按原设定应有部分移存于分割后的A1及A2两笔土地上。甲认为乙分割前以应有部分设定抵押权，其不仅不知情，也未经其同意，更未获得丝毫利益，而裁判分割后应有部分抵押权移存于其单独取得的A1土地上，原抵押权人取得A1土地的抵押权欠缺法律上原因，更使其意外负担抵押义务，严重妨害所有权的行使，致其受有损害，明显不公，因此依物上请求权及不当得利之关系，向法院申请涂销丙、丁、戊之抵押权。

抵押权存在于分割后抵押人取得的土地上，将有利于分割目的之达成。反之，若认为按原应有部分比例存在于全体共有人分割后取得的各宗土地，那么在抵押权人行使其抵押权而拍卖该应有部分时，将使受让该应有部分的承买人又与原土地全体共有人，就分割后的各笔土地发生新的共有关系，创造原土地两倍的共有关系，显然有违共有物分割的目的。其次，若分割后其他共有人应承受其设定抵押权的结果，而设定的共有人却仅须就分得之物依原应有部分比例提供抵押，较设定前担保责任更少（虽然须对其他共有人负与出卖人同一担保责任，但此责任乃债权债务关系，与分割前应负担抵押权的物权担保责任，仍属较轻）。此一情形无异于以自己的行为使自己获利而他人受损害，完全破坏共有关系存在时的利益状态，对其他共有人而言显失公平。通常而言分割取得的所有物，经济价值不会低于原共有物的应有部分，因此使抵押权存在于抵押人分割后取得之土地全部，对抵押权人而言通常亦无不利。更何况抵押权的设定原本就是抵押人与抵押权人间的契约关系，基于各自的利害考量而设定，就抵押权日后所产生的风险双方自会有所评估，也应承担相应的风险，这与其他共有人就共有物设定应有部分抵押权的情形显然不同。最后，共有人间因分割互负担保责任，并不足以推论共有物分割即为权利移转。不能以各共有人对于其他共有人负有与出卖人同一的担保责任，就称分割行为是各共有人移转其应有部分的行为。因此共有人的分割行为是在宣示共有人的权利，自始即存在于分割后取得之物，亦即由于裁判分割共有人的应有部分集中于分割后的特定物，这是共有人原有权利在形态上的变更，因此，以共有人的应有部分为标的之抵押权，自应随应有部分的集中而集中于分割后抵押的共有人所取得之物。

抵押权人丙不服上诉“最高法院”（丁、戊未提起上诉而告确定），“最高法院”废除二审判决并发回重审，台湾地区“高等法院”重审判决认为抵押权因分割而随同转载登记在其他共有人分得的土地上，并不妨害上诉人所有权的行使，也不会使被上诉人受有不当利益，遂驳回丙之上诉，本案终告确定。

第八节　共有物分割诉讼的其他程序问题

一、共有物分割诉讼的先决问题

（一）就共有人或应有部分发生争议的处理

若诉讼全部或一部的裁判，以他诉讼之法律关系是否成立为前提依据，法院可以在他诉讼终结前以裁定停止诉讼程序。所谓的前提依据，即本件诉讼的先决问题。若他诉讼是否成立之法律关系并非本件诉讼的先决问题，则其诉讼程序毋庸停止。实务中，由于提起分割共有物诉讼，参与分割的当事人以共有物为限，请求分割之共有物如为不动产，共有人的应由部分各为若干，悉以土地登记簿登记为准。而法院在进行共有物分割诉讼时，常有非土地登记簿上所载之当事人主张其亦属共有人之一，此时对于此一争执，是否是分割诉讼的先决问题？

在裁判分割共有物的情形，由于本质上是属于一种共有人间应有部分的交换，因此，应以各共有人有处分权的存在为前提，而判断共有是否有处分权存在是以土地登记簿为准，因此，法院应依登记簿所载各共有人之应有部分而进行裁判分割共有物。由于提起共有物分割诉讼以全体共有人为限，共有人之应有部分以土地登记簿上记载各共有人的应有部分裁判分割共有物，因此，即使共有人或者第三人对土地登记簿上记载的共有人或者应有部分有所争执，而应另案诉讼处理，该诉讼法律关系并非共有物分割诉讼所依据的先决问题。所以，即使第三人对共有身份或共有人间应有部分有争执并提起另诉，也不属于共有物分割诉讼的先决问题。

上文已提到依据共有物分割诉讼的本质，法院裁判分割共有物时应依登记簿所载各共有人的应有部分，然而笔者通过对我国相关判例的考察发现，共有物分割诉讼确定各共有人的应有部分时，若法院认为仅以房屋产权登记为依据确认涉案房屋为双方共同共有将会造成显然有失公允的情形下，则通常依出资比例而非产权登记比例分割共有物。例如李某与张某某共有物分割纠纷上诉案〔1〕中，二审法院审理后认为，本案诉争房屋是李某与张某某为结婚而共同购置，现双方恋爱关系已经终止。根据《出资购房协议》的约定，对于涉案房屋，李某与张某某应各自出资 20 万元购买，但涉案房屋实际是由张某某以个人财产支付首付款及银行按揭贷款，而李某并未依约足额履行出资义务，也未能平均承担各项费用。由于涉案房屋是当事人在恋爱期间购置的物业，且双方出资额度相差悬殊，如果仅以房屋产权登记为依据确认涉案房屋为双方共同共有，显然有失公允。原审法院根据当事人在购置涉案房屋时的实际出资情况按比例确定双方各自的产权份额，以及确定与之对应的财产增值部分价值并无不当，对此本院应予以维持。

（二）就分割请求权是否存在产生争执的处理

共有人间对于分割方法不能协议决定固然是分割之诉提起的原因，但在共有物应否分割尚有疑义，即共有人中之一人提出共有物分割的请求，其他共有人主张其无权分割时，是否可提起分割之诉？在此情形下，共有人就分割请求权是否存在产生争执，

---

〔1〕 参见（2014）乌中民四终字第 1189 号民事判决书。

应准予起诉，其性质应解释为仅属普通确认之诉而已。[1]因此，法院作出分割方法之判决时，应对分割请求权的存否加以审查。[2]

（三）未经确权径行提起共有物分割诉讼的处理

我国法院的判例中即有裁判认定，若原被告双方对共有关系存在争议，且未经确权时，即缺乏请求权基础，不得径行提起共有物分割诉讼。如闫某甲与闫某乙共有物分割纠纷案[3]中，法院审理认为共有人有重大理由需要分割的，可以请求分割。没有约定或者约定不明确的，按份共有人可以随时请求分割，共同共有人在共有的基础丧失或者有重大理由需要分割时可以请求分割。因分割对其他共有人造成损害的，应当给予赔偿。但是，请求分割的前提应当是权属明确。本案中，虽然闫某甲与闫某乙对于共同共有均无争议，但是闫某甲妻子朱某对于原、被告双方的按份共有有异议，闫某甲未经确权的情况下迳行提起共有物分割诉讼，缺乏请求权基础，本院依法予以驳回。据此，法院裁定驳回原告闫某甲的起诉。

二、共有物分割诉讼的反诉问题

反诉在一定意义上讲也是一种起诉形式，因此，也应具备一般起诉的要件。反诉的特别要件是指被告在言词辩论终结前，在本诉讼系属法院对于原告及就诉讼标的合一确定之人提起反诉。提起反诉的基本条件包括：反诉的标的若专属法院管辖或与本诉的标的其及防御方法不相牵连，不得提起。反诉与本诉若不适用

---

〔1〕 参见史尚宽：《物权法论》，中国政法大学出版社2000年版，第153页；杨与龄："论共有物之分割"，载《法学丛刊》1963年第32期。

〔2〕 苏茂秋："分割共有物之研究"，政治大学1973年硕士学位论文。

〔3〕 参见（2014）庐民一初字第03424号民事判决书。

同一诉讼程序亦不得提起。反诉是一个独立的诉，因此，反诉需与本诉非同一事件，若为同一事件，则应裁定驳回。

对于分割共有物诉讼可否提起反诉，过去实务界采否定说。例如我国台湾地区“最高法院”1984年度台上字第1246号民事判决：“上诉人起诉主张系争土地四笔属于两造所共有，各共有人之应有部分如第一审判决附表所示等情形，据以请求分割共有物。被上诉人反诉亦主张系争土意属于两造所共有，各共有人之应有部分如第一审判决附表所示请求为分割共有物之判决。虽两造请求法院判决所确定分割方法不相同，然当事人及诉讼标的均属一致，按诸在分割共有物诉讼，关于分割方法法院不受当事人请求拘束之特性，被上诉人就本诉之同一诉讼标的，提起反诉，尚有未合。”[1]上述判决要旨即认为在分割共有物诉讼中法院不受当事人请求分割方法的拘束，因此，不得就同一诉讼标的提起反诉。在单一不动产情形，因反诉与本诉当事人相反，又是对同一不动产请求确定分割方法，诉讼标的同一。至于诉讼请求，因法院不受请求拘束，仍为同一事件，因此，反诉部分不合法，并在单一不动产情形不得提起反诉。

对于数笔不动产合并分割的分割方法，由于共有人就每笔不动产均有单独请求分割的权利。原告请求分割与被告反诉请求分割的土地并不相同，对于其标的及防御方法有无牵连之处，是否准予提起反诉争议较大。由于实务中已承认数不动产合并分割的分割方法，若起诉后请求合并分割，原告可依诉之追加，被告可依反诉程序。因此，根据共有人相同不动产及共有人部分相同之相邻不动产可以请求合并分割的规定，即可认为其标的及防御方法有相牵连之处，因此，如果被告在诉讼中以反诉的方式请求就

〔1〕参见我国台湾地区“最高法院”1984年度台上字第1246号民事判决。

另一不动产合并分割，诉讼标的不同，因此，不属同一事件，且反诉之标的与本诉之标的有牵连性，法院应实质审理，就该数不动产合并分割或分别分割。

关于分割共有物诉讼中若被告不同意原告所请求的分割方法，可否提起反诉的问题，台湾地区“高等法院”暨所属法院 1969 年度法律座谈会研讨结果认为，因分割方法并非诉求分割共有物请求中的必须事项，当事人仅请求分割共有物而不请求分割方法，也不能称其起诉程序不合法，且分割方法的请求不过是供法院参考而已，法院不依原告请求的分割方法而分割，亦不得对原告诉之一部驳回，法院对分割方法本有完全自由裁量权，不受当事人请求的拘束，与一般诉讼请求法院无自由裁量余地不同，因此被告提起反诉不仅没有必要而且与原告之诉相同，应属不合法。然而实务中有见解对于上述法律座谈会的研讨结果提出不同意见，认为在土地合并分割情形中被告应被允许提出反诉。例如共有人甲、乙、丙、丁四人，分别共有 A、B、C、D 四笔土地，每人在各笔土地的应有部分均相同。甲、乙为原告起诉请求 A、B 二笔土地合并分割，丙、丁则就 C、D 二笔土地提起反诉，请求与 A、B 二笔土地合并分割，然而原告甲、乙不同意。依台湾地区“民事诉讼法”第 260 条第 1 项规定，所谓反诉之标的与本诉之标的相牵连，是指两者由同一法律行为或同一事实而成立，或虽由数法律行为或数事实成立，而该数行为或数事实之间在法律上有一种关系存在。因此，共有人共有不同地号的数笔土地，其共有关系虽分别存在于每笔土地之上，如经共有人全体的同意，可合并分割。上述四笔土地中共有人及应有部分均相同，丙、丁之反诉仅是就四笔共有土地请求合并分割而为一次行使，有诉讼标的或防御方法的牵连关系，且该合并分割能通盘考虑土地的利用价值，并兼顾共有人之利益，不易造成原告取巧选择有利部分分割，损害被告权益。台湾地区“司法院”1985年2月25日（74）厅民一字第118号函复台湾地区“高等法院”即认为“为彻底消灭共有关系，兼顾当事人之权益及诉讼经济之原则，被告之反诉则应予准许”。

三、共有物分割诉讼的强制调解问题

依我国台湾地区“民事诉讼法”第403条第1项第3款的规定，不动产共有人间因共有物之管理、处分或分割发生争执者，于起诉前应经法院调解。据此可知，台湾地区的立法者是将分割共有物诉讼认定为当事人得处分的事项，分割共有物诉讼被归类为宜循合意解决的诉讼类型，而此项强制调解制度仅在共有物裁判分割之诉有其适用。台湾地区“民法”第824条第1项的规定，共有物的分割应先经共有人全体协议分割程序，如不能协议决定者，才有起诉请求法院裁判分割的必要。因此，宜在起诉前先经法院调解，共有人全体调解成立后均愿共同遵守进而能避免讼争。依台湾地区“民事诉讼法”第424条第1项的规定，如共有人径行提起分割共有物诉讼，应视其起诉为调解之申请，但依据台湾地区“最高法院”1943年上字第5021号判例的见解，若一审法院未行调解程序，仍将其作为起诉并作出终局判决，该调解程序的欠缺应当视为已经补正，当事人不得以此作为上诉理由。〔1〕

关于共有物分割诉讼中调解不成立及其法律效果，对于共有人不到场调解、调解不能达成或明确表示不愿进行调解的情形，台湾地区是认定为“调解显无成立之望”〔2〕，法院可作出驳回调解申请的裁定，对此裁定不得提出不服。实务界的通常做法认为

〔1〕 参见台湾地区“最高法院”1943年上字第5021号判例。

〔2〕 依台湾地区“民事诉讼法”第406条第1项第1款的规定，依法律关系的性质、当事人之状况或其他情事可认为不能调解或显无调解必要或调解显无成立之望者，法院得径以裁定驳回调解之申请。

调解不成立视为调解申请人自申请时已经起诉，其调解程序的费用应作为诉讼费用的一部分，若不起诉，诉讼费用则由申请人负担。对于共有人间达成调解的情形，由于调解与诉讼上和解、确定判决有相同效力。但判决为法院对于诉讼事件所为公法的意思表示，调解或和解为当事人就诉讼上争执，互相让步而成立的合意，其本质并不相同。尽管台湾地区的判例即据此认为形成判决所产生的形成力无法由当事人以调解或和解的方式替代，分割共有不动产诉讼中若共有人达成调解或诉讼上和解，仅产生协议分割的效力，非经办妥分割登记不发生共有权消灭及取得单独所有权的效力。〔1〕若当事人间达成了调解，却否认其具有形成力，不利于纠纷的彻底解决和共有人应有部分交付的执行，违背程序利益保护原则及诉讼经济原则。

而对分割共有物纠纷是否应作为调解前置事件处理的解析上，实务界的观点亦认为根据《物权法》第 100 条的规定，共有人可以协商确定共有物的分割方法。若达不成协议而进入诉讼后，也应该鼓励共有人之间通过协议达成调解的方法确定共有物的分割方法。如果调解不成的，才可以进行实物分割或变价分割、折价分割。〔2〕本书亦主张我国对相关立法的解释中应增加对于共有物分割诉讼之强制调解的规定，人民法院审理共有物分割案件时应当主持共有人进行调解，只有在共有人就分割方法无法达成协议的情况下法院才可以对共有物进行实物分割或变价分割、折价分割的裁判。

---

〔1〕 参见台湾地区“最高法院”1969 年上字第 1502 号判例的解释。

〔2〕 参见最高人民法院物权法研究小组编著：《〈中华人民共和国物权法〉条文理解与适用》，人民法院出版社 2007 年版，第 312-313 页。

四、分割共有物的判决主文与理由相关问题

实务界认为共有物分割诉讼其诉讼标的为共有物分割请求权，因此，在判决理由中首先应就有无不得分割的情形加以判断，又分割共有物以消灭共有为原则，因此，如有维持共有的情形时，应在理由中记载是否有不得分割，或因共有人利益或其他必要须维持共有的情形。分割共有物的判决主文与理由相关问题，有如下要点需遵循。

第一，分割方法的次序应受《物权法》第 100 条的拘束。分割共有物诉讼的确定分割方法之诉，《物权法》第 100 条中规定的分割方法是采原物分配为原则，变价分割为例外，因此，法院判决应受该分割方法次序的拘束。

第二，数不动产分别分割情形的处理。因分割共有物诉讼是确定分割方法之诉，因此，判决主文内容为载明分割方法，至于如果以原物分配兼金钱补偿为分割方法，因原物分配与金钱补偿为同一分割方法，因此，判决主文应载明金钱补偿金额。至于数不动产，如法院分别就单笔土地确定分割方法，应就单笔土地的金钱补偿分别载明。

第三，裁判分割应有部分担保物权移存于担保人所分得部分的处理。裁判分割共有物属形成判决，法院定共有物的分割方法，斟酌当事人的请求、共有物的性质、经济效用及全体共有人的利益等，基于自由裁量权作出公平合理的分配，但并不受当事人请求、主张或分管约定的拘束。因此裁判分割共有物只要依据《物权法》第 100 条的规定进行适当分配，不受任何共有人主张的拘束。法院未进行判决前，分割结果为何，究竟是原物、变价分割，或部分原物、部分变价分割，或原物分割搭配补偿金与部分共有人等方式，不得而知。因此，对于应有部分担保物权其权利移存

于抵押人所分得的部分，亦将产生各种不同形态。然而该权利人（即抵押权人）不论是出于同意分割方法、参加诉讼、受共有人（含原、被告）告知诉讼，其地位基本上仅是作为利害关系人、参加人、受告知诉讼人，并非原、被告，虽然可以在诉讼程序中陈述并可为自己及被参加人或告知诉讼人进行一定诉讼行为，但并无当事人应受判决事项约束的诉讼请求。因此，对于抵押权移存于抵押人所分得部分，属于共有物分割诉讼的法定效果，无须当事人进行任何请求，即使有请求，法院也无须在判决主文内载明，仅在判决理由中说明即可。就上述问题，因分割共有物是形成分割方法之判决，因此，主文中可以仅载明分割方法，至于应有部分担保物权移存的方式，无须在判决主文内载明。涉及应有部分担保物权移存方式的情形，各共有人均可以依分割共有物的确定判决办理分割登记，为使各共有人依确定判决至土地机关办理分割登记时，土地机关办理应有部分抵押权移存有其依据，因此，建议未来在办理民事诉讼事件时应规定相关注意事项，即共有物分割诉讼的判决理由应并此叙明记载是否有抵押权人诉讼参加或受诉讼告知的情形，以加强对法官的拘束力。

第四，使用折价分割或变价分割的判决主文。由于当事人提起共有物分割诉讼的目的在于终止或消灭共有关系，提高对共有物的经济利用效率，平衡共有人之间的利益，因此法院在判决主文中应尽量明确当事人间的实质纷争及解决途径。在审判实践中，实物分割处理相对简单，而对于“难以分割或者因分割会减损价值的”，法院如果仅判决“对折价或者拍卖、变卖取得的价款予以分割”，该判决并没有解决当事人之间的纠纷，只是流于形式，把问题留到了法院执行程序中。因为判决生效后，当事人之间的共有关系并没有随判决而消灭，权利的行使一如诉前，特别是依然享有优先购买权。因此，笔者认为共有物分割诉讼是特殊的形成权之诉，其性质决定了法院必须判决共有关系终止或消灭，因此，而折价或者拍卖、变卖应当在审理程序中实现，然后依法进行分割，唯有如此才能更好地保护共有人的利益。需要说明的是，“折价或者拍卖、变卖”应当在法院的主持下，同时需要共有人一致同意，并且不得反悔，其享有的优先购买权也应当丧失，实现过程应当在双方在场的情况下完成。否则在一方上诉的情况下，将造成难以挽回和补救的情势。

第五章

共有物分割诉讼分割方法的裁判

第一节　问题的提出

共有物分割事件的两大诉讼形态分别为对于共有物可否分割发生争执以及仅就分割方法不能达成协议，前者乃共有人中有同意解除共有关系者亦有反对解除共有关系者，后者乃共有人全体均同意解除共有关系，仅对分割方法不能达成协议，即共有人对于分割请求权的行使并无争执、共有人间并无争执的法律关系存在，所争执的为分割方法，法院实质审理的乃如何做出合理、适当的分割方法。本书前述引用的相关案例中业已表明，在共有物分割诉讼的司法实务中多数共有物分割纠纷产生的原因是双方当事人对分割方法有争议。此类型裁判具有行政处分行为的特征而司法作用的色彩较为淡薄，因为共有人所争执及法院审理的对象均为确定适当、合理的分割方法，而非解决某种争议的法律关系。而正是因为此类诉讼中法院在如何作出“合目的性”“合理、适当的”分割方法上具有较强的主观性，导致共有人在分割方法上的争议愈加激烈。加之此种事件理论上具非讼性质，却按民事诉讼程序予以裁判，更造成了法院在确定分割方法上的困难。分割共有物诉讼是主张分割的共有人请求法院以判决确定分割方法，共有人所争执的仅为分割方法的事实关系，这也是分割共有物诉讼具有非讼性质的本质所在，因此，本书得出分割共有物诉讼的诉讼标的应为请求确定分割方法的结论。请求确定分割方法是分割共有物诉讼的诉讼标的，也是法院裁判的核心内容。因此探讨共有物分割诉讼的裁判时主要即是讨论分割方法的裁判规则。

事实上就实体法层面而言，关于共有物分割方法的确定，我国物权法规定了原物分割、折价分割、变价分割等三种分割方法，而实务中又存在合并分割、部分分割、竞价分割等分割方法的柔软化、多样化。然而物权法已明定原物分割为原则，因此，有分割方法之优先次序，那么法院就具体个案适用上会因分割方法之柔软化而更有弹性还是因分割方法优先次序造成了限制？共有物分割方法究竟应该以何种因素为最优先考量，是共有人之利益还是物之经济效用？其他国家和地区的立法例及实务就共有物分割方法裁判规则及其考量因素的规定，对于我国的司法实践可以提供哪些借鉴？

具体而言，大陆法系国家和地区对于分割方法的裁判模式、法官在共有物分割诉讼中对于分割方法的裁量空间各异，其背后的原因为何？法官裁判分割确定分割方法时是否受法定分割方法之限制、能否采取其认为合理适当之分割方法，值得进一步思考。为突破法定分割方法的限制，大陆法系国家和地区纷纷寻求共有物分割方法裁判规则的柔软化，或通过司法解释方式创设分割的原则，或基于公平原则承认分割方法的多样化，或通过诚实信用原则缓和分割方法之严苛限制，这些不同进路有何理论支撑、司法实务中又有哪些典型判例，其他国家和地区共有物分割诉讼分割方法的裁判规则对我国有哪些启示？

在对共有物分割方法裁判的柔软化进程中，即出现共有物部分分割、部分维持共有的观点，然而对于共有物可否一部分维持共有，学说中争议颇大，共有物部分维持共有是否需要附加一定条件？法院在确定部分维持共有分割方法时需斟酌哪些因素？我国实践中对于部分分割共有物的诉讼中有哪些典型案例？关于诉请共有遗产的一部分进行裁判分割的适法性问题，究竟应采否定说、肯定说抑或是补充判决说？共有不动产可否予以合并分割不仅影响法院对于分割方法的决定空间，也与土地细分问题及土地合理利用有较大关联。不过学界与理论界对于数共有物可否合并分割素有争议，放宽合并分割要件在实务中有何实益？共有土地裁判合并分割的要件为何，是否需要“相邻”要件？此外，我国《物权法》第100条确立的法定分割方法即是诉讼分割下的裁判规范，在探讨我国共有物分割诉讼对于分割方法的裁判时，本书期望通过对若干司法判决的实证研究，探究共有不动产裁判分割时分割方法选择的一般顺序为何，共有不动产分割通常是选择折价分割还是变价分割，考量的因素主要有哪些？共有不动产可否采原物分割？法官对于分割方法的裁量权限为何，是共有物的“分割方法”还是“分配方法”？本书以下将结合其他国家和地区共有物分割诉讼分割方法的立法规定、司法实践以及我国分割共有物诉讼实务中分割方法的实证研究，探究共有物分割诉讼法院裁判过程中分割方法的酌定问题。

第二节　共有物分割诉讼分割方法裁判规则的其他国家和地区的经验

一、分割方法裁判模式的选择

整体而言，国家在共有人无法协议分割共有物时普遍都会因当事人请求而承担消灭共有的功能（主要是经由法院），因此，而法院在共有物分割诉讼中对于分割方法的裁判即有如下几种模式：①提供裁量准则，充分授权法院就个案选择最合理的分割方法；②明定原物分割原则，仅在例外情形可以变价分配；③明定变价分配原则；④不动产采变价分配原则，其他则以原物分配为原则。由于早期罗马法的共有物分割诉讼即明定原物分割为原则，仅在例外情形可以变价分配，因此上述第二种模式又被学者称为罗马法模式。〔1〕

我国台湾地区共有物分割可分为“民法”第824条第1项规定的协议分割以及同条第2项规定的裁判分割，前者即共有物的分割是依共有人协议的方法为之，后者则指共有人不能协议决确定分割方法时申请法院以裁判方式决定，因此又称为裁判分割共有物或是分割共有物诉讼。台湾地区旧“民法”的裁判分割并未确定分割方法的优先次序，因此，法院确定分割方法时可就原物分配或变价分配择一决定，均属合法的分割方法，由此可看出台湾

〔1〕所谓共有物裁判分割方法的罗马法模式即是以原物分割为原则，变价分割为例外的裁判模式。事实上乌尔比安在《论告示》第2卷中就指出：如果在进行遗产分割之诉或共有物分割诉讼时分割太难，以至于分割几乎是不可能的，法官可以将共有物之全部判给一个共有人，而让他向其他共有人支付相应的价金。参见［意］桑德罗·斯契巴尼：《物与物权》，范怀俊译，中国政法大学出版社1999年版，第120页。或参见房绍坤：“论共有物裁判分割的方法与效力”，载《山东社会科学》2015年第11期。

地区共有物分割诉讼中分割方法之裁判模式是采第一种模式。

日本法上裁判分割之分割方法同台湾地区有所差异，依日本民法第258条的规定，共有物裁判分割有原物分割与变价分配两种分割方法，且采用变价分配时有其限制，其前提是原物无法分割或采用原物分割会“显著减少”共有物的价值。换言之，日本法上的裁判分割是以原物分割为原则，以变价分配为例外。可见关于共有物裁判分割方法的模式选择，日本民法立法例是沿用罗马法所采用的模式。日本共有物分割诉讼中分割方法以实物分割为原则，在最大限度地尊重各当事人所有权（共有份额权）的同时，解除作为争讼实质的共有关系。在实物无法进行分割或者从共有物的价值方面来看不宜分割时，通过分割拍卖后的价款来实现。在这种情形下则把份额转化为经济价值，以存续的共同支配关系为基础实现公平的同时，一次性解除共有关系。

德国共有物分割诉讼中有关分割方法之裁判模式则是采第四种模式。依德国民法第752条及第753条的规定，德国共有物裁判分割方法仅有原物分割及变价分配两种分割方法。共有物分为可分物及不可分物，依上述规定，可分物即需符合德国民法第752条之要件，即分割后不减少其价值、为同一种类且各共有人均能依其应有部分受分配的才能原物分割，否则仅能变价分配。而不可分物则仅能以变价分配的方式。换言之，共有物如分割后单一物的价值总和比未分割前整个共有物的全部价值低时，因不符合德国民法第752条分割不减少物的价值这一要件，应以变价分配的方式。因德国民法第752条的规定，原物分割以不减少价值、为同种类共有物（如同为农地或建地），且各共有人均能按其应有部分受分配为前提。因此在德国法的规定下，对于共有不动产是采变价分割为原则，而原物分割为例外，此为德国民法第752条就原物分割要件规定操作的结果。[1]从表面上看上述四种模式中罗马法模式是主流模式，但由于荷兰、法国多数欧洲国家深受19世纪末德国民法典的影响，因此，大陆法系国家和地区的实务操作中一般都倾向德国模式。

二、法定分割方法的裁判规则

在探讨法定分割方法的裁判规则时，分割方法的裁判要件是最为关键的要素，原因在于对分割方法的裁判实质上即是选择何种分割方法（分割方法的优先次序）的过程。通过对其他国家和地区相关分割方法裁判要件的考察可发现，德国法对于法定分割方法的裁判要件有着较为详细的规定。德国有关共有物的分割方法在原本立法阶段限定在两种形态，即原物分割与变价分配两种分割方法，而关于原物分割的裁判要件，又经历过第一委员会、第二委员会的长期辩论。[2]第一委员会在提出最初草案阶段明示两种共有物分割方法，即原物分割与变价分配两种。关于这二者的关系，即原物分割并未“显著减少其价值”时则采变价分配的分割方法，通过强制拍卖程序将卖得价金分配于各共有人。就此草案内容，有数委员提出不同修正案，如Plank即就上述草案增加一些要件，认为能以原物分割的共有物需满足共有物为同种类之物、各共有人能按其应有部分受分配，且并未因分割而减少其价值的要件。另Johow主张除了自然分割的分割方法以外，仅仅只能承认变价分配的分割方法，即基于强制拍卖而分配其卖得价款的分割方法。第一委员会关于共有物分割方法的裁判规则基本上是

---

〔1〕参见秦公正：“共有物の分割方法とその诉讼手续”，载《日本比较法杂志》2011年第2期。

〔2〕以下内容可参见秦公正：“共有物の分割方法とその诉讼手续”，载《日本比较法杂志》2011年第2期。

以 Plank 的提案为依据，其最后的提案内容为，共有物不因分割而减少其价值、为同种类且各共有人能按应有部分受分配的，才能原物分割。如不能原物分割则采取变价分配，且不承认其他分割方法，而以法官无裁量分割方法的权利作为结论。依 Plank 提案中的见解，原物分割须要满足三个要件，即德国民法第 752 条之三要件。不过共有物分割事件，特别是典型的共有土地分割，实际上要同时满足这些要件并不容易。且对于“分割价值并未减少”要件，第一委员会所提出修正草案原句是“价值并未显著减少”，但最后法条却规定“价值并未减少”。第二委员会 Struckmann 所提出以金钱补偿缓和原物分割的分割方法并未被采用，立法设计上也并未给予法院确定分割方法的裁量权，而系明定原物分割及变价分配的形成要件，使法院在个案中对全体共有人均能公平一致地操作，不会发生突袭性裁判的问题。因此，学者提出在德国立法设计上，可认为德国立法者就共有物分割的分割方法是以变价分配为原则。[1]第二委员会依 Struckmann 的意见推行一个提案，即以分割方法柔软化为目的，而在法条加上“不排除在分割共有物时，对共有中的一人或其他共有人进行少许金钱支付作为调整方案。”此思考方法的目的在于通过金钱补偿而缓和原物分割的要件。然而第二委员会最后并未采取此提案，而提出一个修正案为，原物分割时共有人应有部分相同的，以抽签定之。有关分割方法的规定在其后并没有很大变更，而在 1896 年 3 月 20 日的议会中获得承认。依此裁判规则，分割方法由共有人协商决定，协议不成时土地及建筑物应予变卖而以其价金分配，其他共有物的分割则应以不造成不相当损害的方式为之，如无此可能时则应变卖而以

〔1〕 参见秦公正：“共有物の分割方法とその诉讼手续”，载《日本比较法杂志》2011 年第 2 期。

其价金分配。简言之，德国法只就不动产的分割采变价分配原则，其他则和大多数国家一样，采原物分割原则，由此可会发现德国法的规定其实并不突兀。但德国民法第 753 条第 1 项规定的“无法分割”，包括第 752 条所要求的原物分割“应以无损物的价值而按应有部分分割”。在德国实务上的认定也有较为统一的意见，住宅地被认为是当然不可分，其他土地原则上也都被认为不可分，从而以变价分配为主，这可说是德国民法向来的见解。〔1〕因此在东德、西德分隔的年代，东西德就此仅有表面上的差异，实质上可说相去不远。德国实务中采实物分割原则，因此在诠释不得分割、显有困难、改变物之原本目的、致价值减损、于社会经济有妨害等要件时也是采取类似见解，进而使得不动产分割以变价分配为原则被视为一种重要的分割方式。〔2〕

而对于共有不动产的变价分割，德国司法实务认为以拍卖方式可在市场中找到最佳的利用者，就资源效益而言甚至比共有人的协议分割还更符合经济效益，因为协议分割只能在共有人中寻找最佳的利用者。德国法在制度设计上不排斥共有人参加公开拍卖，因此德国模式实际上是在更大的范围内以竞价方式产生最佳的资源利用者。〔3〕这样的思考还可以从德国民法第 753 条以公开拍卖为原则，退而求其次才在共有人间拍卖的规定中得到一定程度的印证。该条规定“实物分割若已排除，则共有关系的消灭应依有关质物变卖的规定出卖共有标的物，若为土地则经由强制拍卖而分配其价金。标的物不得出卖于第三人的应在共有人间拍卖。

---

〔1〕 Jauernig- Stürner, BGB - Komm. , Anm. 7zu § § 749 - 758; München, NJW52, 1297; Hamm NJW-RR92, 666.

〔2〕 Benke/Meissel, Ubungsbuchzum Romischen Sachenrecht, 5A. , 1996, pp. 68-69.

〔3〕 Christianvon Bar (hrsg.), Sachenrechtin Europa, Systematische Einfuhrungund Gesetztexte, Bd. 1, 2000, Bd. 2, 2000, Bd. 3, 1999, Bd. 4, 2001.

前项标的物出卖不成时任一共有人皆得请求再次为之，但若仍无结果，请求的共有人应承担其费用。”

三、法官对于分割方法的裁量空间

我国台湾地区旧“民法”的立法精神认为各共有人在诉讼外作出的协议分割方法固有诸多优点，但在协议决裂时也应设补救之法，使欲分割的共有人能够向不欲分割的其他共有人提起诉讼，得到法院准予分割的判决，因此该项确定判决的作用即是替代共有人间的分割意思表示。因台湾地区旧“民法”仅规定了三种裁判上的分割方法，在共有物分割诉讼中究竟何者是最为适当的，法院享有自由裁量权，不受共有人请求的拘束，但仍应遵守法定的方法为之，不能创设，因此在司法实践中常常窒碍难行。以原物分配金钱补偿为例，台湾地区有判例〔1〕即认为共有物分割诉讼中折价分割并非裁判分割方法。因此，须共有人可分配得到原物，若不动产共有人中之一人应有部分很小，分配后的面积亦小得无法利用时，法院只有选择变价分割的途径，不能仅分配原物给其他共有人，该共有人不分配原物以金钱补偿。此变价分割方法虽符合法律的规定，但会伤害共有人的利益和情感，非但共有人无法接受而且亦难昭折服。法院若选择变价分割，必须将土地全部变卖，不能一部分变卖一部分分配给共有人。然而共有土地的情况、价值、形状以及共有人间关系复杂，裁判不能一部分变卖一部分分配，亦欠缺弹性。

德国法上采取排除法官对于分割方法自由裁量权的方式保障共有人之间的公平。一方面，德国民法自草案阶段至今一直坚持

〔1〕 台湾地区“最高法院”1974年台上字第2575号判例中载道，若将原物全部分配予共有人中之一人或数人，而对其余共有人全不予分配，仅以金钱补偿的，则非裁判分割方法。

原物分割与变价分割两种分割方法。另一方面，由于立法已明确规定两种分割方法之分割要件，此即限定了分割的内容与分割方法，以此完全排除法官对分割方法的自由裁量权。正如上文所述，德国实务和学说所持见解原则上排除对不动产做实物分割，此时若该不动产对某些共有人有特殊的精神价值，通常就会造成分割的困难，因而也就会造成制度操作本身的成本增加。而法院除了在选择部分分割时应斟酌共有人利益和公共利益外，对其他分割方法，应斟酌何种因素，是否也包含公共利益？对此问题，德国司法实践中通常给了法官最大的裁量空间，包括可就实物分割和变价分配去做取舍，也可对诉讼程序中显示的共有人间最大程度的共识加以考量。而通过掌握最有利于资源效率的分割方式，特别是和强制以原物分割优先的罗马法模式比起来，对于经济效益的考量毫无疑问可以更周延。而个案中若特定共有人对共有物有高度精神价值，法官也可以一并加以斟酌。由于法官必须要照顾各个层面，考量各种相关因素，程序会拖得比较长，法官可能也需要具备相关专长和经验，这一点上德国法模式即存在一定的缺陷，因为法官同样要花很大的力气去选择实物分割的方法。〔1〕

日本共有物分割诉讼中则限定实物分割或者拍卖价款分割两种裁判分割方法，其背后的立法旨意在于，这两种分割方法是以多样的原因以及实态的共有为前提，在共有人不希望共有关系存续、通过诉讼进行消除时，实物分割或者拍卖价款分割是最公平、中立且能减轻法院负担的分割方法。同时这也是在综合考虑共有物的性质、共有关系的发生原因、每个共有人的具体情形等因素之后选择的最合适、合理的解决方法。而在遗产分割中，法院实际上完全依其职权确定较为合理的分割方法，从而享有极大的裁

〔1〕 谢在全：《民法物权论》（上册），中国政法大学出版社 2011 年版，第 632 页。

量空间。即使根据日本民法第258条能以所持份额为基准实质上实现共有关系的解除，也无理由对其进行否定。

尽管我国台湾地区、日本法院裁判定共有物的分割方法时由法官依职权进行自由裁量，但也须以其适当的方法。而所谓何为适当的方法，依学者的见解应符合公平原则、利益原则、经济原则。公平原则即要求各共有人分得部分的价值与其应有部分的比值相当。利益原则即分割方法应合于公共利益或多数共有人的利益。经济原则即斟酌各共有人的利益关系及共有土地的实际使用情形，进行适当的分配以免有害社会经济。[1]

四、共有物分割方法裁判规则的柔软化

（一）台湾地区共有物分割诉讼分割方法的柔软化

为因应共有种类多端与共有物性质复杂所组成的多样化样貌，台湾地区实务遂通过解释方式创设分割的原则，从而突破上述三种法定分割方法的限制。例如台湾地区“最高法院”1985年度第1次民事庭会议决议（二）中确认了“原物分配与变价分配两者并用仍不失为一种分割方法，但就同一共有物对于全体共有人应采相同之分割方法”。[2]台湾地区“最高法院”1980年台上字第1831号判例确认了若因共有人意愿可就部分土地维持共有。[3]此外，台湾地区实务界认为旧法虽然未规定合并分割的分割方法，但是为了防止土地细分，促进共有物的经济利用，承认合并分割为一种分割方法，因而准予数共有不动产的合并分割。可以看出

---

〔1〕 杨隆顺：“改进分割共有物事件裁判之研究”，载台湾地区“司法院”：《“司法院”84年度研究发展项目报告》1996年第16辑上册。

〔2〕 参见台湾地区“最高法院”1985年度第1次民事庭会议决议（2）。

〔3〕 参见台湾地区“最高法院”1980年台上字第1831号判例。该裁判要旨中载明，法院裁判分割共有土地时，除因该土地内部分土地之使用目的不能分割（如为道路）或部分共有人仍愿维持其共有关系，应将土地分配于各共有人单独所有。

台湾旧“民法”于第 824 条第 2 项原物分配、变价分配两种基本分割方法及第 3 项各共有人不能按其应有部分受分配者分割方法下，实务中已承认原物分配与变价分配并用、可就部分维持共有及合并分割等分割方法。因此，在单一共有物分割时已有五种分割方法可供选择，并在数不动产的情形承认合并分割，而可就上述分割方法予以使用。然而对于上述实务领域中的见解，由于法无明文规定，导致各分割方法的构成要件仍有争议，因而有修法的必要。台湾地区“新民法”即以维护共有人利益、避免土地细分为宗旨，着手共有物分割方法柔软化、多样化的立法进程，即是以原物分配分割方法为原则，以其他分割方法为原物分配方法的补充规定。又由于一般而言原物分割方法对全体共有人最为有利，因此，所谓共有物分割方法柔软化也可称为原物分割方法的缓和化。

公平适当分割原则乃裁判分割共有物的基本法理，而确定共有物的分割方法应斟酌各共有人的意愿、利害关系、共有物的价格、利用价值及分割后各部分的经济价值与其应有部分的比值是否相当而作出适当分配，才能称作适当而公平的裁决。依台湾地区“民法”第 824 条第 2 项第 1 款、第 4 项、第 5 项、第 6 项规定的原物分割方法，应系采原物分割公平适当原则。同条第 2 项第 2 款、第 7 项规定的变价分割方法，应系采变价分割公平适当原则。同条第 3 项规定的原物分割兼金钱补偿的分割方法，应系采价金补偿公平适当原则。本书兹引用台湾地区近年来有关分割方法之酌定的典型司法判例如下：

首先，原物分割中分割方法确定时的公平适当原则。分割共有物诉讼是使共有关系变为单独所有，定共有物的分割方法固然可由法院自由裁量，但亦须以其方法适当为限。因此，以原物分配于各共有人时除应顾及均衡原则外还须就各共有人应分得的范围予以确定，例如面积多寡、交通、位置等等，否则名为判决分割，实际仍难以达到判决分割的效果。以原物实际分配于各共有人是可分物分割时最适当及常见的方法，系采原物分割公平适当原则。关于原物分割公平适当原则，台湾地区在实务上亦有相关判例作出适用。例如台湾地区“最高法院”1962年台上字第1659号判例中载道：“对不能按其应有部分受分配者酌以金钱补偿之，在审理事实之法院非不能定一适当之方法以为分割，若将土地予以变卖，则两造在系争地上建筑居住之房屋势非拆迁不可，其方法自非适当”。[1]台湾地区“最高法院”1999年台上字第1799号判决中载道：“裁判分割共有物如采原物分割者，法院仅须斟酌共有物的性质及其经济效用，作公平合理之分配即可。各共有人在分割前之使用状况，固应加以考量，惟该使用状况纵共有人间有分管之约定，法院亦不受其拘束。至共有人中如有不能按其应有部分受分配者，依‘民法’第824条第3项规定固得以金钱补偿之。惟关于附着于共有土地上之地上物，其基地分配与他人取得时法并无须就地上物所有人以金钱予以补偿的规定”。[2]台湾地区“最高法院”1999年台上字第1229号判决中载道：“原审依原判决附图乙案所示方案为分割，其所留设之巷道为单向出口，长度超过40公尺但其宽度仅为4公尺，则分到临该巷道之土地将来建屋时其建筑线将退让，致其分得土地之利用价值降低且无汽车回车道之设置，亦与建筑技术规则的规定不合，自难谓系适当之分割方法”。[3]

其次，变价分割中分割方法确定时的公平适当原则。原物分割中如各当事人分得的不动产面积过小，显然不能作何用途，只

[1] 参见台湾地区“最高法院”1962年台上字第1659号判例。
[2] 参见台湾地区“最高法院”1999年台上字第1799号判例。
[3] 参见台湾地区“最高法院”1999年台上字第1229号判例。

会减损其经济效用，即不能原物分割只能予以变卖，所得价金各按应有部分比例分配于各共有人才能将发挥不动产的经济价值，并符合分割共有物应彻底消灭共有关系的要求及公平合理的宗旨。即分割原物不能或难以操作时将共有物出卖于第三人，而将其价金分配于各共有人，需系采变价分割公平适当原则。在台湾地区的实务界中亦有变价分割公平适当原则的适用，如台湾地区“最高法院”1975年台上字第420号判例中载道：“共有耕地整笔变卖以价金分配共有人，并不发生农地细分情形，应不在农业发展条例第22条限制之列。因此，共有耕地的共有人请求采变卖共有物分配价金之分割方法，并非不得准许”。〔1〕

最后，价金补偿分割中分割方法确定时的公平适当原则。在实务上，台湾地区“最高法院”1968年台上字第2117号判例中载道：“法院裁判分割共有物除应斟酌各共有人之利害关系及共有物的性质外，尚应斟酌共有物之价格，倘共有人中有不能按其应有部分受分配或所受分配之不动产价格不相当时，法院非不得命以金钱补偿之”。〔2〕台湾地区“最高法院”1974年度第6次民庭庭推总会议决议中载道：“共有人中有不能按其应有部分受分配的情形得以金钱补偿之。例如甲、乙共有二层楼房一幢，各有应有部分二分之一，楼上楼下面积相等，但楼下房屋价值较楼上房屋为高，如依价值之二分之一分配，则分得楼上房屋者将更分得一部分楼下房屋，无法为经济上之利用，此际可由甲、乙二人分别分得楼上及楼下房屋，而由分得楼下房屋者以金钱补偿分得楼上房屋之人”。〔3〕台湾地区“最高法院”1996年台上字第2676号判例中载道：“共有物之原物分割，依‘民法’第825条规定来看，是

---

〔1〕参见台湾地区“最高法院”1975年台上字第420号判例。
〔2〕参见台湾地区“最高法院”1968年台上字第2117号判例。
〔3〕参见台湾地区“最高法院”1974年度第6次民庭推总会议决议。

各共有人就存在于共有物全部之应有部分互相移转，使各共有人取得各自分得部分之单独所有权。因此，原物分割而应以金钱为补偿者，倘分得价值较高及分得价值较低的共有人均为多数时，该每一分得价值较高的共有人，即应就其补偿金额对于分得价值较低的共有人全体为补偿，并依各该短少部分之比例定其给付金额，方符共有物原物分割为共有物应有部分互相移转之本旨。”〔1〕

（二）德国共有物分割诉讼分割方法的柔软化

从德国立法阶段来看，德国立法者对共有物分割方法的态度可说是非常明确的，但从20世纪40年代后半期开始出现以柔软化分割方法为目标的学说立场。例如R. Heinrichs引述1944年所制定的有关夫妻住宅与财产处理的相关法律规定，其第6条规定是在有关夫妻住宅分割合理时，法官可以命令对房屋进行分割。其从德国民法第242条诚实信用原则有关不适法的权利行使，推导出分割方法不受德国民法第752条的限制。A. Esser则认为德国民法上的共有物分割制度仅为一种单纯化的公平操作，因为其内容基本上未考虑共有物种类与形态的多样化，因此共有人的经济利益往往会被侵害。为了能在具体个案中作出最适当且合理的分配，A. Esser认为应赋予法官在个案中考量适当分割方法的权限，即共有物分割事件不应适用民事诉讼程序，而应适用非讼事件程序。G. Wiist亦认为共有物分割事件应以非讼程序处理，即一方面使共有人有法院审判的保障及言词辩论的实施等，另一方面则应赋予法院裁量空间而使分割方法柔软化。〔2〕德国立法虽维持德国民法第752条及第753条原物分割及变价分配的要件，然而20世纪70年代后德国联邦最高法院（BGH）出现适用德国民法第242条诚信原则而

〔1〕参见台湾地区“最高法院”1996年台上字第2676号判例。

〔2〕参见秦公正：“共有物の分割方法とその诉讼手续”，载《日本比较法杂志》2011年第2期。

使分割方法柔软化的司法判决，分述如下。

案例一： 遗产分割案件〔1〕，本案中当事人是姊妹，共有十一笔土地且应有部分相同，其中有九笔土地是通过对母亲、兄弟姐妹的遗产分割取得，之后又取得两笔土地。被告在提出以消灭共有关系为目的而依德国民法第 753 条的规定强制拍卖该笔土地之要求时，原告提出反驳认为强制拍卖系不合法，因为两笔土地是同种类且当事人的应有部分各为二分之一，可以进行原物分割，共有土地的价值并未减少。一审法院驳回原告的全部请求，然而德国联邦最高法院将案例发回更审，其理由为："基于立法者的判断，德国民法第 749 条以下并未赋予法院就分割方法的裁量权，因此对共有人而言，强制拍卖的妥当性与残酷性也许是立法者所愿意承受的。然而这也排除了民法第 753 条第 1 项规定适用一般法律原则，即诚信原则。法院固然需考量共有人依民法第 753 条规定所行使强制变卖共有物之权，但法院亦必须考量共有发生的原因或共有的基础原因。此外，反对拍卖的共有人亦可提出原物分割的理由及提出反诉，以弱化其所受残酷的地位。"德国联邦最高法院认为在个案中基于诚信原则而不适用德国民法第 753 条强制拍卖共有物的规定，其发回更审而由事实审法院进行事实认定，即要判断该笔土地的变价分割是否会威胁原告赖以生存的生活基础，若可能威胁原告赖以生存的生活基础，则应支持原物分割并辅以一定的适当补偿。本案判决的重要意义在于法院通过德国民法第 242 条诚信原则的适用而承认金钱补偿的分割方法，使共有物分割案件摆脱德国民法第 752 条原物分割严格要件的适用。

〔1〕 参见 BGH，Urt. V. 31. 1. 1972（BGHZ58，146），转引自秦公正："共有物の分割方法とその诉讼手续"，载《日本比较法杂志》2011 年第 2 期。

案例二：为夫妻共有财产的分割事件〔1〕，德国联邦最高法院认为通过适用诚信原则，以一定金钱支付来交换其应有部分也应作为分割方法的一种。本案中原告与被告是夫妻关系，后二人离婚，原告请求消灭共有而向区法院提出拍卖共有建筑物及土地的请求。对此，被告（反诉原告）想要取得保障其居住与生活的建筑物及土地，并提出反诉请求作出如下判决：原告拍卖不合法；被告支付一定金钱给原告，原告应将应有部分二分之一让与给被告，而使该不动产成为被告单独所有；法院在判决前停止对原告拍卖申请的执行。一审法院驳回原告之诉而认为反诉有理由，其认为该案中能够适用诚信原则，因被告婚前就为获得该不动产进行了一系列准备，并通过自己的努力有可能获得该建筑物，且婚姻又仅维持短暂时间。因此被告不但有为自己居住的意思，也有从该不动产中的租金获得生活保障的意思。假设承认原告依强制拍卖法第189条进行不动产拍卖合法，被告将丧失基本的生活保障。德国联邦最高法院进一步说明，“婚姻中一方配偶自他方受到直接或间接土地所有权的援助，有返还的义务，或不许配偶废止共有而进行土地拍卖。然而本案中不论是基于因离婚而不援助建筑物所有权，或基于离婚所进行的共有土地拍卖以消灭该共有，若有不适法权利的行使，即适用民法第242条诚信原则。且民法第242条诚信原则不论在任何领域内均有适用，然而其适用必须限定在例外的情况下。”

可以看出德国联邦法院认为要适用诚信原则仍需限定在例外的状况下，从本案的分割方法观察，被告以一定的金钱给付作为应有部分转让的代价，亦即德国联邦最高法院承认可将该共有土

〔1〕参见BGH，Urt. V. 27. 4. 1977（BGHZ68，299），转引自秦公正：“共有物の分割方法とその诉讼手续”，载《日本比较法杂志》2011年第2期。

地分配给被告单独所有，而由被告以金钱支付给原告作为补偿。申言之，本案依德国民法诚信原则，而承认共有物原物分割于单一共有人单独所有，而由其对其他共有人金钱补偿亦为一种分割方法，因此跳脱德国民法第752条及753条关于分割方法的限制。通过德国联邦法院对共有物分割方法的态度，可看出分割方法已经确定跳出德国民法的框架。上述两判决已经承认原物分割兼价金补偿的分割方法，不过值得说明的是其判决理由是基于德国民法规定的诚实信用原则，并非原物分割方法严格要件的适用。简言之，依德国民法第749条的规定仅有原物分割及变价分配两种分割方法，而不存在将共有物分配于部分共有人而对其他共有人价金补偿的分割方法，然而从实务判决来看，仅此两种分割方法已不足以应付德国实务对分割方法柔软化的需求。

（三）日本共有物分割诉讼分割方法的柔软化

日本有关裁判分割共有物分割方法的规定中，当共有人就共有物不能根据彼此间的协议进行分配时即发生自然分配与给价分配两种方式，其分别对应着可分物与不可分物的适用情形。〔1〕根据日本民法，共有人之间不能对共有物进行协议分割时，如果共有人中至少一人想从共有关系中退出，就须请求共有物裁判分割。在日本民法中请求分割共有物诉讼适用于以下三种情形：①共有关系实质上破裂，无法维持共有关系，此即一般认为适宜分割的情形；②仅有部分共有人想从共有关系中退出的情形；③部分共有人继续维持共有关系的情形。日本民法第258条的规定为传统的共有物裁判分割，该条是以日本民法第256条为前提，但其只考虑了上述第一种情形，而不能完全适用后两种情形，然而依日本民

〔1〕参见江平、米健：《罗马法基础》（第3版），中国政法大学出版社2004年版，第197页。

法第258条第1款的规定，当事人之间无法达成协议时需保障其“向法院提出分割请求的权利”，所以如果共有人提出请求，就必须进行共有物的分割。[1]

法官裁判分割确定分割方法时是否受法定分割方法之限制、能否采取其认为合理适当之分割方法？对此日本早期判例持否定说认为应严格遵循原物分割之裁判要件，但在符合变价分割要件时可使用变价分割。[2]学说中亦持类似见解，认为裁判中分割方法的内容与形式应受到限制，这与依据协议分割的情形不同，一般不允许通过价格补偿的方式进行分割。[3]然而日本最高法院在1987年4月22号的判决中承认原物分割时分割方法包括“基于金钱支付的调整”，也就是金钱补偿，进而开启了对共有物分割方法柔软化、多样化的道路。[4]该判例认为依日本民法第258条规定考虑共有物分割方法，如采原物分割时因需斟酌共有物的性质、位置及分割后的管理、利用的便利因素，应依照应有部分价值予以分割。然而共有人取得原物的价值超过或不足应有部分价值的情形是难以避免的，在此情形下可以调整其过或不足，这也是原物分割形式的一种，应为法律所允许。此外分割对象之共有物为多数不动产时，若其为数相邻不动产，即使分散于数处，该不动产仍可以合并予以分割，分割后的各部分由各共有人单独取得，这也属于原物分割方法的一种。再者，共有人为多数时共有人中的一人请求予以分割，但共有关系并非全部应予消灭，法院可以

---

〔1〕 参见［日］新田敏：“森林の共有における分割方法”，载《ジュリスト昭和六二年度重要判例解说》1988年第910号。

〔2〕 参见日本最高法院昭和30年5月31日《民事判例集》。

〔3〕 ［日］我妻荣：《新订物权法》，有泉亨补订、罗丽译，中国法制出版社2008年版，第334-345页。

〔4〕 秦公正：“共有物の分割方法とその诉讼手续”，载《日本比较法杂志》2011年第2期。

在该请求分割共有人的应有部分价金限度内进行原物分割，其余仍由其他共有人继续共有，亦属合法。[1]依该判决要旨，日本民法固然仅有原物分割及变价分配两种分割方法，然而实务中承认原物分割兼价金补偿的分割方法、可部分维持共有及合并数不动产分割等分割方法。

日本1996年10月31号的判决又进一步承认原物分割的共有人可向其他共有人进行金钱补偿。[2]该判决书中写道："法院依民法第258条第2项规定共有物分割，虽然是依民事诉讼程序进行审理裁判，然而其本质为非讼事件。法律期待经由法院适当裁量权的行使，保障共有人间的公平，并按共有物的性质及共有物状态的实际情况，实现妥当分割。因此就分割方法而言，不是在所有场合均仅能适用原物分割及拍卖分割。法院在原物分割时，如共有人取得超过其应有部分价值的原物，需命令其支付一定价金以调整不足部分。"[3]依上述裁判观点，日本法院认为共有物分割事件本质为非讼事件，法官不受分割方法的拘束，不论共有物为一人单独所有或数人共有，而对其他共有人按应有部分比例补偿的分割方法均为裁判分割的分割方法。

---

〔1〕 参见谢在全：《民法物权论》（上册），中国政法大学出版社2011年版，第568页。

〔2〕 该判决承认将共有物原物分割后，由支付补偿金的共有人单独所有，也就是所谓的"全面性价格赔偿之分割"。参见［日］近江幸治：《民法讲义Ⅱ：物权法》，王茵译，北京大学出版社2006年版，第181页。

〔3〕 该判决书所记载的即为学说中所谓的分割方法之相当性要件与实质公平性要件。分割方法之相当性要件是指依共有物的性质及形状、共有发生的原因、共有物的利用现状及分割后的经济价值，共有人关于分割方法的希望以及是否合理等情事综合考量，认为共有物应由共有人中的特定人取得，而共有物的价值亦可适当的评价时，法院可以命令共有人对其他共有人按应有部分比例补偿的分割方法。分割方法之实质公平性要件是指共有物取得者有支付能力，且对其他共有人的实质公平并无损害情事时，法院也应作出变价补偿的分割方法。参见谢在全：《民法物权论》（上册），中国政法大学出版社2011年版，第569页。

因此虽然日本法上限定了分割方法，日本的司法实践却放宽了对于分割方法的裁判要件，赋予法院酌确定分割方法的权利，如包括支付金钱调整的原物分割（不能获得应有部分全部分配的，可以给予金钱补偿）或是判决由被告取得对共有物的单独所有而向原告支付补偿金。虽然关于基于全面性价格补偿的分割（即共有人未受原物分割仅受领金钱补偿）有部分反对说，但是此判例与肯定通说已立于不易动摇的地位。〔1〕事实上日本学者的通说即认为价金补偿之分割方法虽违反了民法关于裁判分割方法之明文规定，但基于公平、诚实信用等民法原则，在难以原物分割或适用原物分割会造成共有人极大的不公平时，法官可以酌定价金补偿之分割方法。〔2〕

（四）其他国家和地区的共有物分割诉讼分割方法酌定的启示

首先，从共有物分割诉讼分割方法的立法例来看，台湾地区的“民法”修法后，关于共有物的分割方法，除原有的原物分配、变价分配、原物分配兼价金补偿及各共有人均受原物分配及变价分配等四种分割方法外，新增“民法”第824条第3项，若共有人中未受分配者可以金钱补偿之，而不以全体共有人均受原物分配为必要，亦为原物分配的补充方法。另台湾地区司法实践中不仅承认数不动产合并分割作为一种分割方法，还肯认共有人可就部分共有物维持共有。

其次，台湾地区“民法”第824条第2项第1款及第2款明定原物分配为原则，以变价分配为例外，若原物分配显有困难时则

---

〔1〕 秦公正：“共有物の分割方法とその诉讼手续”，载《日本比较法杂志》2011年第2期。

〔2〕 参见［日］近江幸治：《民法讲义Ⅱ：物权法》，王茜译，北京大学出版社2006年版，第181页。

采变价分配，此为最后次序的一种分割方法。台湾地区过去的判例[1]中对于裁判分割分割方法有分割方法法定原则的限制，然而该判例已于台湾地区“最高法院”2010年度第1次民事庭会议决议不再援用，因此，台湾地区法律规定上对于共有物裁判分割的分割方法不受法定分割方法的限制。共有物分割事件本质属非讼事件，由于分割共有物诉讼中法院不受当事人就分割方法诉讼请求的拘束，因此，法院在确定分割方法时反而较为慎重，一般通过行使释明权、晓谕当事人辩论，以免发生突袭性裁判，特别是裁判确定的分割方法与当事人主张之分割方法不同时尤其如此。

再次，依德国民法第752条及第753条第1项，德国法上仅有原物分配及变价分配两种分割方法。原物分配需满足三个要件：①分割不减少物的价值②可以同种类③可依共有人的应有部分比例分割，如不符合上述三要件则采变价分配。因此，在德国民法第752条原物分配的严格要件下，司法实践操作上是以变价分配为原则，此有其历史背景。然而德国联邦法院是通过德国民法第242条规定的诚信原则突破分割方法的限制，而作出将共有物分配于单一共有人，并对其他共有人金钱补偿的判决。就日本立法例而言，依日本民法第258条的规定，日本民法仅有原物分配及变价分配两种分割方法，然而日本最高法院先后通过两个判例[2]承认金钱补偿亦为一种分割方法，并承认可将共有物分配于共有人中一人单独所有，而对其他共有人金钱补偿，亦即日本实务见解已然跳出法定分割方法的限制，开启了分割方法多样化、柔软化的态样。值得说明的是，虽然日本法院上述判例认为日本森林法第186条规定应有部分二分之一以下的共有人无分割请求权，但该规定的立法目

---

〔1〕 参见台湾地区“最高法院”1973年度台上字第2575号判例。

〔2〕 参见日本最高法院昭和62年4月22日民事判决书，以及日本最高法院平成8年10月31日民事判决书。

的是为了防止森林细分及维持森林经营的安定。然而在分割方法柔软化的操作下，可采原物分配兼价金补偿或甚至是变价分配的分割方法，因此该规定不符合比例原则，因而被宣告违宪。可见分割方法柔软化、多样化可减少共有物分割请求权受限制的可能性。

最后，观诸德、日的司法判决，可以发现两者的立法中均仅有原物分割与变价分配两种基本形态的分割方法，德国法是规定若不符合德国民法第752条的三要件即采变价分配，因此，德国法下实则以变价分配为原则。日本法是原物分割明显减少价值的才能变价分配，且法条皆未就其他分割方法作出规定。在原物分割要件上，德国法似较为严格，这与其立法政策将共有物分割事件定性为诉讼事件，且其立法者为追求公平的操作有关。日本法与我国近似，共有物分割事件定性为形式上之形成诉讼，亦即虽然实务中是以诉讼程序处理，然而依其非讼事情的本质，法院有酌确定分割方法的权利。虽然德国与日本均仅规定原物分割与变价分配两种基本形态的分割方法，然而司法实务中均通过解释打破了分割方法的限制，德国是通过民法第242条诚信原则与权利滥用的法理，日本则是通过非讼事件本质的解释。由于法条对分割方法的限制使实务操作遇到困境，因此，在判决中需以其他规定（如德国民法第242条之诚信原则）或原则（如共有人意愿维持共有）突破分割方法的限制。日本与德国民法虽皆仅规定原物分配与变价分配的分割方法，然而司法实务中均通过解释方式打破分割方法的限制。由此，可知原物分割及价金分配两种分割方法事实上已经不能满足共有人人数多寡及共有物态样组成多样化的需求，因此，使共有物分割方法柔软化实际有其需要，也有学者认为应将变价分配列为最优先的分割方法，[1]似有斟酌余地。事实

---

〔1〕 参见苏永钦："全输的共有制度"，载《台湾法学杂志》2010年第155期。

上日本的法律体系、学者以及实务界中，对共有物分割诉讼问题有着长期、广泛且极具深度的探讨，然而对于裁判分割共有物的分割方法问题，日本国内仍普遍认为尚缺乏系统、细致入微的研究。[1]但是，共有关系只要是在具体的生活关系中形成的，分割方法在裁判或者在终结纷争时就会明显化，这是理所当然的事情。因此，日本学者对于共有物分割诉讼以及共有物分割方法合理化的研究，已经逐渐从传统的解释学中跳脱出来，现在的任务就是直接接受并且尽最大努力使其与当今的日本民法体系相整合。在这个意义上，共有物裁判分割的功能是为在保持实质公平性和纷争解决可靠性的同时，把各种可能性方案纳入视野，进而选择最佳的分割方法。因此，为维护共有人利益、避免共有物细分、增进共有物的价值，同时与德、日实务的发展趋势并驾齐驱，我国立法与实务中亦需开启分割方法多样化、柔软化的进程。

第三节　共有物部分分割及合并分割的裁判规则

一、共有物部分维持共有的裁判

（一）共有物可否部分维持共有的理论争议

在共有物分割方法裁判的柔软化进程中即出现共有物部分分割、部分维持共有的观点。而一般见解认为只有在因共有人利益或者其他必要情形时才能适用共有物部分维持共有的分割方法。对于共有物可否部分维持共有问题，有学者持否定见解，认为共有物分割请求权既属形成权，因共有人的单方意思表示而发生全

---

〔1〕参见［日］新田敏："关于共有对外关系的考察"，载《法学研究》1986年第12期。

面变更原有法律关系之效力，因此，不得对共有物进行部分分割，这不同于请求权的发生效力。请求权则因对特定相对人行使而发生效力，因此共有人中的数人请求保持共有关系而主张与其他共有人分割共有物的，为形成权性质所不许。若共有人中的数人欲维持共有关系，则只能在共有物分割并取得单独所有权后，再更新约定成立另一共有关系。〔1〕王泽鉴教授是基于分割共有物的目的，认为不宜对共有物进行部分分割。〔2〕我国实务界亦有类似观点，认为共有物的部分分割不仅背离共有物分割诉讼的目的，亦不利于共有物使用效益的最大化。〔3〕也有学者基于部分分割实务操作上不可行性而持否定观点，认为一方面物权法在立法上对于部分分割未作明文规定，法院应持保守态度。另一方面，部分共有后即成立新的共有关系而不利于共有物之使用效益，还易滋生新的纠纷而浪费更多的诉讼资源。〔4〕也有学者对上述观点持反对见解，认为对于共有物分割的个案而言，很难在法律层面予以判断维持部分共有究竟是否有利于共有人之利益与共有物之使用效益，毕竟只有共有人才能对此作出最佳的判断，因此，法院应秉持开放之态度。而且在某些特殊的情形下共有人间维持部分共有可能是其他部分共有物可以分割的条件，若对此分割方法予以排除或者限制，无异于阻却其他部分共有物的分割，这与物权法之

〔1〕 参见孙森焱："论分割共有物之判决"，载《法学丛刊》1966 年第 41 期。

〔2〕 王泽鉴先生认为分割共有物是以消灭共有关系为目的，因此，法院裁判分割共有物时除因该土地部分之使用目的不能分割（如道路），或部分共有人仍愿维持其共有关系，应就该部分土地不予分割或准许该部分共有人成立新共有关系外，应将土地分配于各共有人单独所有。参见王泽鉴：《民法物权（第 1 册）通则 · 所有权》，中国政法大学出版社 2001 年版，第 366 页。

〔3〕 参见黄勤武："共有财产裁判分割问题探析"，载《人民法院报》2009 年 12 月 1 日，第 6 版。

〔4〕 参见徐夏："分割共有物诉讼之研究"，华东政法大学 2016 年硕士学位论文。

精神无疑是相悖的。[1]

一般理论见解认为分割共有物诉讼为终止共有关系之方法，除部分共有人明示就其分得部分仍愿维持共有关系外，不得将共有物之一部分归部分共有人而创设新的共有关系。而就共有物的部分分割而言，部分维持共有之分割方法的要件有二：一是因共有物之使用目的而具有天然不可分割性。二是部分共有人明示维持共有关系之意思，此要件即创设了裁判分割旨在消灭共有之例外。就部分维持共有而言，上述理论见解是就共有物部分维持共有附加一定条件，实务中则不限于共有人明示愿维持共有，通常法官基于共有人之利益或其他必要情形即可判决共有物的部分维持共有。由此看来，法官对于是否可就部分维持共有的裁量权也随之扩大。不仅如此，实务中共有人维持共有又包括由原共有人全体及部分共有人维持共有两种情形，因此，法官裁量时可以就共有物的一部分由全体共有人维持共有，也可以就共有物的一部分由部分共有人维持共有，如仅就请求分割的共有人间进行原物分配，而其他共有人愿维持共有的，也可以作为分割方法。事实上，实务中部分维持共有的分割方法与原物分割、变价分割、价金补偿的分割方法可搭配使用。当然，法院确定部分维持共有的分割方法时需斟酌共有人的利益。所谓共有人利益不仅指共有人表明其愿维持共有关系时的共有人利益，还包括当事人不愿维持共有但确有这种必要时的共有人客观利益。实务中，共有人的利益（含客观利益）最典型的情形即为共有土地被当事人双方留作道路使用，道路用地部分应全部维持共有。

此外，为了防止土地细分、价值降低，依共有人意愿维持共有的，法院也可确定部分维持共有的分割方法。例如，系争三笔

---

〔1〕 参见康邓承：“论共有物分割诉讼”，西南政法大学2010年硕士学位论文。

土地使用原物合并分割为宜，若由各共有人依应有部分取得单独使用，将使土地细分、价值降低。若部分共有人同意维持共有，对于部分共有人而言就有维持共有的必要。并且基于法院定共有物分割方法是当事人意思表示的补充，共有人意愿即应考量在内，因此实务见解多采肯定说。若共有人愿意维持共有，则应在判决理由叙明，以作为因共有人利益维持共有的依据。值得说明的是，可否仅就请求分割的共有人按其应有部分进行共有物的原物分配，使其脱离共有关系，而其余共有人仍维持共有关系？例如甲、乙、丙等六人共有土地一百亩，应有部分甲为十分之五，其余共有人各为十分之一，甲以其他共有人为被告诉请裁判分割共有物，其他共有人在诉讼中均置之不理，既未出庭应诉，也未提出任何书状表明其意愿或说明其主张的分割方法，则此时法院可认为其他共有人的意愿为继续维持共有关系。若其他共有人无维持共有的意愿或维持部分共有的必要情形不复存在，也可再诉请分割。

前文在考察其他国家和地区的共有物分割方法之立法规定与裁判规则时，即发现对裁判分割方法的严格限制将严重影响共有物之经济效用，且共有人的利益、公平及感情常常难以兼顾，因此，学者有认为共有物裁判上分割方法的多样性及柔软化将能促进共有物的经济效益、防止土地细分、有利于共有人投资规划及维系共有物的特殊情感等。[1]对此，我国台湾地区2008年“司法院”会议审理的“民法修正草案”中第824条即仿照德国、瑞士、日本的立法例，将分割方法增订为可以互相搭配使用的八种选择，这其中即包含部分维持共有的分割方法。此相较于我国物权法中规定的三种分割方法，更能兼顾各方利益且可避免法律适用的空洞化。因此法院裁判原物分配时，因共有人的利益或其他必要情

---

〔1〕 参见谢在全：“民法物权编修正经纬”，载《台湾法学杂志》2007年第100期。

形，可以就共有物的一部分维持共有。法院裁判原物分配时固然应该消灭其共有关系，然而考虑到共有人的利益或其他必要情形，就共有物的一部分有时仍有维持共有的必要。例如，分割土地时，需保留部分土地作为通行道路。因此，基于裁判分割方法之限制性趋向多样性及柔软化的特征，法院对于共有物的分割决定采原物分割方法时需综合考量共有人之利益及其他必要情形，需赋予法官就共有物特定部分不予分割的裁量权、结合共有物之实际使用情况、弹性适用部分维持共有之分割方法。

我国大陆司法实践对于共有物的部分维持共有也基本遵循上述理论见解，赋予法官的自由裁量权。而实践中关于部分分割共有物、部分保留共有关系的诉讼中，相关案例主要分为两种类型：一类是原告共有人明示的保留部分共有关系的请求，另一类是法官依职权判决共有物的部分维持共有。如原告周某甲与被告陶某、周某乙共有物分割纠纷案〔1〕中，原告诉请法院分割系争共有不动产时即请求保留共有房屋三分之一的产权份额，就剩余部分予以裁判分割。原告杨承晖诉被告海南亚卓物业管理有限公司共有物分割纠纷案〔2〕中，法院支持原被告对于共有不动产之原物分割请求，并判决共用公摊部位（系争房产中的必要公共通道，如消防通道、楼梯、电梯）应予以保留不分割。

（二）共有遗产分割之诉中部分分割请求的特殊处理

对于继承遗产案件，若被继承人甲死亡，其继承人乙、丙、丁诉请分割遗产，但在诉讼中当事人只对其中部分遗产进行分割，尚还有其他遗产或遗漏或不知而未进行分割，法院也未察觉并只对部分遗产作出分割判决，嗣后才发现尚有其他遗产未经分割，

〔1〕详见（2012）闵民一（民）初字第14367号民事判决书。

〔2〕详见（2014）海中法民一初字第44号民事判决书。

继承人乙乃另行诉请分割该遗漏的遗产，此时受诉法院应如何作出裁判？

关于诉请共有遗产的一部分进行裁判分割的适法性问题，理论界大体有否定说、肯定说、补充判决说等三种见解。否定说认为对于共有人诉请共有遗产的一部分进行裁判分割，应以裁定驳回。原因在于：其一，民事诉讼法中对于原告之诉，若其诉讼标的为确定判决效力所及，法院应以裁定驳回。民法上所规定的遗产分割是以消灭遗产共同共有关系为目的，需共同继承人全体才能进行。因此，请求分割遗产之诉，原告需以其他共同继承人全体为被告而起诉才能构成当事人适格。此外，遗产分割是将全部遗产作为一个整体进行分割，而非以遗产中的某部分财产作为分割对象，亦即遗产分割的目的在于将遗产共同共有关系全部废止，而非其中部分财产共同共有关系的消灭。其二，判决一经确定，除适用再审程序外当事人不得请求上级法院将该判决废弃或变更，法院亦不得依职权再行判决，当事人及法院应同受其既判力的拘束。上述引例中由于就分割遗产的同一诉讼标的在前已有确定判决，除通过再审程序请求救济外继承人不可另行起诉请求分割遗产，否则即违反一事不再理原则。

上述否定说，认为遗产继承人不得再争执原确定判决，仅能认定原确定判决违法或无效，通过提起再审之诉救济，然而持相反观点者认为其违反了遗产整体分割的本质，应认定原确定判决的效力不受影响，可以就其他遗产进行判决分割。首先，诉请分割遗产需经全体共同共有人同意，然而继承人可以仅就遗产的部分或特定财产进行分割，也就是说对遗产的整体分割是基于遗产特性及诉讼经济的考量，但并非意味着遗产不得进行部分分割。其次，在原遗产分割的诉讼程序进行中，继承人如果未尽到积极搜寻遗产的义务，而导致仍有部分遗产未予以分割，此种情形应当解释为全体继承人有遗产部分分割的默示合意。而如果是双方当事人故意向法院隐瞒其他遗产，致使法院未发觉而作出分割遗产的判决，也应解释为全体继承人有遗产部分分割的合意存在。在判决确定后，如果发现尚有遗产未经分割的情形，则继承人仅能够就其他未经分割的遗产诉请法院裁判分割，而不得就先前已判决的确定部分再请求分割，亦即原判决确定部分的效力不受影响。

补充判决说，认为若因裁判的遗漏造成诉讼标的之部分未经法院审理，导致法院作出部分判决，由于该遗漏部分仍系属原法院，则应当由原法院依职权或依申请作出补充判决。补充判决是由原法院就所遗漏的诉讼标的作出判决，这与遗漏当事人间的重要攻击防御方法而导致判决理由不当有所不同，后者应依上诉或再审程序救济。此外，当事人作出部分请求的，法院若已就该部分请求的全部作出判决，仍为全部判决，原告就未请求的剩余请求再起诉的，属于另一诉讼系属的新诉。但是原告的部分请求应以明示作出，不得作出默示的部分请求，否则剩余请求部分将产生阻断效果。

本书认为由于遗产分割请求权是就全部遗产作出的分割请求，此即遗产分割的一次性原则。虽然通说认为继承人可以就遗产的特定部分作出部分分割的请求，但应征得全体共有人的同意，且基于明示部分请求并禁止默示部分请求的理论，部分分割请求应向法院以明示意思表示为之，否则对剩余请求部分将产生遮断效。因此，在考量遗漏共有遗产的一部分而裁判分割的情形时，不能因遗漏部分遗产就认为当事人有默示部分分割请求的意思表示。继承属于概括继承，而遗产分割标的是消灭遗产的共同继承状态，这与一般共有物的分割不同，既然遗产分割旨在消灭共同继承的关系状态，那么理论上就不能重复分割，此即遗产分割的一次性理论基础。

回到引例问题，继承人既然未明示部分分割请求，也无部分分割请求的合意，法院本应依职权探知事实，不受原告就部分遗产内容陈述的拘束。而该遗漏部分属于诉讼标的之部分遗漏，仍然系属原受诉法院，应由原法院就遗漏部分作出补充分割的判决。

二、数不动产合并分割的裁判

（一）数共有不动产可否合并分割的争议

一般立法例对于共有物分割事件是采自由分割原则，各共有人可随时请求消灭共有关系，此处所谓共有的客体通常是指单一共有物的情形，而请求分割的标的通常也是一物。在特殊情形下数人共有数物时虽可能形成共有关系，但是能否进行协议分割或诉请法院裁判合并分割则有再探究的余地。对于共有土地的分割，若仅就单一的共有土地而进行分割，称为单笔分割。若就数笔共有土地先进行合并再进行分割，则称为合并分割。一般实务观点认为共有土地合并分割可以促进土地的利用及社会经济的发展，避免土地细分，因此，诉请判决合并分割也属于分割共有土地之诉的一种。事实上，共有不动产可否予以合并分割不仅影响法院对于分割方法的决定空间，也与土地细分问题及土地合理利用均有相当的关联性。

不过理论界对于数共有物可否合并分割素有争议，肯定说认为基于共有物分割之形成权属性，其分割效果即是共有人相互转移所有权而成立单独所有，法官在裁判是否合并分割时尚需审酌共有人、共有土地之主客观因素，因此，法官可依职权判令合并分割。[1]否定说则认为当共有的数宗土地并非共有人一致意思表示所成立之

---

〔1〕 参见谢在全：《民法物权论》（上册），中国政法大学出版社2011年版，第411页。

共有关系时，该共有即视为散存于各笔土地之上。另外法官裁判合并分割时需以共有人全体同意为条件，否则不得裁判合并分割，将其中某号土地全部分与共有人之一。因此否定说承认两个例外：一是共有人以成立一共有关系之意思而共有数土地，二是共有人同意合并分割。〔1〕王泽鉴教授赞同否定见解，但其认为在共有土地原来为一笔，其后分割为数宗的情形，为使物尽其用，应例外认为其可以合并分割。〔2〕陈计男教授针对合并分割问题认为数笔土地的共有人相同，应有部分相同或其应有部分虽不同，但共有人全体愿意将数笔土地合并而进行原物分配时法院须对原告进行释明，追加办理土地合并登记的请求后再进行原物分配。〔3〕采有条件的肯定说认为需区分两种情形讨论，对于共有人全部相同之数不动产可予以合并分割，而对于共有人部分相同之相邻数不动产则需考虑其是否具备一定要件，即除非法院认为合并分割不适当而采取分别分割的情形外，需半数以上共有人同意才能申请合并分割。〔4〕如此观点实际上是对否定说的适度放宽。值得说明的是，对于不相邻的数不动产仍然是由法院依职权根据个案认定是否可以采取合并分割。

由上述观点之梳理可以看出，学界通说对于数不动产可否诉请裁判合并分割的问题，通常上是基于一物一权原则和分割效力的移转主义而是采否定的见解，不过也承认在符合一定要件下例外地可以合并分割。关于共有数宗土地的协议合并分割，实务上

---

〔1〕 参见谢在全：《民法物权论》（上册），中国政法大学出版社 2011 年版，第 368 页。

〔2〕 参见王泽鉴：《民法物权（第 1 册）通则·所有权》，中国政法大学出版社 2001 年版，第 370-374 页。

〔3〕 参见陈计男：“论分割共有物之诉”，载《法令月刊》1983 年第 12 期。

〔4〕 参见郑妃束：“共有物分割之研究——以共有土地为中心”，台北中正大学 2007 年硕士学位论文。

有采折中说认为如果该数宗土地共有人是以成立一共有关系的意思而共有时，共有关系存在于数笔土地上，因此，此时宜采取肯定说，否则由于其共有关系分别存在于每笔土地上，应采否定说。数宗土地的共有人因协议分割，约定互易其各宗土地的应有部分，使双方各取得某一笔土地的全部所有权，因此其是含有多数“互为条件”的所有权应有部分的互易行为。其本质上仍属于协议分割，并非单纯的互易，未经共有人全体的同意不能成立。学说上一般基于私法自治原则也倾向于其能够协议分割。[1]至于共有数宗土地的部分不同共有人可否诉请法院裁判分割，尚需再推敲。关于共有人就数宗共有土地，起诉至法院并由法院裁判合并分割的效力，实务见解中对于数笔共有物联结在一起时，不论共有人对各笔共有物的应有部分是否相等或各笔土地地目是否相同，为避免土地细分，均准予其合并分割。此外，如共有人是基于一共有关系的意思共有或在诉讼中同意，通常也不考虑其是否相联结即可合并分割。

本书认为现行物权法并未明文禁止合并分割，基于目的性考量，为促进土地利用、避免土地过度细分，应更具弹性地消灭共有关系。分割方式以单独分割最为单纯，但若合并分割利于各共有人就其所得共有部分的利用时，就没有必要再禁止合并分割。更何况法院在公平审酌各共有人利益及共有物的现况等主观情形后依法裁判分割，以达成物尽其用的目的，不宜过度限制其合并分割要件。

（二）共有土地裁判合并分割的要件

对于共有土地的合并分割，学者虽采否定说为通说，但由于

〔1〕 参见王泽鉴：《民法物权（第1册）通则·所有权》，中国政法大学出版社2001年版，第298页。

限制合并分割对共有人及社会经济均为不利，实务中逐渐采取放宽的态度，不过对于合并分割要件为何又有不同见解。如有认为需经全体共有人同意后法院才能进行合并分割，其余情形不得合并分割。也有认为除了上述要件外，尚需共有人及其应有部分均相同才能请求法院合并分割。简言之，共有物分割的效力是采权利移转主义，即共有物分割是由共有人间的应有部分互相移转所致，因此，若对数笔共有土地合并分割，需以该数笔共有土地的共有人及其应有部分均相同且征得全体共有人的同意为要件。还有认为只有共有物的性质相同才能进行合并分割。[1]前文业已论及，为避免土地细分、促进分割方法之多样化、强化法官裁量权，应允许对数共有不动产之合并分割。对于数共有不动产之合并分割的裁判要件而言，又可分为共有人相同数不动产之合并分割及共有人部分相同之数不动产合并分割，兹分述如下。

第一，对于共有人相同之数不动产的合并分割应以共有人相同之不动产为限，至于各应有部分是否相同、是否相邻、地目是否相同则无须考虑。除此之外，还需共有人向法院作出数不动产合并分割的意思表示，法院才能合并分割，且该意思表示不以全体共有人为必要，仅共有人中一人向法院请求合并分割即可。[2]又由于请求合并分割的意思表示不以起诉时为限，共有人在起诉时可以就数不动产一并起诉，在起诉后也可以诉之追加的方式，进行合并分割之追加，被告则可以反诉的方式为之。基于民事诉讼处分权主义之法理，共有人须向法院作出请求合并分割的意思表示，法院不得依职权将当事人未请求的不动产纳入合并分割的范围。即便共有人起诉时请求将数笔土地分割但未作出合并分割

---

〔1〕 参见蔡明诚："数笔共有土地的裁判合并分割问题——'最高法院'八十九年度台上字第一八七五号判决评释"，载《台湾法学杂志》2001年第22期。

〔2〕 温丰文：《论共有》，三民书局股份有限公司2011年版，第71页。

的请求，法院也不可合并分割，此时法院可行使阐明权使共有人有合并分割的意思表示，才能进行合并分割。值得说明的是，在共有人相同的合并分割诉讼中，法院若认为不宜合并分割，仍可以分别分割，因为共有物分割本质上属非讼事件，法院本不受诉讼请求的拘束，共有人向法院请求的仅为确定分割方法，因此，法院如认为该数笔土地不宜以合并分割为分割方法，自然可以将该数不动产分别分割。所谓不宜合并分割在实务中主要表现为系争土地的共有人虽相同，但各自的应有部分比例不相同，且地价差异甚大，不宜合并分割。当法院认为分别分割仍属较为合理公平的分割方案，即使共有人请求或主张合并分割，法院也不受其主张之拘束，因为合并分割只是分割方法之一，法院对于合并分割与否仍有审酌权。

第二，对于共有人部分相同之相邻数不动产的合并分割需应有部分过半数共有人的同意，即可请求合并分割，以利于不动产经济效益的提高。因此，原告起诉时若请求以合并分割为方割方法，即以各相邻不动产应有部分过半数人同意为要件，原告在诉讼系属中以诉之追加或被告以反诉的方式而请求合并分割的，在请求时经各相邻不动产应有部分过半数人同意，也可请求合并分割，此为共有人部分相同之相邻数不动产的合并分割。对此有学者指出不动产合并分割的要件可分为积极要件与消极要件，积极要件是指不动产须为同一地段、地段相连且使用性质相同的土地，经各土地应有部分过半数共有人的同意，才能诉请合并分割。消极要件是指土地合并分割有两大限制条件，不动产上未设定他权利且未经法院查封、扣押或破产登记。〔1〕对于共有人部分相同之

〔1〕 参见温丰文："相邻数共有不动产的合并分割"，载《月旦法学教室》2009年第86期。

数不动产在请求合并分割时是否需要“相邻”要件，有学者持否定观点，原因在于不相邻的共有土地合并分割可以避免土地分割破碎，使土地使用符合规模经济，基于促进土地使用的考量，共有人部分相同的分割应删除“相邻”要件，增加合并分割不动产的适用范围。[1]然而本书认为由于合并分割的分割方法仅依多数共有人意愿即可提出，因此更应斟酌少数共有人的权益保障。在不动产相邻情况下，确有合并分割以维持不动产经营规模的必要，一旦删除“相邻”要件，扩大共有人不同的不动产合并分割范围，则难以确实保障少数共有人的权益，所以对于共有人部分相同之数不动产仍宜限制“相邻”要件。

第四节　我国共有物分割方法的裁判规则——基于共有不动产的实证考察

一、共有不动产分割方法的选择顺序

依我国《物权法》第100条的规定，法官在对共有不动产确定裁判分割方法时可选择原物分割、变价分割和折价分割三种具体的分割方法，然而从法条之表述来看，这三种方法是有一定的顺序的，不能任由当事人随意选择。事实上，不管是传统民法理论还是其他国家和地区对于分割方法的模式选择均认为共有物分割事件中实物分割方法应作为裁判分割的第一选择。例如王泽鉴教授认为原则上须就原物为分配，在原物分配有困难时始予变卖。[2]史尚宽教授从比较法的角度观察，认为德国、瑞士、日本

〔1〕参见谢哲胜：“合并分割”，载《月旦法学教室》2009年第81期。

〔2〕参见王泽鉴：《民法物权（第1册）通则·所有权》，中国政法大学出版社2001年版，第366页。

民法皆以原物分割为原则，价金分割为例外。[1]对于折价分割与变价分割两种分割方法，我国最高人民法院的观点认为后者更为可取。[2]但学者有对此持反对见解，认为若共有物为独立不动产，不宜原物分割且无渠道变价分割，此时折价分割更为适宜，同时为了避免当事人对于由谁得到共有不动产产生争议或造成当事人间的不公平，可以通过竞价的方式，由价高者获得。[3]

因此，根据上述理论与立法精神，裁判实物分割的前提条件是共有不动产可以分割且不会因分割而减损价值，只要这两个条件具备就应当进行实物分割。之所以这样设计裁判规则，是因为变价分割或者折价分割的缺点均较为明显。例如在两种分割方法中共有人均需支付给拍卖、变卖机构或者评估机构一笔额外的费用而使共有财产价值无谓减少，增加审理案件的时间、影响当事人权利的及时实现等。而事实上处于后二顺位的这两种分割方法亦有一定的选择顺序，由于对于共有物的折价分割须考虑诸多因素，例如有无共有人愿意接受共有物、折价数额为多少等等，所以实践中通常是倾向于采变价分割方法。不过尽管立法与理论上均是确定了原物分割为原则的选择顺序，但基于不动产分割的特殊属性，在实务中法官对于不动产之裁判分割方法的选择则显得尤为复杂。例如，判断不动产是否可以分割即辨识其物理可分割性时，需首先考虑不动产是否具有构造、使用和登记上的独立性，还需判断原物分割对于共有物价值的影响、是否符合价值减损要

〔1〕 参见史尚宽：《物权法论》，中国政法大学出版社2000年版，第169页。

〔2〕 我国最高人民法院的观点认为如果没有人愿意接受共有物，或者虽愿意接受共有物但对折价数额有异议，各共有人又达不成协议的，最好不要采取折价分割方法，而是采取变价分割的方式，这样更有利于案结事了。参见最高人民法院物权法研究小组编著：《〈中华人民共和国物权法〉条文理解与适用》，人民法院出版社2007年版，第312页。

〔3〕 参见邬砚："实体法与程序法交互作用下的共有物分割之诉"，载《现代法学》2016年第2期。

件。我国最高人民法院民一庭意见亦持类似观点，认为共有人请求分割共有不动产时，法院需先判断系争不动产是否符合原物分割标准（如不动产产权分割标准），若不符合应当选择折价或变价分割。[1]本书通过对我国司法实践中若干判例的梳理归纳，探讨共有不动产之分割方法裁判的共性特征及考量因素之一般规律。

二、共有不动产的分割方法

对系争不动产如何分割双方不能达成一致协议，虽然法律规定了折价、拍卖、变卖等方式，但在实践中，拍卖、变卖取得的价款予以分割的方式是在双方均无力折价补偿对方份额或均不愿意保留共有物的情形下方采用。若共有人要求折价补偿且有能力折价补偿其他共有人的情形下，法院一般采用折价补偿的方式分割系争不动产。究其原因在于相比于拍卖、变卖的方式，折价补偿简便易行、成本低、不确定因素少，更有利于保护各方的利益。由此可看出，在对于分割方法的选择问题上，是选择折价分割还是变价分割，通常是由法院综合考虑分割的成本、难易程度以及双方当事人的经济状况，对于变价分割的方式较为慎重，而通常由共有人对其他共有人进行折价补偿的方式予以分割。我国实务界中，有如下判例可供参考。

田青穗诉田青禾、田瑛共有物分割纠纷案[2]中，一审法院审

---

[1] 参见韩玫："共有人请求分割共有财产时，人民法院不宜判决分割使用权"，载最高人民法院民事审判第一庭编：《民事审判指导与参考》，人民法院出版社 2011 年版，第 117-121 页。

[2] 基本案情：田青禾、田青穗、田瑛三人按份共有一幢二层房屋，除较大的门厅外共有七个可供居住的房间，但只有一个通向外面的通道和建在其中一间房间中的楼梯，除一个明显为卧室的套间外没有单独的卫生间，只在一层有一个厨房。涉案房产为田青禾、田青穗与田青禾之子田瑛按份共有，其中田青禾占六分之一，田青穗占六分之一，田瑛占三分之二。原告田青穗因长期侨居海外，其继承的不动产自己无法使用，因此诉请折价分割共有不动产。被告因无力支付补偿款，不同意分割共有财产，但承诺原告回国时可以无偿在此居住。原被告双方对于各自的应有部分并无争议。

理认为鉴于该房屋不具有内部分割后单独进行产权登记的条件，而被告确实经济困难，无力向原告支付补偿款。为了充分发挥系争房产的使用价值，判决由原告使用系争房产一层向阳的一间，与被告共用一层的卫生间、厨房和通向街门的走道。两被告之间仍按不动产登记簿上记载的份额共有。双方当事人均不服一审判决，提出上诉。原告上诉坚决要求法院判令分割继承所得房产的相应价格。被告上诉称一审判决根本无法执行，系争房产虽然有七个可供居住的房间，但房屋是为一家人居住设计的，如果分割使用，卫生间、厨房和楼梯均不配套。二审法院审理认为在系争房产不具备拆分使用和内部分割后单独进行产权登记的条件下，不宜强行判决分割房屋的使用权，而是应当判决原告将其名下分得的房屋面积，归两被告所有，并根据评估的结果对原告应当分得的面积折价，由被告补偿给原告。

李某1与李某2共有物分割纠纷案〔1〕中，法院审理认为考虑到原、被告目前的经济状况等，系争房屋归原告所有，原告给付被告相应的房屋折价款为宜。原、被告对系争房屋的市场价值确认为210万元，因此，系争房屋归原告所有，原告应给付被告房屋折价款105万元。

沈某与叶某、刘某共有物分割纠纷案〔2〕中，法院审理认为原告对系争房屋虽未作任何贡献，但不动产以登记为准，现原告在系争房屋内占有四分之一的产权份额，且原告与被告已离婚，双方对系争房屋已丧失共有的基础，因此，原告要求对系争房屋进行分割，即系争房屋归两被告所有，由两被告按照双方达成一致意见的市值的四分之一支付原告房屋折价款之诉讼请求，于法有

---

〔1〕参见（2015）浦民一（民）初字第3396号民事判决书。

〔2〕参见（2015）浦民一（民）初字第2231号民事判决书。

据，遂判决系争房屋产权归被告共同所有。被告于本判决生效之日起十日内支付原告房屋折价款。

原告唐某明、唐某扣、高某某与被告丁某某共有物分割纠纷案[1]中，法院审理认为系争房屋属原告唐某明、唐某扣、高某某、被告丁某某按份共有，依法各按份共有人均有权随时要求分割系争房屋。虽然基于被告的客观情况，分割系争房屋会给其带来一定的困难，但是考虑原告与被告已离婚，双方共同生活已无可能，且被告所占系争房屋产权份额系源于三原告的赠与，因此，依法支持原告分割系争房屋之诉请。遂判决系争房屋中原属被告所有的六分之一产权份额归原告所有，被告于判决生效之日起十五日内配合原告办理系争房屋产权过户手续，相关费用由原告负担；被告于判决生效之日起六十日内迁出系争房屋。被告迁出当日，原告支付被告房屋折价款。

阮某1与阮某2等共有物分割纠纷上诉案[2]中，二审法院审理认为关于共有物分割程序，本案标的物属独立使用单套房屋，按照社会生活、交易习惯，在维持正常范围使用、交易价值条件下，该标的物性质不应物理分割使用。各上诉人不存在亲属法或其他法律规范项下共同生活之依据，亦不能达成共同居住、使用的意思表示合致。原被告双方因本案标的房屋纠纷数度告诉，相互矛盾较大，实际亦不宜共同生活。因此，本案标的物分割依法应采用价值分割、折价补偿方式进行。

周某某与周向理共有物分割纠纷上诉案[3]中，一审判决认为本案讼争房屋是单元房，仅能登记一个所有权，进行实物分割违背一物一权原则，且不能分别登记所有权。此外讼争房屋如进行

---

〔1〕 参见（2014）浦民一（民）初字第26509号民事判决书。

〔2〕 参见（2014）沪一中民二（民）终字第2505号民事判决书。

〔3〕 参见（2014）榕民终字第3977号民事判决书。

实物分割会改变房屋的采光，且需重新铺设水电煤气等设施，对房屋的价值必然产生减损，因此，讼争房屋不宜进行实物分割。而原告亦不同意被告的折价补偿分割方案，因此遂判决驳回原告之诉讼请求。一审宣判后，原告上诉称对讼争房屋总面积内的两个不同权属面积份额进行分割，没有对房屋结构进行改变和破坏，不存在造成该房屋价值减损的问题，讼争房屋的实际情况便于依法分割而不影响采光，一审判决认定进行实物分割违背一物一权原则是错误的。被上诉人周向理答辩称讼争房产不能进行实物分割，否则将严重损害其价值，讼争房产实际上具有纪念价值，有着人格象征意义，不能把一套拥有完整所有权的房产分割成两个所有权。若对讼争房产进行实物分割，采光、通风、空气等肯定受到影响，且经过几轮诉讼双方不可能在同一屋檐下生活，因此，讼争房产应该采取折价补偿的方法进行分割。二审法院审理认为对讼争房屋分割使用应综合考量各方面因素，讼争房屋如进行分割使用会改变房屋的采光，且需重新铺设水电煤气等设施，对房屋的价值必然产生减损。况且本案讼争房屋是成套单元房，仅有一个出入门，现由被上诉人居住使用，双方当事人因讼争房屋发生继承纠纷后，关系紧张，矛盾激化，如对讼争房屋进行分割使用，不利于双方当事人和睦相处。因此，讼争房屋现不宜进行分割使用，目前上诉人亦不同意对讼争房屋采用折价补偿分割方案，原审判决驳回上诉人诉讼请求并无不当。

当然，使用折价分割的分割方法有一个前提，即共有人中有一方愿意接受共有物，若所有共有人均不愿意接受共有物时，则应使用原物分割或者变价分割的方式。杨天金与重庆石柱中亿有限公司合伙协议纠纷案〔1〕中，关于共有不动产的分割方法，一审

〔1〕 参见（2015）渝四中法民终字第00956号民事判决书。

法院认为本案原告请求法院直接按照2014年12月共有物的市场价判决归被告所有，由被告支付一半价值的诉讼请求，有违物权法关于共有物分割方法的规定，遂判决驳回原告的诉讼请求。二审法院审理认为本案中按份共有的不动产系房屋，有相应的楼层、套数和面积，可以进行实物分割，且不会因实物分割减损价值。尽管被上诉人擅自将双方按份共有的房屋设定了抵押，但在一审判决前已经解除了抵押，并不影响双方对该房屋进行实物分割或变价分割。由于双方当事人均不愿意接受共有物，因此，不能采用折价分割的方法予以分割，因此本案只能采实物分割或者变价分割的方法。虽然上诉人起诉时提出分割共有物的请求符合法律规定，但其具体的诉讼请求坚持要求进行折价分割，不符合法律规定，应当予以驳回，但这并不影响当事人另行起诉请求对共有物进行实物分割或者变价分割。

实务中对于物理属性可分割之不动产，法院即可根据《物权法》第100条的规则以原物分割为原则。对于共有不动产而言，若系相邻数不动产，物理属性上可分割，如相互独立的数间门面房、分割后可独立使用且功能齐全的住房等。由于共有不动产分割多由亲属、亲人等情谊关系为分割主体，因此在适用原物分割的分割方法时，除了斟酌共有不动产分割后之经济效用、遵循尽量不破坏房屋结构外，还需特别注意避免共有人在使用时产生冲突，保证各方共有人生活的私密性和安全性。不仅如此，法院在依公平原则为适当之分割时，需根据房屋的实际状况等因素综合考量，如系争房屋有无优劣之分、价格有无差异等等。

郭某某诉车某某等共有物分割纠纷案[1]中，法院审理认为原被告婚姻关系解除后，对系争不动产的共有关系已经失去了存在

〔1〕 参见（2014）宕（哈）民初字第18号民事判决书。

的基础，应当予以分割，但双方均未对系争不动产申请评估作价，因此，宜结合原被告实际情况原物分割。法院遂判决系争不动产四间中靠西侧两间归原告所有，靠东侧两间和与大门过道相邻的简易房一间归被告所有。坐东向西砖木结构瓦房五间归被告所有。原被告诉争房屋所在院场和大门过道由原被告共同使用。

赵某某诉毛某某1同居关系析产、子女抚养纠纷案〔1〕中，法院审理认为系争不动产三间瓦房为双方同居生活期间共同修建，属于共有财产，原告要求分割，应予准许。因共有人未提交折价分割的有效证据，因此，宜原物分割，法院遂作出判决系争不动产三间瓦房中北侧一间归原告所有，另外两间归被告所有，房屋所在院场及大门双方共同使用。

钟某某与王某某共有物分割纠纷案〔2〕中，一审法院审理认为讼争房屋是一个独立的套间且双方对房屋占有的份额已经明确，因此，本案的析产仅针对房屋的使用权进行划分。由于双方对划分的方案有争议，法院根据房屋的实际状况等因素，遵循尽量不破坏房屋结构、避免双方在使用时产生冲突的原则综合考虑确定。东面现有的大房及阳台归原告使用，西面现有的小房归被告使用，现有的厕所由双方共同使用，现有的大厅在大厅东南角划出一部分范围给原告使用，并依据各自应有部分划分了具体范围并在判决书后面附图。二审法院审理认为双方争议的焦点是房屋分割的方式问题，由于法院在确定共有房屋的分割使用方式时需综合考虑如下因素：各方当事人的使用面积与其产权面积相若；在条件许可的情况下，各自使用部分的房、厅、厨、卫等功能齐全；保证各方共有人生活的私密性和安全性，避免双方在使用时

〔1〕 参见（2012）宕（哈）民初字第57号民事判决书。
〔2〕 参见（2015）穗中法民五终字第3187号民事判决书。

产生冲突。本案中由于双方当事人矛盾较大，尤其需要对讼争房屋进行完全间隔，以避免双方在以后共同使用过程中产生摩擦和纠纷。

魏某与禹某甲离婚纠纷案[1]中，再审法院审理认为系争不动产四间门面房属于原被告共有，虽与被告家的老院相连但仍相互独立，分割该四间门面房并不会减损原四间门面房的价值，且门面房西临部分与被告家老院接通是在双方离婚之后被告家人所为，因此，系争四间门面房按实物分割更符合公平原则和本案的实际情况。考虑到系争四间门面房的面积相差不多，法院酌定系争不动产四间门面房从南数第一间、第二间房屋归被告所有，从南数第三间、第四间房屋归原告所有。

张某等诉潘某某共有物分割纠纷案[2]中，法院审理认为争议房屋系两原告与被告按份共有，双方就该房屋并无不得分割之约定，亦无依房屋之物理属性不能分割的情形。按份共有人有权随时请求分割共有物，因三方不能达成分割之协议，现两原告以诉讼方式请求法院为共有物分割，应予准许。按份共有物分割之方法，除公平原则外应依共有物的性质，斟酌其分割后之经济效用而为适当之分割。房屋之分割应在分割后能够独立使用方能物尽其利、发挥其经济效用。争议房屋由两间门面构成，两处门面所处位置临街深度一致，没有优劣之分、价格亦无差异。鉴于此法院按照房屋东西方向之房梁及立柱所形成之中线等分为两部分，由两原告与被告各自享有一侧房屋的单独所有权，两原告内部份额应自行约定。法院后作出判决系争房屋按照房屋东西向房梁及立柱所形成之中线分割为南北两部分，分别归属于原被告，各取

---

〔1〕 参见（2015）新中民四终字第158号民事判决书。
〔2〕 参见（2014）湖安民初字第830号民事判决书。

得单独所有权。

三、折价分割方法的多样化

司法实践中对于共有财产分割中采取实物分割或变价分割的共有人之间争议不大，法院也较容易作出判决。实务中存在较多争议的往往是折价分割的方式。财产共有人对共有财产归属争执不休，或均希望己方得到共有物或均希望己方补偿折价款，使案件难以下判或长期缠讼。〔1〕鉴于折价分割方法的复杂性，理论界开始探索折价分割方法的多样化，竞价分割的方式即是其中之一。对于竞价分割之分割方式，在立法层面上我国民法总则、物权法及相关司法解释对于一般共有财产的竞价分割问题并未作出明确规定，只有婚姻法相关司法解释中对于夫妻共同财产分割中的竞价分割作出了规定。〔2〕不过我国实务中已有诸多判例对分割方法进行柔化处理，以竞价方式对涉讼房屋进行分割。如邓某某等诉孙某某共有物分割纠纷案〔3〕中，关于系争共有房屋的分割方法，原审庭审中原告邓某某、被告孙某某同意以竞价方式对涉讼房屋进行分割，并将竞价确认的房屋价格作为本案处理房屋所有权和确认房款补偿的依据。竞价细则中明确了涉讼房屋及其附属装修物在本案中进行处理的价值，该价值由双方以价高者得的方式竞投，价高者取得系争房屋的所有权，并对另外一方按一定比例进行经济补偿。本书认为运用竞价方法分割共有财产对于共有人而言可能是最为理想、也最为便捷的折价分割方法，共有人对于共

〔1〕 丁建新："共有财产分割适用竞价原则刍议"，载《法学》1993年第10期。

〔2〕 依《最高人民法院关于适用〈中华人民共和国婚姻法〉若干问题的解释（二）》第20条的规定，双方对夫妻共同财产中的房屋价值及归属无法达成协议，但均主张房屋所有权并且同意竞价取得的，应当准许。

〔3〕 参见（2014）穗中法民五终字第2736号民事判决书。

有物之用途、实际价值等均较为了解，可自由选择是取得原物还是取得价金。另一方面，对于共有不动产之安定性也有所保障、避免发生新的纠纷。有学者的早期研究中即论述道，共有物分割诉讼中的竞价分割方法不仅能方便法院查明事实、减少法院依职权调取证据的烦琐过程，还能增强案件审查的透明度、保证执行程序的顺利进行，最主要的是能节约司法资源、帮助共有人节省大笔拍卖及变卖评估费用。〔1〕

对于折价分割共有财产时可采取竞价方式，由出价高的共有人取得共有物，这在理论与实务中均有一定的共识，不过实务界尚对其中一种特殊问题存有争议，即若共有人一方的出价高于共有物的评估价时应如何处理？例如共有物分割纠纷案中原被告双方均欲取得房屋所有权，法院委托评估机构对该房屋评估价为100万元，被告共有人表示愿意竞价得到该不动产，但原告共有人称愿补偿120万给被告共有人而由己方得到该不动产。对于此一问题实务中存在不同的意见，一种见解认为应依评估价作为分割依据，因为其是由当事人申请、法院委托的评估机构作出的合法有效之文书，至于以评估价为标准分割后，究竟由原告共有人还是被告共有人获得系争不动产之所有权，尚需考量其他因素，如系争不动产的占有情况、共有人的支付能力等等。另有见解认为评估报告只能作出法院确定共有物价值之参考依据，并非绝对需要遵守的分割依据，因为竞价分割之基本原理即是本着共有物价值最大化的宗旨实现各共有人利益的最大化，基于共有人之公平原则和竞价自愿原则，应由出价高的共有人取得系争不动产之所有权。〔2〕本书

〔1〕 参见丁建新："共有财产分割适用竞价方法初探"，载《政治与法律》1993年第6期。

〔2〕 参见沈和玉："双方均主张取得共有物的可适用强制竞价方式分割"，载《人民法院报》2015年12月2日，第7版。

赞同后者观点，若坚持按评估价格分割系争不动产，除了不利于共有物价值最大化外，还将会造成份额多的一方共有人消极竞价、损害出价高一方的合法权益。

四、法官对于分割方法的裁量权

分割共有物诉讼中法院可基于自由裁量权作出公平合理之分配，不受当事人诉讼请求、诉讼主张或分管约定的拘束。[1]事实上也正是基于上述特点，共有物分割诉讼被广泛地视作为形式上的形成之诉。理论上而言，法院对于分割方法的自由裁量权主要在适用何种分割方法或如何确定分割方案（分配方法）上面，但是对于该二者，法院究竟有多少自由裁量权，也值得探讨。关于事实审理中法官的自由裁量权，通过对我国相关判例的研究来看，法官对于共有物分配方法的自由裁量权较大，而对于共有物分割方法的自由裁量权较小。究其原因，乃在于法院对于分割方法的确定是有一定的顺序，不能任由当事人随意选择。并且实物分割要求共有物在物理属性以及经济价值这两个方面上都可予以分割，而变价分割或者折价分割均存在一定的缺点，已如本节前述。

例如上诉人贺建国与被上诉人杨永茂共有物分割纠纷一案[2]中，一审中原被告均要求全部取得系争房产产权，并给另一方相应的补偿，双方对房产的分割均无法达成一致意见。一审法院审理认为因系争房产实物分割会影响该房产的使用价值，该房产现亦由被告管理经营，且被告出资额较多，系争房产可由被告全部取得，由被告按照原告的出资份额给予折价补偿。原告不服提起

---

〔1〕 郑冠宇：《民法物权》，新学林出版股份有限公司 2011 年版，第 291 页。

〔2〕 参见（2015）甘民一终字第 82 号民事判决书。

上诉，认为系争不动产为对称性建筑，共五层，一楼为商铺，楼内南北两侧各建有一个供人上下的楼梯，若在二至五楼每层的过道中各砌一道一米多宽的墙体即可分为两个部分，水暖电亦可分开，分割后完全不会影响整体，各自经营亦不会影响使用价值，一审判决提出因系争房产实物分割会影响房产的使用价值不符合事实。被上诉人答辩称分割诉争房屋不符合系争标的之实际情况，分割房屋会影响各自的使用，包括房间、公共区域、水暖电等配套设施的分配会引发双方更大的矛盾，系争房屋是不可分割物，分割会严重影响其使用效能和价值。二审法院就系争房产如何分割的问题进行审理，并认为本案原被告双方均坚持要求取得全部共有房产，无法达成实物分割协议，同时对系争房产进行实物分割会影响该房产的使用价值。在这种情况下采取变价分割的方式才更有利于本案的案结事了，但是一审采取了折价分割的方式。现原告上诉提出要求取得系争房产或者按比例分配拍卖房产的价款，经审查，系争房产是一栋临街的五层高楼房，按照原告的上诉请求从每一层中间砌墙分割也许可行，但分割之后双方当事人都只能取得系争房产的一部分，在使用房产的过程中不可避免地会涉及楼房公用部分的使用等，有可能产生新的争议，而且分割使用必然会影响房产的整体使用价值，一审委托评估机构对系争房产的价值进行评估后进行折价分割，已经产生了四万余元的评估费用，如果按变价分割，必然还要产生一笔拍卖费用。同时考虑到被上诉人对系争房产的出资比例及长期经营管理的事实，从最大限度地实现物的使用、经济效能的角度，二审对一审采取的分割方式予以维持（折价分割），不再进行调整。

本书通过对相关判例的检索发现，我国法院在审理共有物分割诉讼时不但或多或少会受到“分割方法法定原则”〔1〕的限制，又必须优先使用原物分割，还须以适当的分割方法。此外法院的判例要旨中一般反映出法官在事实审理中需斟酌、兼顾各式各样的考量因素，如公平原则、利益原则、经济原则、社会利益、利害关系、使用情形、共有物的性质及价值、各共有人之意愿、分割后各部分的经济价值与其应有部分的比值是否相当，等等不胜枚举。这些标准大多过于抽象，最高法院及各地法院也未见出台相关司法解释予以阐释。而在判例中却屡屡发现二审法院往往只是列举数点考量，指责原审未予妥适考虑，因此，撤销原审判决或者发回重审。且就本书初步的观察，当二审法院列举斟酌事由时大多是原审采取变价分割，而二审法院认为原物分割并非不可能。因此，事实审法官的自由裁量权主要是在“分配方法”，例如共有人甲拿A地还是共有人乙拿A地，而不是“分割方法”。对于分割方法，实务中一般要求事实审法院尽其所能避免变价分割，但不一定要用单纯原物分割，也可以用原物分割与不足分配的补偿这种分割方法。

〔1〕 从我国《物权法》第100条的条文内容以及实务中的操作来看，共有物分割诉讼实务中的分割方法有原物分割、原物分割+不足分配之补偿、原物分割+未受分配之补偿、原物分割+变价分割、变价分割、共有+原物分割、合并分割、相邻合并分割等八种分割方法，法院虽然可以在一定程度上自由选择某种分割方法，但可供选择的分割方法仍然有限，姑且可称之为“分割方法法定原则”。

第六章

共有物分割诉讼的判决效力

第一节 问题的提出

共有物经裁判分割后即会产生实体法上及诉讼法上的双重效果。实体法上，共有人的权利义务会发生变动，进而产生相应的债权、物权效力，而在共有土地的裁判分割中，还会产生对担保物权、用益物权的影响。诉讼法上，学者观点及实务判例对于共有物分割裁判的既判力及执行力问题均存有分歧，尤其是分割判决执行力的有无之争、执行力的扩张及其救济程序。具体而言，法院定共有物分割方法的判决，其具有何种效力？法院作出确定判决后，各共有人取得单独所有权，这对抵押权人有何影响？对其他项权利如用益物权人产生何种效力？是否因共有物的分割，而无法继续原来权利的行使？另外，共有物分割中未分得物的共有人享有法定抵押权，该项法定抵押权是否包含协议分割，法定抵押权与抵押权利人之间的权利如何保障？对于变价分割的判决，变卖前共有关系是否消灭？分割判决确定后可否再行协议分割？上述问题都涉及共有物裁判分割后产生的实体法上效力问题。

共有物裁判分割中，法院所定的方法若为变价分割，则依强制执行程序进行变价即可，若分割方法定为原物分割，其判决的既判力与执行力是否及于所分得物的执行，在实务中有较大的争议，学者亦有不同见解，共有物裁判分割的交付与执行力问题即有再探讨的空间。分割判决对交付分得部分即使未加以裁判，也能据以执行交付，其正当性基础为何？为何受诉法院不必待当事人申请执行的请求，就可以命令交付分得部分？共有物分割判决是否具有给付判决的性质？原物分配执行力扩张的一般原理为何？执行法院将各共有人分得部分交付，是否包含拆除地上房屋？此外对于变价分割的判决效力为何、何时共有关系解消等问题也需与既判力、执行力相关问题一并探讨。对于变价分割的执行力，共有关系在共有物被变卖前是否已然消灭？对于价金补偿的执行力，确定裁判后受价金补偿的权利人的权利为何？未取得补偿价金之前，分得共有物的共有人是否已单独取得所有权？上述问题皆与共有物裁判分割后的诉讼法效力有关。

本书结合前文对共有物分割诉讼程序及裁判分割方法的探讨，分析共有物分割裁判中共有物分割请求权、分割方法、分割登记部分、分得部分交付等事项是否具有既判力以及既判力的主观范围为何，探讨分割共有物裁判的形成力与执行力，尤其是共有物分割判决有无执行力之争议、裁判分割判决能否作为交付之依据、分得部分执行力的扩张及其争议的救济程序等问题。

第二节　共有物分割判决的实体法效力

一、共有物裁判分割中共有人的权利义务

共有物一经裁判分割确定，共有人即取得应有部分之所有权。共有物裁判分割后共有人间所产生的新的权利义务关系可从以下三个方面展开。

（一）应有部分所有权的取得

共有物分割的效力为自判决确定之日起共有关系消灭，单独取得所分得物的所有权，对此学界并无异议。[1]共有物裁判分割即发生共有关系消灭之效果，同时原共有之全部财产变为各共有人单独所有。[2]裁判分割其性质为形成判决，而判决确定何时发生分割效力需要看究竟是采权利认定主义（宣示主义）还是权利移转主义（付与主义）。对此学者有不同见解。采认定主义者认为共有物因分割而成为单独所有，在共有物一经分割即发生效力并溯及于共有关系成立时，分割仅是将原来自始属于各人的单独所有权适时加以宣示而已。采权利移转主义者则认为分割之效力并不溯及共有关系成立时，而是在具体分割行为完成时才生效，具体而言即分为协议分割与裁判分割，前者乃在分割登记后生效，后者则在判决确定时生效。[3]我国通说及实务界采取权利移转主义，其理论依据为各共有人对于其他共有人因分割而取得之共有物，按其应有部分负与出卖人同一担保责任。可知，共有人因分

〔1〕参见温丰文："共有物分割效力之发生时期"，载《月旦法学教室》2006年第42期。

〔2〕杨立新：《物权法》，法律出版社2013年版，第148页。

〔3〕吴光明：《新物权法论》，三民书局股份有限公司2009年版，第239-249页。

割共有物各自取得分得之物的所有权，而共有人间相互的关系与一般所有权让与的关系相似，在其相互移转后对于其他共有人取得的部分共有人依其应有部分承担与担保出卖人同一的责任，在此立论下，其效力是向后发生而非溯及既往。因此以裁判分割确定分割方法在判决确定时取得其所有权无溯及效力，共有物若为不动产则需先经登记才能处分其物权。

共有物裁判分割诉讼在性质上为形式上的形成诉讼，实物分割的情形下由于判决的确立而具有形成的效力，针对此共有物自然会产生分割效果。通过拍卖进行金钱分割的情形下，应将拍卖金按照相应份额进行分割。共有物分割后共有关系结束，各共有人分别取得所分得部分的所有权。也即共有物的分割实质上乃是共有人之间针对共有物的各个部分，对所拥有份额进行的交换和买卖，而并非各共有人针对其所取得部分，原始性地取得其单独所有权。因此，针对一个不动产进行分割的结果就是当每个人都成为所取得部分的单独所有者时，应该首先办理土地划分登记手续，然后再办理权利部分转移登记手续。〔1〕这样一来即使实行了裁判分割，从实体法的观念性、抽象性角度来讲，也仅仅是原来的共有人分别变为单独所有人，依据该判决不可能马上进行登记。〔2〕所有权（或者所持份额）转移登记请求之诉被合并的情形下，作为将来的给付之诉被认可时，由此单独登记才可能实现。〔3〕这一点也完全适用出让请求，只有在原告共有人的分割部分被确定时，

〔1〕 参见［日］新田敏：“共有物の裁判上の分割の机能と効果”，载《法学研究》1997年第12期。

〔2〕 参见［日］新田敏：“共有物の裁判上の分割の机能と効果”，载《法学研究》1997年第12期。

〔3〕 参见［日］奈良次郎：“共有物分割の诉えについて（三）”，载《判例タイムズ》1986年第582号；［日］荒川重胜：“共有分割的方法》”，载［日］星野英一：《Jurist附刊民法判例百选Ⅰ》（第3版），有斐阁1989年版，第163页。

才能够判断其作为单独所有人的权利行使是否合适。

关于共有物裁判分割对所有权移转的效力，依日本民法第 261 条的规定，在共有物分割时共有人与出卖人一样，按其所持份额承担瑕疵担保责任。根据共有人之间瑕疵担保责任的规定，日本学界即认定共有物分割是采移转主义。[1]然而对于共同共有物的分割，日本立法则采取相反的态度，如日本民法第 909 条规定了遗产之分割溯及继承开始时发生效力、第 911 条规定了继承人之间的瑕疵担保责任，可看出在日本立法在遗产分割上采取的是认定主义。

进一步而言，即使是多个共有不动产在诉讼中被一次性分割时，下达分割命令的判决所形成的效果也不过是使其分别成为单独所有人。例如，甲、乙、丙三处共有不动产分别分割给共有人的 A、B、C 三人，该分割判决的效力也只不过是使 A、B、C 三人分别成为单独所有人，登记问题被存留下来，三者之间产生相互登记请求权。在分割前，A、B、C 分别对于甲、乙、丙三笔不动产拥有三分之一的份额权（假设其所持份额相等）。通常来讲，因为要进行与其对应份额的登记，根据其各自的交换登记请求（以实体法上的所持份额相互交换为原因），完成其各自的单独所有登记。在该种情形下，依据该请求的同时履行处理，确保了实质上的公平。如果依一部分学说所言，将共有物分割判决的效力理解为包括单独登记申请，反而可能造成共有人间的不公平。进一步而言，即使在被严格限定的条件下，在全面价金补偿的分割被承认的情形下，取得实物的人因为该判决本身而使登记成为可能，这也会产生极大的不公平。因此，有必要继续探讨其法律依据。

---

[1] 参见［日］我妻荣：《新订物权法》，有泉亨补订、罗丽译，中国法制出版社 2008 年版，第 346 页；［日］田山辉明：《物权法》，陆庆胜译，法律出版社 2001 年版，第 190 页。

与协议分割时的价金补偿一样，基于同时履行的权利保护也必须被执行，且从诉讼经济的角度来看，应根据补偿金判决实现对接受价金补偿人的保护。但是对那些违反本意接受价金补偿判决的共有人来说，使其预估并申请补偿金是残酷的。[1]即使当事人未申请，法官也可在自由裁量后做出补偿金的判决，因此这种做法是否具有诉讼法理上的依据，也与前文共有物分割诉讼性质的界定息息相关。

（二）共有人的担保责任

依我国《物权法》第100条第3款的规定，在共有物分割中各共有人就其他共有人所分得之物，有与出卖人同一的担保责任，此即共有人的瑕疵担保责任，即如果标的物权利或标的物本身存在瑕疵，共有人需按其应有部分比例承担责任。此处所指的“共有人瑕疵担保责任”包含权利瑕疵担保责任以及物的瑕疵担保责任，其是指出卖人就买卖标的的权利或标的物本身的瑕疵，所应负担的法定责任。[2]详言之即指出卖人所为的给付义务不符合债的本旨，其交付的标的物或移转的权利有瑕疵。[3]

进一步而言，所谓权利瑕疵担保责任是指共有人应担保第三人就其所分得土地不得主张任何权利。例如甲、乙二人共有一块土地A地，各自的应有部分为二分之一，甲向法院诉请裁判分割A地，法院判决甲分得A1土地，乙分得A2土地，嗣后第三人丙作为A2土地的实际占有人，向乙主张对A2土地的时效取得地上权，此时甲应就权利人乙所分得瑕疵部分土地承担担保责任，需依其应有部分按比例负责，乙可依债务不履行的规定行使权利。

---

〔1〕参见［日］山田诚一：“裁判による共有物分割における全面的価格賠償の方法”，载《判批》1992年第143号。

〔2〕谢在全：《民法物权论》（上册），中国政法大学出版社2011年版，第593页。

〔3〕邱聪智：《新订债法各论》（上），元照出版有限公司2002年版，第91页。

而所谓物的瑕疵担保责任是指共有人担保对其他共有人所分得的土地，在分割前无瑕疵。例如甲乙共有两块农地 A、B 地，甲向法院诉请裁判合并分割，法院判决甲分得 A 土地，乙分得 B 土地。嗣后乙发现其分得的农地 B 在分割前已被第三人倾倒化学废弃物污染，致土地无法种植农作物，在此情形时甲应负物的瑕疵担保责任。

（三）共有人支付补偿价金的责任

1. 价金补偿的效力

一般而言，从共有物的份额比例来看实物分割所取得的不动产中会产生损益，为了对这种损益进行调整，通常会令一部分共有人负担一定债务，那么产生这样的判决时其债权产生的依据是什么？如果该判决的判断是正确的，那些所有权超过所持份额的人实际上将拥有不当得利。[1]但是在单纯的实物分割判决确定之后，以分割为前提、以特定的共有人为对象、以分割不均衡为理由提出不当得利的返还请求时，这样的请求不可能会被认可。但是从其他国家和地区的立法来看，日本共有物分割诉讼立法中即不存在像遗产分割中的家事审判规则第 110 条、第 49 条那样的规定，所以只好把基于日本民法第 258 条分割的判决本身作为依据。关于该可能性成立的论据，因为共有物分割诉讼本质上是非讼事件，在这一点上其虽然和家事审判并无异处，但其在分割的公平性和拍卖价格的实情方面会受人诟病。[2]由于共有物分割诉讼实质上是非讼事件，其具有该性质是只在同条第 2 款的限定范围内才

---

〔1〕 需要说明的是，此处的不当得利实际上仅是针对获得超过应有部分份额的共有人而言，并非指前文所探讨的共有物分割诉讼与不当得利之诉在诉讼性质上的界分问题。

〔2〕 参见［日］广中俊雄：《物权法》（第 2 版），青林书院 1982 年版，第 446-447 页。

是合理的，因此日本学者为了确定共有物分割判决的债权效力，通常都会首先研究并厘定该分割诉讼的性质。[1]

如上所述，如果债权发生的依据是判决本身，那么债权发生的时间就是判决确定的时间，债权人针对所持份额的转移登记请求，如在第一种情形中所论述，可以依据同时履行抗辩权确保该债权。基于该债权的调整部分实质上具有依据判决强制性地出让部分份额的性质。在选择基于全面价金补偿分割的情形下，其债权、债务的发生时期、诉讼上的性质也与上述情形并无差异。由于分割乃各共有人相互集体交易的表现，共有物分割中未分得土地的共有人，实际上是将其应有部分出卖于其他共有人，与一般买卖行为并无不同之处。互负给付责任，一方支付价金一方交付共有物，共有人在未取得补偿价金时仅能依一般强制执行程序，对取得共有物的共有人的财产进行强制执行。而其补偿价金的性质与一般普通债权无异，这将有可能导致一种结果，即未分得共有物的共有人有可能因其债权在其他优先债权之后而无法取得其价金补偿，显然对其并不公平。尤其是在不动产分割时应受补偿的共有人应该享有抵押权，且该抵押权应在办理共有物分割登记时一并登记，如此才能更好地保障未分得土地的共有人的权利。此外需将价金补偿的性质从一般普通债权转换一种法定抵押权，且其优于优先债权，使未分得共有物的共有人获得公平的补偿。如此既兼顾交易的安全，亦不会导致裁判分割在漫长的诉讼后还因补偿价金给付问题又进入另一司法程序，浪费司法资源、徒增司法成本。

2. 法定抵押权的适用范围

未取得共有物的共有人负有与出卖人相同的担保责任，而取

---

〔1〕参见［日］柴田保幸："本件解说"，载《最高裁判所判例解说（民事篇）》1987年第12期。

得共有物的共有人则负有给付价金的义务，且该补偿价金支付的义务是一种法定抵押权，其在裁判分割中并不存在争议问题，有疑问的是其是否包含协议分割。例如甲、乙、丙、丁四人共有一笔土地 A 地，经协议分割后分成 A1、A2、A3 三笔土地，各由甲、乙、丙三人分得，三人各补偿丁一百万元。嗣后甲的债权人戊查封了 A1 土地并依强制执行程序拍卖，丁主张对甲的 A1 土地有法定抵押权，是否有理由？

对此问题否定论者认为，为了保障受补偿共有人的权益，受补偿人应享有法定抵押权。有持肯定论者认为，既然裁判分割中未分得土地的共有人的价金补偿能适用法定抵押权，协议分割中当然更能适用。〔1〕不过也有学者认为虽然抵押权利不受影响，但若在漏未登记法定抵押权的状况下，第三人将因相信登记的公信力、公示力，而有权利受损害的可能。〔2〕本书认为依公平的法理来看，协议分割的共有人的价金补偿应有法定抵押权的保障，而由于法定抵押权的登记并非生效要件，因此上述案例当中的丁主张其对 A1 土地有法定抵押权，优先其他债权的主张是有理由的。

二、共有物裁判分割对限制物权的影响——以土地裁判分割为例

共有物一经裁判分割共有关系即消灭，原存于抵押物的抵押权、质权并不因此而受到影响。在共有物为土地的情形，考虑到土地的特殊性质，若分割后原应有部分所设定的抵押权继续转载于分割后的各宗土地上，可能会使所消灭的共有关系复活而再形成一个新的共有关系。因此抵押权人同意分割后原抵押权仅转载

〔1〕 参见谢哲胜："共有不动产分割应受补偿人的法定抵押权"，载《月旦法学教室》2009 年第 85 期。

〔2〕 参见谢在全：《民法物权论》（上册），中国政法大学出版社 2011 年版，第 596 页。

登记于抵押人所分得的土地。值得深入探究的是，法定抵押权与原设定抵押权并存时法院应如何处理？若在共有土地的一部分设定地上权、不动产役权，共有土地分割后其权利义务是否会更动？

（一）共有土地裁判分割对担保物权的影响

1. 抵押权分割转载的效力

共有人对于其应有部分享有自由处分之权，据此按份共有人即可就其应有部分设定抵押权。[1]然而设定抵押权的共有土地经分割后抵押权如何续存？共有土地的应有部分设定抵押权后被裁判分割，对抵押权产生怎样的效力？对此大体有三种不同的见解：其一，不影响说。此说认为共有土地经分割后共有人各自取得其分得的土地。其二，共同抵押权说。此说原则上认同不影响说的见解，但进一步主张共有土地的应有部分设定抵押后，若分割土地需取得抵押权人的同意，并移转登记记载抵押权于抵押人分得的土地上，否则抵押权续存于各分得的土地上。其三，移存于抵押人分得物说。此说认为共有土地分割后应有部分的抵押权应移存于抵押人分得的土地上。[2]我国实务中乃采共同抵押权说，如张某等诉潘某某共有物分割纠纷案[3]中，法院审理认为共有物之实物分割的效力不能溯及既往，因此，争议房屋分割之前所设定的抵押权或其他担保物权不因分割而受影响，仍全部存续于分割后的各物之上。

值得进一步说明的是，分析应有部分抵押权分割转载的效力应从应有部分的性质以及共有物分割的效力着手。首先，共同共

---

〔1〕 温丰文："共有物分割对应有部分抵押权之效力"，载《月旦法学杂志》2000年第59期。

〔2〕 参见陈重见："共有物分割与共同抵押权"，载《台湾法学杂志》2009年第137期。

〔3〕 参见（2014）湖安民初字第830号民事判决书。

有的典型特征在于共同关系的存在，分别共有的典型特征则在于共有人有应有部分的存在。就其存在形式而言，应有部分的权利是抽象存于共有土地的全部，对其所有权的权利依其应有比例具体特定于共有土地的某一部分。就其权利内容而言，应有部分是所有权量的分割而非质的分割，其内容、性质、效力与所有权无异，仅是受其量的限制。亦即其使用、收益、处分的权能均及于全部土地之上，而非共有土地的所有权能撕裂或作质的分割。因此分别共有的土地上设定抵押权，其效力及于任何一部分。其次，共有土地裁判分割在确定判决时取得分得土地的所有权，然而会区分采权利认定主义或权利移转主义，两种立法例的不同会导致分割取得所有权时点亦有所不同。既然分割共有土地的效力向后发生，则原设定于共有土地上之抵押权的效力并不受影响，按原设定抵押人的应有部分续存于各分得的土地上。

2. 共有土地裁判分割抵押权人的权利

由于共有人以应有部分设定的抵押权在裁判分割后会续存于各共有人所分得的各宗土地上，因此，其将有可能使消灭的共有关系复苏。若抵押物设定人未进行清偿，抵押权人实行抵押权时，其拍卖的部分为其应有部分，拍定人将与各所有权人再成立一个新的共有关系。学者有主张实务上所采用的共同抵押权说尚有不足之处，原因在于实现抵押权时仅可就全部抵押物的应有部分执行，如果要贯彻共有物分割效力，不致引发抵押权行使后共有情形再度复活，应命令抵押权人可就全部抵押物实现其抵押权，但其分配金额以其应有部分为限。[1]

因我国实务一般见解对共有物分割效力采权利移转主义，即

---

〔1〕 参见陈重见：“共有物分割与共同抵押权”，载《台湾法学杂志》2009年第137期。

分割效力自分割时起取得该分得之物的所有权，这也杜绝了权利认定主义与权利移转主义的争议。原设定的抵押权在分割后存在于各宗土地上。因此，分别共有土地的部分共有人就应有部分设定抵押权的，在办理共有物分割登记时该抵押权按原应有部分转载于分割后的各宗土地之上。若依此结果将可能再形成新的共有关系，那么共有土地分割、抵押也将可能一再反复，因此，在已经取得抵押权人同意的情形下，该抵押权应仅转载于原设定人分割后取得的土地上。这样一方面能修补权利移转主义适用上的缺漏，另一方面同意仅就原设定人分得的土地转载抵押登记，即使在抵押权人行使抵押权时也是对单独整笔土地进行强制执行，不会妨碍对土地的利用。

在前文对共有物分割诉讼之审理程序的探讨中业已论及，应有部分上所设定的抵押权或质权不因分割诉讼而受影响，权利人在同意分割、诉讼参加、诉讼告知等情形时其权利移存于抵押人或出质人所分得部分。不仅如此，共有人的应有部分可设定抵押或质权，也赋予应有部分抵押与质权明确的正当性。也就是说除了上述三个例外情况，分割前以应有部分设定抵押，无须转载于分割后的各宗土地上。除抵押权人同意不转载登记抵押权于各宗分割土地外，共有物分割诉讼中赋予抵押权利人参与诉讼的权利，保障其实体上利益。综上所述，本书认为裁判分割后宜将原设定的抵押权续存于分割后的各宗土地上，这不仅能摒除抵押权行使后共有情形再度复活的可能，同时由于已赋予抵押权利人参与诉讼提出攻击防御的机会，能兼顾抵押权利人的诉讼权利与实体权利，还能防止土地再细分，符合土地经济合理利用的基本原则。

3. 抵押权人的法定质权

共有土地经裁判分割，当分割方法为价金分配或金钱补偿时，若以应有部分设定抵押权的共有人未分得土地，其抵押权人即应享有法定质权。即在受价金分配或金钱补偿情形，抵押权人对抵押人的受领价金有法定权利质权，优先于抵押人受清偿。抵押人若受有价金分配或金钱补偿，抵押权人其权利固不受影响，但若法院以原物分配为分割方法，而以应有部分设定抵押权的共有人未分得土地，其抵押权人则享有法定抵押权。同时为了顾及交易安全，确保应受金钱补偿的共有人的利益，该法定抵押权应在办理共有物分割登记时一并登记。

不过值得进一步探讨的是，此时原抵押权人的利益在未取得之前应如何保障？例如甲、乙、丙共有一块土地 A 地，三人的应有部分各为三分之一。甲向丁金钱借贷 200 万元并以其应有部分设定抵押。期间共有人乙向法院诉请共有物裁判分割，诉讼程序中丁以利害关系人的身份参加诉讼，诉讼程序终结后，法院将 A 地划分成 A1 及 A2 两笔土地由乙、丙分得，乙、丙各需补偿甲价金 150 万元。此时甲对 A1 及 A2 两笔土地取得法定抵押权，而抵押权人丁对其受补偿的价金有法定的权利质权。甲在共有土地分割登记时可一并登记法定抵押权，而丁的权利如何登记？本书认为此种情形法院应尽量避免，并且在诉讼程序中还应注意斟酌共有人的意愿与财力，若分得共有土地的共有人无财力导致无法负担补偿价金，则应以变价分割或将土地分配于其他共有人。若此情况无可避免且必须，则法院以此为判决结果，土地登记机关应有相关配套的措施，例如在登记其他事项备注栏注明原抵押权人的权利质权存在于法定抵押权人的法定抵押权上，以确保抵押权人的权利不致遭受侵害。

（二）共有土地裁判分割对用益物权的影响

用益物权是以支配物的利用价值为内容的物权，权利人可就标的物依其性质而进行使用、收益，用益物权可促使社会资源真正充分被开发使用而促进经济发展。[1]不兼容的两个用益物权无法并存于一笔土地上，例如在同一土地上同一位置仅可设定一个地上权。而若是两个可以兼容的用益物权则容许并存，例如在同一笔土地上两个供通行的不动产役权则可容许设定。关于共有土地上设定用益物权在分割后其权益应如何继续利用也值得探讨。本书作简要探讨如下。

1. 用益权人权利续存的权利

所有权是归属性的权利，除非权利人自愿转让其权利，物权人均可以追及物的所在。用益物权与所有权间的联系在于用益物权限制了所有权的作用，其对物权的限制效力强过所有权。[2]因此所有权所具有的物权特性与效力，用益物权也同样拥有，因此，用益物权人所设定的物权也应受到必要的保障。共有土地裁判分割已设定的用益物权继续存在于分割后的土地上，不因分割而使其权利丧失或变更。因此共有土地分割后在办理分割登记时原设定用益物权的权利人应与所有权人一同申请用益物权的设定登记。

2. 变价分割地上权人的优先购买权

共有土地裁判分割诉讼中若法院采变价分割为分割方法，则法院可依强制执行程序拍卖。此处有疑问的是，若变价分割的共有土地有设定地上权且尚有建筑房屋，经共有人或共有人以外的第三人拍定得标，则此时将产生两个优先购买权的竞合，此时应以何优先购买权为优先？

关于优先购买权究竟具有债权性质还是物权性质，本书并不

---

〔1〕 赵俊芳："论用益物权的客体及其立法政策选择：兼评我国《物权法》第117条的规定"，载《法律科学（西北政法大学学报）》2012年第2期；宋刚："论收益权能的用益物权化"，载《法商研究》2013年第6期。

〔2〕 房绍坤："用益物权与所有权关系辨析"，载《法学论坛》2003年第4期。

予以深入研究，学界通说认为优先购买权具有债权性质。[1]从共有土地分割制度保障以及共有土地的利用效益两个层面而言，地上权人的优先效力大于共有人的优先效力。

首先，从共有土地分割制度保障而言，共有人间较常见的分割方式有协议分割、调解分割以及裁判分割，在此三种程序、三个阶段中，共有人间有足够的时间就其内部进行协商或调解与谈判交换意见，且能预见法院将有可能采变价分割。而地上权人有可能需到判决确定拍卖后才知情，程序上也未给予其利害关系人的地位使其享有参加诉讼的机会，就公平性而言应给予地上权人大于共有人的优先效力。

其次，关于共有土地的利用效益，之所以需赋予共有人优先购买权，是为了顾及共有人对土地的特殊意义及感情，在不造成土地细分的情况下不妨赋予优先购买权。[2]而拍卖仅为买卖行为，且其优先购买权利来自各共有人间的权利义务关系，优先购买权仅具有债权的效力。而地上权人的优先购买权，不仅能顾及地上权人所付出的成本，还能避免土地所有与土地利用分离，因此其地上权人的优先购买权具有物权性质。在物权效力优先债权效力原则下，共有人的优先购买权亦当然需退让。[3]

最后，综上所述，共有物分割的效力为自判决确定之日起共有关系消灭、各共有人单独取得所分得的共有物所有权。共有物分割诉讼后应有部分设定之抵押权移存于抵押人所分得部分，若所分得为以价金分配或金钱补偿的，则抵押权人对该价金分配或金钱补偿请求权有权利质权。又由于共有物在变价分配时应有部

〔1〕参见常鹏翱："论优先购买权的法律效力"，载《中外法学》2014年第2期。

〔2〕戴孟勇："原共同共有人优先购买权的解释适用及其存废"，载《政治与法律》2012年第3期。

〔3〕崔建远："论共有人的优先购买权"，载《河北法学》2009年第5期。

分的担保物权人应参与分配，该担保物权即因共有物拍卖而消灭，因此在此种情形就无上述权利质权适用的必要。在共有物分割程序中应有部分有担保物权已经为各共有人所知晓，补偿金请求权如果有上述权利质权时，负补偿义务的共有人就不得任意向补偿请求权的共有人给付，否则对担保物权人不产生效力。若裁判分割共有物之判决命原物分配之同时还命令金钱补偿，该共有人在未提出金钱补偿以前仍因判决确定而取得分得部分的所有权。如为不动产分割，应受补偿的共有人享有抵押权且该权利在办理共有物分割登记时应一并登记，其次序优先于以应有部分设定的抵押权。因此该项抵押权应为法定抵押权，所担保的债权即为补偿义务人应补偿受补偿共有人的金额。所以在共有物分割判决确定时共有人即各自取得分得部分的单独所有权，在命令原物分配并金钱补偿的情形也是如此。因此，应补偿的金钱虽然未提出，但也因分割判决的确定而取得分得部分的单独所有权，同时为了保障应受补偿共有人的利益，各共有人取得分得部分之所有权与应补偿金额，并非对待给付的性质，也就是说虽未给付金钱补偿但仍取得分得部分的所有权。

第三节　共有物分割判决的既判力

判决的既判力是在判决确定后在其他诉讼的诉讼程序中对诉讼当事人或后诉法院加以拘束的效力。[1]既判力的效果在于诉讼标的之法律关系在确定判决中经裁判后，当事人就其法律关系不得另行起诉或在新诉中作与确定判决意旨相反的主张，法院亦不

〔1〕 张卫平："既判力相对性原则：根据、例外与制度化"，载《法学研究》2015年第1期。

得在同一当事人的新诉中作出与确定判决意旨相矛盾的裁判。不过由于共有物分割裁判为形成判决，对于形成判决是否具有既判力，学界见解并不一致。否定见解者认为对于形成之诉的纷争解决，判决的形成力是其必要且充分要素，因此，一旦法院作出形成判决而发生形成力时，实体法律关系已因之变更或消灭，就没有既判力存在的必要。肯定见解认为形成判决的机能在其形成力，形成诉讼的诉讼标的因为形成判决肯定其形成权的正当存在，而形成某种法律效果，当事人无再度就其形成权的存否进行争执的可能，已含有既判力的观念在内。若认为形成判决无既判力而可以再行诉讼，理论上难以行得通。此外，一般观点认为非讼判决不具有禁止后诉发生或直接拘束后诉的既判力。[1]共有物分割诉讼本质上虽属于非讼事件，但因涉及共有人权益甚大而特别给予诉讼程序的保障。若认为其是形成判决，不以既判力存在为必要，可就判决结果再进行争执，则形成判决的确定力将因当事人不服而可继续争执，进而再另行起诉，那么讼争将难以终了，因此共有物裁判分割的判决应具有既判力。就共有物裁判分割的判决事项而言，又可以细分为共有物分割请求权、分割方法、分割登记部分、分得部分交付等事项是否具有既判力以及既判力的主观范围为何，本书将依次分析如下。

一、共有物分割请求权与分割方法的既判力

共有物裁判分割是法院判决的一种，判决一经宣示或送达，判决的法院必须受其羁束，不得任意变更判决主文，因此共有物分割判决自有判决的羁束力，因此，同一当事人就同一法律关系

---

〔1〕 参见王亚新等：《中国民事诉讼法重点讲义》，高等教育出版社 2017 年版，第 305 页。

而为同一请求，应受一事不再理的限制。分割共有物诉讼的由同意分割的共有人行使共有物分割请求权，而以诉讼请求法院确定分割方法，因此，分割判决确定后，共有物分割请求权即因行使而消灭，且分割方法有既判力。共有物分割诉讼为形式上的形成之诉，法院准予分割的判决亦应有既判力。亦即共有物分割判决确定后，共有人不得再提起共有物分割诉讼。若认为共有物分割诉讼的诉讼标的为共有物分割请求权，法院认定原告请求分割共有物有理由，应定其分割方法，判决主文为分割方法的记载，因此，共有物分割请求权及分割方法均有既判力。如认为共有物分割请求权为诉讼要件，因确定分割方法后共有人不得再提起同一之诉，既判力范围亦同。

二、分割登记部分的既判力

共有物分割判决为形成判决，其因判决所形成的法律关系发生不可争性。〔1〕然既判力仅具有诉讼法之公法上拘束力，而在实体私法行为关系上，当事人仍可以合意就既判力所确定的权利关系予以变更，〔2〕因此，共有物分割经法院确定判决后如诉讼当事人再经协议分割，仍可以持凭共有物分割契约书申请办理共有物分割登记。共有物分割判决确定后各共有人可单独以确定判决申请分割登记，就此部分有无既判力？由于共有物分割判决是形成判决，而非给付判决，在法院判决确定时权利义务关系即发生变动，因此，即使未在判决中命令进行分割登记，共有人也可以单独申请分割登记，这是形成判决的形成力。因法院的判决在登记

〔1〕 杨隆顺："改进分割共有物事件裁判之研究"，载台湾地区"司法院"：《"司法院"84年度研究发展项目报告》1996年第16辑上册。

〔2〕 陈荣宗、林庆苗：《民事诉讼法》（中），三民书局股份有限公司2004年版，第636页。

前已取得不动产物权的，非经登记不得处分其物权，是指形成判决而言，因此，各共有人间的法律关系在判决确定时即发生变动，其符合诉讼法上形成判决效力的原则。[1]因此请求分割登记这部分并非诉讼标的，也未经言词辩论，因此，不具既判力。

三、分得部分交付的既判力

至于共有物分割判决就分得部分交付的，此部分是否具有既判力？在台湾地区的“强制执行法”中，分得部分的交付即是执行程序中的特别规定，例外赋予其执行力，因此，一般不认为该部分有既判力。分割共有物诉讼是形成分割方法之诉，在法院判决前当事人间无从就交付部分进行辩论，交付部分自非诉讼标的，而无既判力。就诉讼实务而言，在分割共有物诉讼中双方当事人的辩论重心均在该共有物如何进行分割，交付部分一直未被作为辩论对象，如果未作辩论对象的事项有既判力，将有损于当事人的程序利益，可能导致突袭性裁判，更有违辩论主义的基本原则。[2]杨建华教授则认为若共有物分割判决仅宣示分割方法，不但没有命令交付共有物，且由于应交付共有物有无占有权源、有无交付义务等事项并非共有物分割诉讼的诉讼标的，债务人对此均未经言词辩论，更无既判力可言。[3]因此，不因强制执行程序例外赋予分得部分交付的执行力，而产生法律上的既判力。[4]陈计男

---

〔1〕 杨建华：《问题研析民事诉讼法（3）》，陈心弘增订，三民书局股份有限公司 2010 年版，第 1478-1480 页。

〔2〕 陈计男：“分割共有物之诉之审理及其裁判之效力”，载民事诉讼法研究会：《民事诉讼法之研讨（2）》，三民书局股份有限公司 1990 年版，第 524 页。

〔3〕 参见杨建华：《民事诉讼法问题研析（5）》，三民书局股份有限公司 1998 年版，第 89-93 页。

〔4〕 杨建华：《问题研析民事诉讼法（3）》，陈心弘增订，三民书局股份有限公司 2010 年版，第 1478-1480 页。

教授亦持类似观点认为，请求交付权利的存否在分割诉讼过程中未经当事人列为攻击防御的目标及法院审理的对象，其即不具有既判力，而强制执行程序特别赋予其执行力只是为了扩大分割裁判的实效性、维持诉讼经济。[1]在分得物交付的强制执行程序中，若依法应交付的共有人对于可依法请求交付的共有人有妨碍交付等实体法上法律关系存在（例如租赁关系或已设定地上权），而该法律关系如上述，并未经法院在分割共有物诉讼中作出实体权利存否的判断，依强制执行程序的立法意旨，应认债务人（应交付的共有人）可以就实体上权利存否的争执提起执行异议之诉，以维护其权益。[2]

四、既判力的主观范围

民事诉讼中确定判决除对当事人外，对于诉讼系属后为当事人之继受人者以及作为当事人或其继受人占有请求之标的物者，亦有效力，此为判决既判力主观范围，即既判力之人的范围。一般而言，判决是就当事人间争执的法律关系进行判断解决，因此，判决效果应仅能对诉讼当事人有拘束力，不及于非当事人的第三人。换言之，判决效力原则上并无绝对效力，除双方当事人外效力不及第三人，或称之为判决效力的相对性原则。[3]所谓诉讼系属后为当事人之继受人，是指继受诉讼标的权利义务关系之人，包括一般继受人与特定继受人，前者如因死亡继承或法人消灭等，后者依诉讼标的性质又可分为以对人之关系为诉讼标的之案件中，继受该法律关系中的权利人或义务人，以及以对物之关系为诉讼

---

〔1〕 参见陈计男：“分割共有物之诉之审理及其裁判之效力”，载民事诉讼法研究会：《民事诉讼法之研讨（2）》，三民书局股份有限公司1990年版，第526页。

〔2〕 谢在全：《民法物权论》（上册），中国政法大学出版社2011年版，第581页。

〔3〕 陈荣宗、林庆苗：《民事诉讼法》（中），三民书局股份有限公司2004年版，第651页。

标的之案件中受让标的物之人。分割共有物事件是原告基于土地共有权诉请分割共有物，若嗣被告在诉讼系属后将土地共有权移转于受让之第三人，则无论其移转是在该诉讼事件判决前或判决确定后，其判决的效力均及于受移转之第三人。

既判力的主观范围及于当事人及诉讼系属后当事人之继受人。如诉讼系属中当事人有死亡时，在一般继受人承受诉讼前诉讼程序应当停止，由该继受人承受诉讼，其继受人承受诉讼的，该继受人即为当事人并为判决效力所及，受既判力的拘束。在判决确定后共有人死亡的，依权利义务概括承受原则亦为既判力所及。亦即对被继承的共有人所作出的判决，其效力及于继承人。[1]至于诉讼系属后的特定继受人，依当事人恒定原则，需由原当事人进行诉讼行为。然而作为诉讼标的之法律关系既已移转于第三人，如确定判决的效力不能及于第三人，则当事人恒定原则就丧失实际意义，因此，判决的既判力应及于当事人的特定继受人。其是指诉讼标的法律关系之特定继受人，因此，诉讼系属中应有部分的受让人自然也被包括在内而受既判力所及。至于应有部分担保物权人虽可以诉讼参加，但其并非诉讼当事人，自不受既判力所及，仅因参加诉讼或告知诉讼而受拘束而已。即参加人不得主张本诉讼裁判不当，应有部分担保物权人不在既判力主观范围内。

第四节　共有物分割判决的形成力

一、形成判决的形成力

所谓形成力，是指因法院的形成判决使当事人间创设新的法

〔1〕 杨建华：《民事诉讼法要论》，北京大学出版社2012年版，第374页。

律关系或消灭、变更原有法律关系的效力。只有形成判决才具有形成力并在判决确定时才向将来发生效力。[1]形成判决之形成力旨在创设、变更、消灭一种法律关系，因而具有权利变更性（或称设权性），基于此种特性，对于形成判决既不具有可执行性也无须执行。[2]也正是基于形成判决的这种属性，形成判决才能导致物权变动。学界通说认为共有物分割判决属形成判决，具有形成力而可直接使物权发生变动之效果。[3]不过亦不乏反对观点基于共有物分割请求权非形成诉权而认为共有物分割判决非属形成判决。[4]

事实上，形成判决是法院基于形成之诉而使法律关系发生、变更或消灭的判决。形成之诉与形成判决之间在程序上具有因果关系，但形成之诉的判决并非必然皆为形成判决，因为形成之诉中若原告败诉，那么将宣示原告无受形成判决之权或其形成权不存在，其判决即为消极的确认判决。因此，形成判决的原告就其诉需具有法定的形成权，如民法上的离婚诉权、收养关系终止权、婚姻关系撤销权，或民事诉讼法上的再审及撤销除权判决等诉权皆为法定形成权并须以诉的方式行使。然而形成权并非必须作为形成之诉的诉讼标的，因某些特殊情形无从以判决形成其法律关系变动的效果，如当事人因受欺诈而作出的法律行为虽已发生法

---

〔1〕 张卫平：《民事诉讼法》（第3版），法律出版社2013年版，第172页。

〔2〕［德］罗森贝克等：《德国民事诉讼法》（下册），李大雪译，中国法制出版社2007年版，第665、669页。

〔3〕 参见崔建远：《物权法》，中国人民大学出版社2011年版，第64页；尹田：《物权法》，北京大学出版社2013年版，第89页；赵振华、杨芳："物权法第28条适用之思考：何种法律文书能直接变动物权"，载《社会科学》2012年第11期；程啸："因法律文书导致的物权变动"，载《法学》2013年第1期。

〔4〕 参见任重："形成判决的效力——兼论我国物权法第28条"，载《政法论坛（中国政法大学学报）》2014年第1期；或参见刘哲玮："普通形成权诉讼类型考辨——以合同解除权为例"，载《中外法学》2014年第5期。

律上的效果，但法律容许该当事人以单独的意思表示撤销其法律行为，使已发生的法律效果归于消灭，即无须以诉主张的必要。反之，若依法须以诉主张而在诉外行使的也不能发生形成判决的效力，如民法上的诈害诉权即为适例。形成判决的形成力以法定形成权的诉讼标的为范围，因此，同意分割共有物的判决乃对于共有物分割方法的宣示，为形成判决，但若共有人中有不能按其应有部分受分配而命以金钱补偿的，此部分则为给付判决。

裁判分割共有物判决有使所有权发生变动的效力，是肯认其具有形成力。就共有物分割裁判的形成力而言，裁判分割不动产的判决虽为一种形成判决，无需等待登记即发生变更共有为单独所有的效果，然而仍然需待判决确定时才有形成力。分割土地判决在言词辩论终结前既未确定，形成力尚未发生，在判决确定时才发生分割效力，各共有人不待登记或交付即取得分得部分的单独所有权。

二、确定分割方法判决的具体形成效果

分割共有物诉讼是法院确定分割方法之诉，共有物分割判决确定后共有人取得单独所有权变动模式是采权利移转主义，即各共有人对于分割而归属于自己的部分是从其他共有人处受让其权利，就归属于其他共有人的部分则是让与该部分的共有权利。析言之，因判决结果发生权利的相互移转，此项判决为形成判决。如共有人中有不能按其应有部分受分配，法院判决命金钱补偿的，其命为原物分配的部分亦仍为形成判决，理由如上。至于金钱补偿及变卖共有物分配价金的情形，在判决确定时共有人对于金钱或价金并未实际取得所有权，是否属于形成判决不无疑问。由于价金分割的判决并非仅仅在于确认共有人的分割请求权存在，还需进一步指确定分割方法，也非命令共有人同为变卖共有物、分

配价金的行为，法院只不过是因共有人的请求确定其分割方法而已。[1]法院定原物分割为共有物的分配方法时，其判决具有形成判决的性质，若所确定的分割方法是价金分割时，因是基于原告对同一被告为同一诉讼请求及基于同一诉讼标的所为的判决，亦应具有形成判决的性质。

不仅如此，当事人请求分割共有物并无须提出具体的分割方法，即使有所主张亦不过供法院参考而已，其诉讼请求尚无拘束法院的效力，由于各共有人是在共有物的分割方法不能协议决定才诉请裁判分割，法院准予分割时即应确定适当的分割方法，不得以原告提出的分割方法不当而径行驳回其诉，致使当事人间关于共有物的分割方法仍陷于不确定状态。[2]原告的诉讼请求既然仅限于请求按应有部分分割，如果法院在宣示分割方法外，还命令共有人实现其分割的内容（即为给付判决），无异于就原告未请求的事项作出判决，这将有违民事诉讼法中法官不得作出诉外裁判的规定。

然而共有物分割判决的形成法律效果究竟何在？在共有物原物分割的情形，判决一旦确定即发生各共有人间权利相互移转、分别取得应有部分单独所有权之效果，此为共有物原物分割判决的形成法律效果。如果判决是变卖共有物分配价金的情形则有所不同，因为分割之效果是在变卖共有物、对共有人进行价金分配之时才得以显现，而不在判决确定之时，因此不能就此认定共有物分割的效果为分割判决所形成的效果。[3]此时若认为判决形成

---

〔1〕 孙森焱："论分割共有物之判决"，载郑玉波主编：《民法物权论文选辑》（上），五南图书出版公司1984年版，第408页。

〔2〕 孙森焱："论分割共有物之判决"，载郑玉波主编：《民法物权论文选辑》（上），五南图书出版公司1984年版，第408-409页。

〔3〕 孙森焱："论分割共有物之判决"，载郑玉波主编：《民法物权论文选辑》（上），五南图书出版公司1984年版，第409-410页。

力的发生可由判决本身附条件或期限，那么无异于认为原告在实体法上可行使的形成权因条件未成就或期限未届满而未发生效力。未发生效力的形成权并不致形成法律上效果，其欠缺权利保护要件，法院即应驳回原告之诉，这与给付之诉中对于将来给付之诉也可以提起的情形有别。其结果与共有人起诉的意旨大相径庭，因此，可见共有人以诉讼请求形成的效果并非在直接取得共有物或其价金的请求权，何况判决的效力仍未确定，当事人间的法律关系仍处于不确定状态，此时若共有人之一坚决不依照判决变卖共有物或分配价金，由于一方面判决形成的法律上效果尚未发生，另一方面形成判决本身不适于强制执行，共有人就无从依判决所示行使任何权利。这是因为判决所附条件成就与否主要是看被告是作为或者不作为，若条件成就，因对被告不利，被告将阻碍判决发生的形成力，此时原告虽有胜诉之名而无胜诉之实。

析言之，共有人诉请裁判分割时共有人间关于如何分割的法律关系尚处于不确定状态，此时法院即斟酌共有的内容及共有物的状态决定以原物分割、价金分割或价金补偿。此项判决一经确定，共有人间即应依此方法实现分割，其效果与共有人间成立协议相同，因此，法院的判决是代替共有人间的协议，这是一般共有物分割判决所具有的创设效果。至于命令原物分配的判决足以使共有人取得共有物的单独所有权，发生共有权利相互移转的效果，则为法院判决的第二次元效果，为其他共有物分割判决所欠缺，不得以偏概全，视为共有物分割判决的通性。[1]

---

〔1〕 孙森焱：“论分割共有物之判决”，载郑玉波主编：《民法物权论文选辑》（上），五南图书出版公司1984年版，第410-411页。

第五节　共有物分割判决的执行力

判决执行力的意义有狭义与广义之分，所谓狭义执行力是指以确定的终局判决为执行依据得以强制执行的效力，因此，限于给付判决才有。而广义执行力是可依强制执行以外的方法实现确定判决内容的效力。[1]而共有物分割判决为形成判决，其判决效果在判决确定时即已发生，应无执行问题。但共有人欲分割共有财产须先解消其共有法律关系，同时就共有财产实行分割，则就此而言法院所作出的共有物分割判决包括解消共有关系之形成性质及命令共有人间交换应有部分之给付性质，因此，共有物分割判决确定即有执行力。[2]

共有物分割判决因创设共有人间法律关系而为形成判决，[3]共有人受原物分配的，在判决确定时取得分得部分的所有权，且分割方法有既判力。但共有人分得的部分如果被其他共有人占有而拒绝交付或应予金钱补偿的共有人拒绝支付金钱的，共有人虽可以另行起诉请求交付或支付金钱，在胜诉后取得执行依据、申请强制执行，但另行起诉难免讼累，因此，一般强制执行程序中均规定了共有物分割判决的执行力。共有物分割判决的内容可分为三类：①是原物分割，各共有人取得原物的一部分；②是将共有物变卖，各共有人分别取得价金；③是折价分割。据此，共有

---

〔1〕陈荣宗、林庆苗：《民事诉讼法》（中），三民书局股份有限公司2004年版，第671页。

〔2〕陈荣宗、林庆苗：《民事诉讼法》（上），三民书局股份有限公司2004年版，第285-286页。

〔3〕孙森焱：“论分割共有物之判决”，载《法学丛刊》1966年第41期。

物分割判决的执行力有分得部分交付的执行、变价分割的执行、金钱补偿的执行等三种。[1]上述三种分割方法中，不论是变卖分取价金或是价金补偿，学者间较无争议，而对于原物分割之分得部分交付，学者间有较大争议，有主张共有物分割判决之执行为程序上事项而赋予分得部分交付执行力。[2]亦有基于分割判决之形成判决性质而否定分得部分交付之执行力。[3]本书以下将针对三种具体分割方法之裁判探讨共有物分割判决的执行力问题。

一、分得部分交付的执行力

关于共有物分割判决就分得部分的交付有无执行力问题，向来为学说所争执。实务中对于共有物分割判决中分得部分能否交付亦态度不一而呈分歧。这种争议一方面是因为对于分割判决的性质看法不同，另一方面也是受到传统观点中执行力主客观范围应与既判力主客观范围一致的影响。

（一）分得部分交付有无执行力之争议

不动产共有人请求其他共有人分割共有物，不能协议确定分割方法，经法院裁判分割判令对不动产进行原物分配于各共有人，如果共有人的分得部分遭其他共有人占用且不交付时，共有人能否以原物分割判决作为执行依据申请执行法院交付其分得部分，对此学者存有争议。持反对见解者认为共有物分割判决为形成判决而非给付判决，不得作为执行依据，且共有人因此项判决取得分得部分的单独所有权，执行法院无须给予分得部分的权利移转

〔1〕 张登科：《强制执行法》，三民书局股份有限公司 1997 年版，第 572-573 页。

〔2〕 参见范光群教授在民事诉讼法研究会第二十四次研讨会上的发言。陈计男："分割共有物之诉之审理及其裁判之效力"，载民事诉讼法研究会：《民事诉讼法之研讨（2）》，三民书局股份有限公司 1990 年版，第 542 页以下。也可参见张登科：《强制执行法》，三民书局股份有限公司 1997 年版，第 573 页。

〔3〕 参见陈世荣：《强制执行法诠解》，国泰印书馆有限公司 1975 年版，第 474 页。

证书。因此，共有人由分割取得所有权之物如果在其他原共有人手中而不履行交付时，可以对其提起返还所有物之诉，其获得胜诉的给付判决才能被用作为执行依据，该执行程序是依共有人物之交付请求权而启动。[1]亦有观点认为关于共有物分割裁判，执行法院可以将各共有人分得部分交付，其立论理由是基于便民原则并避免共有人另行起诉，执行法院直接对各共有人分得部分进行交付就可以减轻讼累，且共有物分割裁判虽然属于形成判决，但此项判决还具有交付其他共有人分得部分的性质，因此能够据以交付。[2]

传统观点一般认为确定判决执行力的客观范围不能超过既判力的客观范围，两者范围应当一致，当事人（原告）未请求交付分得部分时法院不得作出诉外裁判。受诉法院未在判决主文中判令当事人履行特定给付义务时，执行法院亦不得超此范围而进行执行。[3]因此有论者质疑，如果共有物分割判决仅仅载明了分割方法而没有判令交付土地，那么债务人对于应交付的共有土地有无占有权源？有无交付义务？由于其并非诉讼标的，也未经言词辩论，就无既判力可言，如果可以执行交付，似乎与强制执行的正当性保障有所违背。[4]

关于应否赋予分得部分交付的执行力，也有从程序保障的观

---

〔1〕 参见石志泉："关于物之交付请求权与关于行为及不行为请求权之强制执行"，载《法学丛刊》1958年第10期；孙森焱："论分割共有物之判决"，载《法学丛刊》1966年第41期。关于分割共有物之判决为形成判决，仅依其宣告足以产生物权法上取得某不动产物权之效果，也可参见台湾地区"最高法院"1954年台上字第1016号判例。

〔2〕 参见陈荣宗：《强制执行法》，三民书局股份有限公司1999年版，第623页。

〔3〕 参见骆永家教授在民事诉讼法研究会第二十四次研讨会上的发言。陈计男："分割共有物之诉之审理及其裁判之效力"，载民事诉讼法研究会：《民事诉讼法之研讨（2）》，三民书局股份有限公司1990年版，第543页。

〔4〕 张登科：《强制执行法》，三民书局股份有限公司1997年版，第573页。

点加以质疑者，认为分割诉讼中对于共有物之占有状态法院不作实体审查，只审查各共有人有多少的应有部分，应如何分割才算公平，虽然在分割时也会考虑每一个共有人的使用情形并作出最为适当的处理，但法院此时只是确定共有人正在使用哪一部分，尽量将现在使用的部分分配于该共有人而已，就使用的权源、占有事实并未加以审理，而且未经当事人辩论。结果判决之后就使交付部分发生执行力，共有人可请求执行法院交付而取回分得物，这对被取回分得物的当事人而言无疑是不正当的。法院在裁判过程中对于解除其占有部分，事实上也未赋予当事人辩论的机会，这种裁判某种程度上就是一种突袭性裁判。[1]然而本书认为对于分割共有物裁判的既判力与执行力应分别予以考察，因为确定既判力之客观范围是以在诉讼中已经得到充分辩论的请求或主张为标准。因此就请求交付分得部分而言，回顾其在前程序的全部过程，既然其未被作为争点而被攻击防御，那么就不应承认该部分发生既判力或争点效。[2]既然其不产生既判力或争点效，有关应否交付的攻击防御方法就不被遮断，在后诉讼中自当容许当事人就此进行争执。在此意义上，本书认为关于分割共有物裁判，执行法院可以将各共有人分得部分交付，但是关于交付部分，由于其并非分割共有物诉讼的标的且未经裁判，自无既判力可言。如果被请求交付的共有人对请求者有妨碍交付的实体上法律关系存在，而该法律关系又未经法院在诉讼中进行实体上的判断，那么在后期诉讼中仍可以就该实体权利的存否进行争执。

---

〔1〕 陈计男：“分割共有物之诉之审理及其裁判之效力”，载民事诉讼法研究会：《民事诉讼法之研讨（2）》，三民书局股份有限公司 1990 年版，第 526 页。

〔2〕 参见邱联恭教授在民事诉讼法研究会第二十四次研讨会后的补注。陈计男：“分割共有物之诉之审理及其裁判之效力”，载民事诉讼法研究会：《民事诉讼法之研讨（2）》，三民书局股份有限公司 1990 年版，第 560-561 页。

（二）裁判分割判决能否作为交付的依据

共有物分割实际上即为共有人权利内容集体的交换，因此共有物原物分割判决在共有人相互移转的部分，具有给付的性质。若交付部分经过法院的审判，则其具有既判力及执行力。一般观点认为若分割判决仅宣示分割方法，而未就分得部分的交付进行审理裁判的，就共有物分割的执行应扩大其执行力。在交付程序中执行法院应就申请人有无交付请求权利进行审查，而且被执行人若认为不负交付义务，还可提起异议之诉解决。[1]不过上述问题在理论上仍存在不少的疑问，如为何受诉法院不必待当事人申请执行的请求，就可以命令交付分得部分？共有物分割判决是否具有给付判决的性质？分割判决对交付分得部分即使未加以裁判也能据以执行交付，其正当性基础为何？

肯定见解，认为共有物裁判分割是以判决使共有关系发生消灭的形成效果，具有形成判决的性质，但共有物分割裁判之三种分割方法中，分配共有物之行为均无法仅靠形成力得以实现，因此赋予其执行力不仅在学理上有其依据，而且实务上也有其妥当性与必要性。[2]反对见解认为分割共有物诉讼是形成分割方法之诉，法院之判决仅确定适当的分割方法，并不含有给付内容，因此，其不得为执行依据。[3]对此问题，或可从我国台湾地区立法与实践关于分割共有物裁判的执行力问题中寻找答案。对于分割共有物裁判的执行力问题，我国台湾地区的立法与实践均认为“执行法院”可将各共有人分得部分交付。我国台湾地区“强制执

---

〔1〕 许士宦：“裁判分割共有物分得部分之点交与执行力之扩张——‘最高法院’历年有关裁判、决议（定）之研究”，载《台湾本土法学杂志》2001年第20期。

〔2〕 参见陈荣宗：《强制执行法》，三民书局股份有限公司1999年版，第625页。

〔3〕 参见陈世荣：《强制执行法诠解》，国泰印书馆有限公司1988年版，第474页。

行法”第131条[1]关于继承财产与共有物分割之执行方法的规定中即对此予以明确。台湾地区的实务观点对此亦采肯定见解。[2]不过对于我国台湾地区“强制执行法”第131条的规定，学者见解分歧较大。有见解认为分割共有物裁判属于学说上所谓的形成的给付裁判，既具有消灭共有关系之形成判决的一面，亦具有交付应有部分之给付判决的一面，因此，学者认为共有物分割判决在性质上已经十分明确，因此“强制执行法”第131条的规定既能在学理上找到依据，又在实务上有其妥当性与必要性。[3]还有学者称如果认为共有物分割判决具有给付判决的性质，那么其应属于执行依据之一种，债权人可以依据确定判决申请强制执行，此时就没有必要在“强制执行法”第131条再予以重复规定。由于共有物分割判决仅宣示分割的方法，不但没有命令交付共有物的表示，而且共有人对于应交付之共有物有无占有权源、有无交付义务等事项均未经言辞辩论，因其并非诉讼标的，也无既判力可言。因此，学者认为共有物分割判决主文既然没有命令交付共有物的表示，若还规定其可以交付执行，则有违强制执行的正当性。[4]

许士宦教授则认为分割共有物裁判具有执行力属于法律的特别规定。原物分割判决是将各共有人间应有部分相互交换，使共有关系变为单独所有，亦具有给付判决的性质，仅在判决确定时，

---

〔1〕 我国台湾地区“强制执行法”第131条规定，关于继承财产或共有物分割之裁判，执行法院得将各继承人或共有人分得部分点交之；其应以金钱补偿者，并得对于补偿义务人之财产执行。执行依据系变卖继承财产或共有物，以价金分配于各继承人或各共有人者，执行法院得予以拍卖，并分配其价金，其拍卖程序，准用关于动产或不动产的规定。

〔2〕 台湾地区“最高法院”1986年7月14日民事庭会议决议即主张：分割共有物之判决兼有形成判决即给付判决的性质。

〔3〕 参见陈荣宗：《强制执行法》，三民书局股份有限公司1999年版，第626页。

〔4〕 参见张登科：《强制执行法》，三民书局股份有限公司1997年版，第583页。

因形成力的作用，发生共有关系终止及各自取得分得部分所有权的效果，只是不用待其移转给付的执行而已。关于分得部分的交付，其经当事人请求并已由法院审理判断而在裁判中示明，该项给付判决即具有执行力，可以作为执行依据，原本不必在法条中为此特别另作规定。如果分割判决未就交付部分进行裁判，“强制执行法”第131条第1项能够扩张该判决的执行力，使得共有人能够依据该判决申请交付，这样做能够扩大分割判决的实效性、维持诉讼经济。而该执行力的来源不是出于裁判本身，而是判决既判力的扩张。因该事项是法律规定赋予执行力而未经审理，就无既判力，因此在被执行人有占有权源的情形时可提起实体诉讼或异议之诉，以资救济。〔1〕陈计男教授则认为若主张共有物分割判决兼具给付判决的性质，则该判决应属于执行依据，债权人可依确定判决申请强制执行，原本“强制执行法”第131条就没有再予以重复规定的必要，更何况即使认为共有物分割判决兼具有给付性质，而给付判决能被作为执行依据的前提也尚需表明执行事项。〔2〕

对此本书认为，共有人提起分割共有物诉讼的目的在于能单独取得分得共有物所有权，并能交付分得共有物使用，其在诉讼上应包容于一个诉讼标的之内，而在诉讼程序中可以扩张诉讼请求，请求交付分得共有物。由于请求分割方法的请求与交付分得共有物的请求，属于两个不同的诉讼请求范围，受诉法院可在其请求或扩张请求的范围内，一并对该两部分进行审理。但是实际上当事人提起分割共有物诉讼，仅请求分割共有物即可，而未再

〔1〕许士宦：《执行力扩张与不动产执行》，新学林出版股份有限公司2003年版，第105页。

〔2〕参见陈计男：“分割共有物之诉之审理及其裁判之效力”，载民事诉讼法研究会：《民事诉讼法之研讨（2）》，三民书局股份有限公司1990年版，第526页。

扩张请求交付分得共有物，且受诉法院亦不受其请求分割方法的约束，受诉法院在分割判决程序不必就应否交付共有物部分予以审理裁判，因此，实际上受诉法院只审判分割方法，而未审判交付分得共有物，当事人就是否有交付共有物分得部分的正当权源皆未经攻击防御、言词辩论的正当程序，确实无既判力。因此，台湾地区“强制执行法”第131条第1项是立法者为让共有物分割程序能扩大分割裁判的实效性、维持诉讼经济，特别规定分得部分能申请交付，赋予其执行力，但实际上并无既判力，只是执行力客观范围的扩张。因此，台湾地区“执行法院”在交付之前应就该项权利的存否作某种程度的审查，且在执行程序中应赋予被执行共有人有就此充分提出陈述的机会，以避免共有人利用扩张执行力制度不当侵害其他共有人的权益，同时其他共有人也可以存在妨碍交付的实体法律关系为由，提起实体诉讼或者异议之诉。

（三）我国台湾地区“强制执行法”第131条规定的妥当性分析

法院判决确定金钱补偿分割或变价分割时，需在金钱补偿完毕或共有物变卖并由第三人或共有人付价取得所有权后，共有人的共有关系才归于消灭。因此，在共有人未为补偿或一并登记抵押权或变卖前，不产生分割的效果。[1]前文已论述学者对于我国台湾地区的“强制执行法”第131条的规定的妥当性颇有争议，主要有以下两种代表性观点：

一种观点认为，不动产及遗产的分割诉讼为形成之诉，其判决为形成判决，并非给付判决，理论上不得据为执行依据。共有人因分割而取得单独所有权之物，若被其他共有人占有而不交付，应另行对其提起给付之诉，待获胜诉的确定判决后才能据以执行，

〔1〕杨与龄：《强制执行法论》，三民书局股份有限公司2007年版，第658-659页。

该条规定中形成判决可为执行实欠允当。[1]且如果认为共有物分割判决兼具给付判决的性质，则此项判决应为执行依据，债权人可直接依其申请强制执行，该条的重复规定就没有了必要。若以单纯的形成判决用作为执行依据，理论上欠缺理由，如果说如此立法是为了便民及避免当事人另行诉讼，则应该要求事实审法院充分行使阐明权职责。[2]

另一种观点，认为共有物分割判决在本质上不是给付判决，没有执行力，为了赋予其执行力，所以才有该条之特别规定，其执行力的来源不是裁判本质发生的，而是法条特别赋予的。在原物分割判决情形，该条赋予分得部分交付的执行力存在问题。因法院在审理共有物分割事件时主要是查明并审理各共有人的应有部分及分割方法的选择，而就使用的权源、占有事实鲜有审理，且未让当事人充分辩论，同时也会引发突袭性裁判。此外该立法规定共有人均可以成为执行债权人，即使是诉讼中的被告共有人也可以依执行债权人地位请求其他共有人交付被占有的土地，这有违强制执行的基本理论。[3]

本书认为对于台湾地区“强制执行法”第131条的规定而言，其立法上的考量主要是基于以下三点：①为便民及避免当事人另行诉讼；②共有物分割判决虽属形成判决，但此项判决尚具有交付其他共有人分得部分的性质，自可据以交付；③若执行依据为变卖共有物，以价金分配于各共有人时应明确其变价方法为何。

---

〔1〕 参见石志泉：“关于物之交付请求权与关于行为及不行为请求权之强制执行”，载《法学丛刊》1958年第10期；林升格：《强制执行法理论与实务》，五南图书出版公司1983年版，第698页。

〔2〕 陈世荣：《强制执行法诠解》，国泰印书馆有限公司1975年版，第477页。

〔3〕 陈计男：“分割共有物之诉之审理及其裁判之效力”，载民事诉讼法研究会：《民事诉讼法之研讨（2）》，三民书局股份有限公司1990年版，第525页以下。

因此，上述立法在学理上有其充分依据、在实务上有其必要性，可谓妥当。且就强制执行程序而言，分割共有物的执行依据是否必须依诉讼程序抑或非讼程序取得并无理论上的必然关系，[1]应视执行程序的规定情形而定。台湾地区“强制执行法”效仿奥地利强制执行法第351条、第352条的立法，将分割继承财产或共有的执行程序方法作出上述规定，可见立法例上亦不乏先例。[2]

（四）原物分割裁判的执行力

若共有人未依裁判交付其他共有人分得部分，执行法院可将各共有人分得部分交付，此即以原物分配于各共有人的执行方法。各共有人依执行依据各分得一定财产，应互为物权行为的意思表示，由债权人直接向土地登记机关单独为全体共有人申请分割登记，取得所有权后以此登记并作为执行依据，执行法院将各共有人分得部分交付并视应交付之物为动产或不动产，分别执行交付。若不动产为其他共有人占有，可以对其他共有人直接执行交付。如不动产为其他共有人以外的其他第三人占有，应视其他第三人与其他共有人之间有无占有继受的法律关系，确定能否直接对其执行交付。[3]

法院可依分割判决之执行力将各共有人分得部分交付，共有物分割判决的执行依据与一般执行依据稍有差异之处在于一般物之交付的执行依据仅有执行依据的债权人可以申请强制执行，而共有物分割判决中各共有人就其分得部分，不论原告及被告均可以申请，因此，分割共有物诉讼的原告及被告均可以申请交付分

---

〔1〕陈计男：“分割共有物之诉之审理及其裁判之效力”，载民事诉讼法研究会：《民事诉讼法之研讨（2）》，三民书局股份有限公司1990年版，第549、550、559、560页以下。

〔2〕参见陈荣宗：《强制执行法》，三民书局股份有限公司1999年版，第627页。

〔3〕陈荣宗：《强制执行法》，三民书局股份有限公司1999年版，第627页。

得部分。共有物分割判决的主文虽然仅就分割方法载明，而并未对交付内容予以宣示，但其内容实际上包含有互为交付的含义，因此，共有人可以请求交付，此即为原物分割裁判执行力问题。如果依法应交付的共有人有妨碍交付的实体法上法律关系存在，而该法律关系在分割共有物诉讼中又未经法院作出实体权利存否的判断，依强制执行程序的意旨，债务人可就实体法上权利存否之争执提起异议之诉，以维护其权益。

（五）分得部分执行力的扩张及其争议的救济程序

1. 共有物分得部分执行力的扩张

前文业已论及，共有人相互享有强制执行请求权，没有提起诉讼的共有人也可以依据判决主文申请强制执行交付分得部分。未就交付分得部分进行裁判的判决，在强制执行程序中扩张该判决的执行力，其目的是为了扩大分割的实效性、维持诉讼经济、减轻当事人的负担。然而对于当事人是否具有请求交付权的争议，若在裁判审理过程未经共有人攻击防御，为确保其实体正当性，在开始执行前执行法院应予以审查，避免突袭性执行。并且在被执行人享有占有分得共有物的权源时，还应赋予其救济的机会，准许其提起异议之诉保障其诉讼程序权。[1]基于共有人的程序权保障，本书主张为了杜绝裁判分割的执行力争议，在分割共有物的诉讼程序中法官应充分行使阐明权，赋予各共有人有攻击防御的机会，使其尽攻击防御之能事，并在判决主文中明示交付分得的共有物。

若分割判决未就交付分得部分进行裁判则会产生上文所述的执行力扩张问题，而基于维持共有人之地位、保障判决之形成效

〔1〕许士宦："裁判分割共有物分得部分之点交与执行力之扩张——'最高法院'历年有关裁判、决议（定）之研究"，载《台湾本土法学杂志》2001年第20期。

果的达成、申请执行人存在实际给付利益等因素的综合考量，辅以异议之诉等救济措施，再加之执行法院在请求交付执行程序中对分割判决执行依据是否存在、请求交付共有人之交付请求权存在可能性的审查，执行力之扩张就具备较为充分的正当性，使执行法院能够交付。为省去共有人对于交付部分另行取得执行依据的程序，使原有分割的实效性发挥至最大效力，在决定执行力扩张与否的阶段应满足简易迅速的要求，不宜课予请求交付共有人过大的负担，减损交付执行制度的机能。但因其对被请求交付共有人的请求权毕竟未取得判决作为执行依据，因此，为确保该交付执行的实体上正当性，执行力的扩张至少应限于事前能够高度盖然性的推定分得交付请求权存在的情形，据此才能与被请求共有人所享有的防御方法相对应。依照这种简略的审查判断，在被请求共有人受既判力所及且其固有防御方法不成立时，执行法院才应进行交付执行。执行法院在审查判断时为保障被请求者的程序权，必要时应通知被执行共有人，使其在执行前即知悉执行力扩张的存在以防止突袭性执行。因此执行法院审查结果若认定请求交付共有人的交付请求权存在，执行法院应执行交付，反之则应不执行交付而驳回申请。当事人对于执行法院有关分割判决内容的解释不服可以提出异议，而对于执行法院所作出的有关上述交付请求权存否的判断有所不服的则可以提起诉讼，以资救济。

上述原物分割执行力扩张的一般原理较无疑问，理论与实务中对于一类问题较有争议，即执行法院将各共有人分得部分交付是否包含拆除地上房屋？对此学者有见解认为既然执行依据未命令债务人拆除房屋，则该执行依据的执行力原不及于拆除房屋部分，因此，认为该部分能被执行力所及是基于执行力扩张的原因。因此在分割共有土地的情形，若原物分割判决仅命令共有人交付其他共有人分得部分的土地，未命令拆除地上房屋，但由于扩张该执行依据的执行力范围，其有命令共有人拆除房屋的效力。[1]在分割共有土地的情形，原物分割的判决虽然仅仅命令共有人交付其他共有人分得部分的土地，未命令其拆除该地上房屋，但该执行依据有命令其拆除房屋的效力，也是由于扩张该执行依据的执行力范围。关于拆除房屋的实体上正当性根据，无论基于分得共有人的物上请求权或者占有共有人的瑕疵担保责任均无不可。因为经分割形成判决确定后，共有人对于其他共有人分得的部分就丧失了共有权利，那么除非有特别情形（例如另有约定或共有人对于其他共有人分得部分有地上权、租赁权等存在），其占有就没有法律上的原因。因此若各共有人在分割前在地上有建筑物，法院进行原物分割时如果将其中一共有人的建筑物所占有的土地分给其他共有人取得，该建筑物占有他人所分得的土地即为无权占有，其他共有人可以基于无权占有的法律关系，请求其拆除该建筑物。另外由于各共有人对于其他共有人的分得部分，按其应有部分负担与出卖人相同的担保责任，如果共有人的建筑物是在其他共有人分得的土地上，该共有人就不能完全使用其分得的土地，共有人就负担不减少该地通常效用的担保责任，因此应拆除该建筑物。

本书认为由于交付分得土地与拆除地上房屋是两个不同的诉讼标的，首先，从理论上而言，拆除房屋既然未经攻击防御、言词辩论的正当程序，就不发生既判力，不得强制执行。尤其是共有物分割判决确定后共有人所分得土地的建筑物是否属于其他共有人所有，亦即其他共有人有无拆除房屋的处分权能并不明确，若其他共有人抗辩土地上的房屋并非其所有，执行法院因没有实

---

〔1〕许士宦：《执行力扩张与不动产执行》，新学林出版股份有限公司2003年版，第92页。

体上的审查权而无法执行，因此实务中通常是以避免讼累、实现诉讼经济等考量而赋予其执行力，是执行力客观范围的扩张。但同时应赋予被执行人在有正当权源时能提起实体诉讼与异议之诉的权利，以资救济。需要特别注意的是，共有物分割判决的效力仅在共有人之间，若共有人的地上房屋为第三人合法占有，且非执行依据效力所及之人，那么其应受法律的保护，执行法院不得解除第三人的占有而将房屋拆除。

其次，就实务见解来看，法院在判决中即使未宣示交付，但事实上包含交付的意思，当事人可以请求交付。执行依据虽然未命令其拆除土地上的房屋，但也含有拆除效力在内，可以拆除房屋交付土地与分得的共有人。共有人申请强制执行交付应分得的共有土地时，若共有土地上有其他共有人的建筑物，可一并请求其他共有人拆除。可见实务见解也是基于诉讼经济、扩大分割诉讼的实效性、减轻共有人的负担等考量而采肯定意见。因此，司法实务中若以该判决为执行依据命令共有人交付土地，虽然未命令其拆除土地上的房屋，但一般认为该执行依据当然含有使共有人拆除房屋的效力。

最后，综上所述法院裁判共有土地原物分割时，其上的建筑物也当然含有拆除效力在内，执行法院即可拆除房屋交付土地与分得的当事人。如果系争土地上建筑物不属于共有人所有，应由第三人依法定程序主张对执行标的有足以排除强制执行的权利，共有人提出异议，此时即不能救济。因此以原物分配于各共有人的共有物分割判决，各共有人为取得分得部分的占有，均可以该判决为执行依据申请法院交付，不以原告为限，如土地上有其他共有人的建筑物，执行法院也可以径行拆屋交地。

2. 交付执行程序中共有人异议之诉的提起

在交付分得部分的执行程序中被执行共有人（执行债务人）

若有消灭或妨碍请求交付共有人（执行债权人）请求的事由，可提起异议之诉。不过，共有人在异议之诉中能够主张的异议事由也应视分割判决就交付请求是否作出审理裁判而有所不同。

首先，在分割判决已就交付请求作出审理并予裁判的情形，因请求交付部分经法院予以实质审理并在判决主文及理由中作出判断，该部分已发生既判力，因此，能够主张的异议事由限于其原因事实发生在前诉讼（分割共有物诉讼）言词辩论终结后的。交付请求虽然未被作为诉讼标的，未表现在判决主文中，然而法院依据当事人辩论的结果，在判决理由中已对应否交付的重要争点（例如共有人就受分配于其他共有人的部分有无租赁权）作出裁判而产生争点效力。不过需说明的是，承认判决理由中的判断对当事人有拘束力或争点效还需有一个基本前提，那就是该判断不会对当事人（因争点效的承认而蒙受不利益者）产生突袭，以免发生突袭性裁判，欠缺程序保障。〔1〕

其次，在分割判决未就交付部分进行审理裁判的情形，因其未经共有人之辩论、法院之实质审理，因此，就此交付部分不发生遮断效，不应排除当事人就此部分另行诉求的余地。〔2〕实务中一般认为被执行共有人可提起异议之诉的事由应限于执行依据成

---

〔1〕 邱联恭：《程序选择权论》，三民书局股份有限公司2000年版，第11页。

〔2〕 例如甲、乙、丙均同意将共有的甲地全部租给乙一人占有使用，或甲、乙、丙约定甲地分成甲1、甲2、甲3等三部分，而该三部分依此分别由甲、乙、丙分管，在分管中甲获丙的同意，将甲1出租给乙占有使用，在租赁关系存续中，经法院判决准予分割甲地，由丙分得甲1、乙分得甲2、甲分得甲3部分。在此情形，占有甲1及甲3（或仅占有甲1）的乙，可就甲1部分分得（受转移）之人丙或就甲3部分分得（受转移）之人甲主张租赁关系的继续，而无需将甲1部分交付给丙或将甲3部分交付给甲。在这种情形下，因法院未就甲1或甲3部分应否交付进行实体审理，当事人也未曾就上述租赁关系是否存在进行辩论攻防，在丙或甲另诉请求乙交付甲1或甲3部分的诉讼中，乙仍可以主张该租赁权或以此为诉请判决确认的对象，而且由于执行力扩张的原因，丙或甲请求执行法院交付的程序中，乙可以主张该租赁权而提起异议之诉。

立后发生的，如果以法院裁判作为执行依据时则限于发生在前诉言词辩论终结后的事由。鉴于无实体上确定力的执行依据未经实体权利存否的审查，被执行共有人亦无抗辩机会，因此，执行依据成立前允许其提起异议之诉，以救济其权利。综上所述，在交付分得部分的执行程序中，因交付土地部分未经共有物分割判决予以裁判，并无既判力。若被请求交付的共有人有妨碍交付的实体上法律关系存在，而该法律关系又未经法院在分割共有物诉讼中进行实体权利存否的判断，应认为其就实体上权利存否的争执可以提起异议之诉，以维持其权益。为了维持共有物分割判决的实效性，即使法院只就分割方法进行裁判而未对交付分得部分裁判，亦扩张其执行力，使执行法院能据以进行交付，避免为此再次诉讼，减轻法院及当事人（请求交付的共有人）的负担，扩大诉讼制度解决纷争的功能。但同时又不能不当损害被请求交付共有人的程序权保障，在分割共有物的诉讼中如果没有采行言词辩论等为程序内容的慎重诉讼程序，则应允许被执行的共有人提起异议之诉，利用诉讼程序就其应否交付义务进行充分的辩论和攻击防御，以符合程序保障的基本原理。

二、价金补偿的执行力

法院裁判分割若是命令分得共有物的共有人对未分得共有物的共有人进行金钱补偿，此时补偿价金的权利人可否径依判决确定为执行依据，将分得共有物并需价金补偿之义务人的财产进行强制执行？此部分争议与前述原物分割的争议相同，此处即不再赘述，本书仅就两个关键问题进行探讨：第一，确定裁判后受价金补偿的权利人的权利为何？第二，未取得补偿价金之前，分得共有物的共有人是否已单独取得所有权？

(一) 金钱补偿权利人的权利

共有物分割方法采原物分配兼金钱补偿的，如补偿义务人不履行给付义务时，补偿请求权的共有人可以共有物分割判决为执行依据，对补偿义务人的财产强制执行。由于此项执行依据是命令债务人给付金钱，因此，应适用金钱债权执行程序的强制执行。[1]法院采金钱补偿的分割方法时，因判决主文需告知补偿金额，因此，法院审理分割共有物诉讼，通常需命令双方当事人就补偿金的计算标准加以辩论，否则无法说明其确定补偿金计算标准的理由，因此，双方当事人就分割方法施以攻击防御方法后，对该补偿金额亦因判决主文载明而有既判力。[2]因此共有人对补偿金额如有争执，就不得再提债务人异议之诉。

关于金钱补偿权利人的权利性质学者存有分歧见解，一些人认为未分得共有物的共有人享有价金补偿权，能对价金补偿义务人的财产进行强制执行，然而其债权的性质仅具有普通债权的效力，对未取得共有物的共有人保护不周。现在实务界的通说观点则认为，由于未分得共有物的共有人享有价金补偿权，因此对于分割后价金补偿义务人的共有物，其已被赋予法定抵押权的权利，且有优先于一般抵押权的效力。本书认为就价金补偿义务人的财产进行强制执行时应赋予其法定抵押权的优先效力，只有这样才能给予价金补偿权利人更好的保障，并且实务通说观点对于价金补偿权利人更加公平、也更符合交易安全的基本精神。

(二) 受偿共有人之所有权

共有物分割裁判中若判决金钱补偿共有人的，可对补偿义务人的财产进行强制执行，这是在原物分配时共有人不能获得其应

---

〔1〕 张登科：《强制执行法》，三民书局股份有限公司 1997 年版，第 575 页。

〔2〕 陈计男：“分割共有物之诉之审理及其裁判之效力”，载民事诉讼法研究会：《民事诉讼法之研讨（2）》，三民书局股份有限公司 1990 年版，第 574 页。

有部分的金钱补偿执行方法。关于这种判决的性质有两种学说。第一种学说认为其为附条件之形成判决，以金钱补偿完毕为前提，否则不发生分割效果，在补偿金未支付前不发生分割效力，分得不动产的共有人不得直接向登记机关申请分割登记。此种判决对受补偿人的权益保护较周延，但共有人仍然可以就其应有部分设定抵押权，易造成新的纠纷。第二种学说认为这种判决是以分割之形成判决确定为条件的给付判决，需支付完毕补偿部分义务才宣告完成。〔1〕本书认为以上两学说以后者更为妥当。由于受金钱补偿的共有人，无论是原告还是被告，均可依分割共有物的确定判决为执行依据申请法院依金钱债权的执行方法，对应补偿义务人的财产强制执行。虽然单独所有权的取得与金钱补偿义务的履行属于分割判决同时产生的两种效果，但对两者分别处理并不影响分得原物者取得其单独所有权。对补偿价金部分，则可由权利人依金钱债权的执行方法，就补偿义务人分得的物或其他财产进行执行，如此在实务上处理较为便利，理论上也较为妥善。

对于命令进行金钱补偿的共有物分割判决，补偿义务人给付前受偿共有人是否已单独取得分得部分的所有权？对此学者见解不一。耿云卿教授采否定说，认为命令进行金钱补偿的共有物分割判决为“有条件的形成判决”，需履行金钱补偿后才发生形成的效力。〔2〕张登科教授亦采类似见解，认为该类判决中所有权的取得与金钱的补偿是对待给付关系，补偿义务人给付前受偿共有人并未取得分得部分的单独所有权。〔3〕陈荣宗教授则采肯定说，认为由于分割效力发生的时点为判决确定时，因此受偿共有人是否

---

〔1〕 参见杨与龄：《强制执行法论》，三民书局股份有限公司2007年版，第658-659页。

〔2〕 参见耿云卿：《实用强制执行法》，五南图书出版公司1999年版，第998页。

〔3〕 参见张登科：《强制执行法》，三民书局股份有限公司1997年版，第575页。

及何时受到金钱补偿，均不影响其在判决确定时就取得分得部分的单独所有权。[1]本书认为应采肯定说较妥当，在未取得补偿价金且无法确定分得共有物的所有权时，第三人恐有遭受不利益的可能，因此在裁判确定时，价金补偿义务人就应该取得共有物所有权，如此才算公允合理。

三、变价分割的执行力

（一）变价分割强制执行的一般规则

变价分割是法院采变价程序将共有物所换得价值依各共有人应有部分比例进行分配，其并不以强制执行程序为当然程序，共有人也可以就变价程序进行协议决定。然而，学说上对于共有关系消灭之时点亦存有分歧。值得进一步探讨的，是变价分割判决确定后共有关系是否在变卖前已经消灭？对此学说有肯否二说。陈荣宗教授主张在判决确定时即发生形成之效果，因此，各共有人有单独自共有物受偿从而满足金钱债权的权利。[2]陈计男教授则认为由于在分割判决确定时并不必然发生变卖之效果，因此，所有权主体未变而致共有关系并未因分割判决的确定而废止。[3]张登科教授亦持相同见解。[4]本书认为变价分割判决尚需共有人向法院申请执行拍卖程序，在拍卖程序终结前共有物登记具有绝对效力，此时即应理解为陈计男教授所主张的所有权主体和共有关系均未变动，共有人间还有可能再进行协议分割。

依上述观点，在启动变卖程序、第三人取得共有物之所有权

---

〔1〕参见陈荣宗：《强制执行法》，三民书局股份有限公司 1999 年版，第 631 页。

〔2〕参见陈荣宗：《强制执行法》，三民书局股份有限公司 1999 年版，第 632 页。

〔3〕参见陈计男："分割共有物之诉之审理及其裁判之效力"，载民事诉讼法研究会：《民事诉讼法之研讨（2）》，三民书局股份有限公司 1990 年版，第 527 页。

〔4〕参见张登科：《强制执行法》，三民书局股份有限公司 1997 年版，第 576 页。

前，共有关系与未提起分割诉讼前保持一致。因此各共有人是处于相同的地位而非相互对立，彼此间并无债权债务关系存在，在共有物拍卖后各共有人均可取回其按应有部分分配的金额。即使共有人之一申请法院拍卖共有物，在强制执行程序上列为债权人，而以其他共有人为形式上债务人，但这与强制执行程序中债务人因金钱债务而致财产被拍卖的情形并不同。因此，各共有人就共有物变价分割判决均有强制执行的申请权，均可以该判决为执行依据申请法院强制执行。[1]

在探讨变价分割的执行力时还有两个争议较大的问题，即共有人是否享有应买权及可否合买。学说上有认为就变价分割之执行依据而言，各共有人除可就执行依据申请法院拍卖共有物外均可参加应买或承买，因此，无特别拍卖程序的适用、无拍卖次数的限制，迄至拍定为止。[2]共有物拍卖或变价执行程序中，因公开出价由出价高者拍定，共有人可以自由参与应买，因此，共有人自有应买权。[3]除拍卖条件定明不能数人共同投标，否则数共有人共同投标而拍定，此时应不适用上述关于仅能由一共有人优先购买权的规定。我国台湾地区即是通过抽签的方式决定优先购买权从而避免回复到共有状态。[4]由于数人共同投标与裁判分割

〔1〕 参见谢在全：《民法物权论》（上册），中国政法大学出版社 2011 年版，第 566 页。

〔2〕 参见林洲富："分割共有物之执行名义"，载《月旦法学教室》2010 年第 95 期。

〔3〕 参见张登科：《强制执行法》，三民书局股份有限公司 1997 年版，第 575 页。又如台湾地区"最高法院"2007 年度台抗字第 408 号判例中记载，于共有土地变卖分配之执行程序，为使共有人仍能继续其投资计划，维持共有土地之经济效益并兼顾共有人对共有土地之特殊感情，即无禁止土地共有人应买的必要，各该共有人当然有依相同条件共同或单独优先承买的权利。

〔4〕 台湾地区 1997 年"民法物权编"修正案即仿照"强制执行法"第 94 条的规定增订第 7 项，共有物以变价分配时，共有人有依相同条件优先承买之权，有二人以上愿优先承买时，以抽签定之。

的本旨不符，因此，应不允许数共有人合资行使优先购买权。然而在共有物变价执行程序中公开拍卖程序是为寻求市场上最佳利益，强制执行在实务中亦无禁止合买的规定，即强制执行程序中的拍卖原本并不禁止创设新的共有，应认为共有人可以合资出价以拍定共有物。因此，若拍卖条件无特别注明仅能单独购买，应认为拍卖或变卖共有物时共有人可合资应买，原因在于此时应将其理解为请求裁判分割的共有已在变价分配执行程序中消灭，至于因拍卖而创设的新共有关系并不为该裁判分割判决效力所及，而不与前裁判分割的本旨产生冲突。

（二）变价分割强制执行程序中的特殊规则

共有物分割诉讼中法院若判决采取变价分割，应准用动产或不动产的拍卖程序，但共有物分割诉讼的强制执行程序有其特殊性。试举一例：如甲、乙、丙、丁分别共有一笔土地，经协议分割不成，甲遂诉请法院裁判分割，经法院判决拍卖变价分割确定。而本例的三个争点：①分割判决中败诉的被告共有人可否申请强制执行；②作为执行债务人的共有人可否参与变价拍卖应买；③变价分割的执行程序是否适用“无益执行禁止”的规定等即涉及此一特殊性。

1. 分割判决中败诉的被告共有人可否申请强制执行

上述案例中，经协议分割不成，法院判决拍卖变价分割确定。对此，可认为共有人甲“胜诉”，共有人乙“败诉”。此时，共有人乙能否依该确定判决申请强制执行？共有人乙为该变价分割判决败诉的被告，其原本无从据该判决申请开始强制执行程序。然而分割共有物虽予以诉讼化，其本质却为非讼事件，因此，分割物共有形式上虽可分为原告与被告，但是双方实质上为平等的当事人，在强制执行程序中双方均兼具有执行债权人与执行债务人的地位。因此，形式上乙虽为执行债务人（败诉的被告），但其仍具有执行债权人的地位，因此，自然可以申请开始强制执行程序。

2. 作为执行债务人的共有人可否参与变价拍卖应买

强制执行开始后，共有人丙可否参与拍卖应卖？本例中，共有人丙形式上为执行债务人，而一般清偿债权的强制执行程序中执行债务人不得应买。然而通说认为变价分割的情形与一般清偿债权的强制执行程序性质上并不相同，因为变价分割时，双方均兼具有执行债权人与执行债务人之地位，已如前述，形式上的执行债务人兼具执行债权人之地位，因此无不允许其应买之理。况且，如果不许形式上的执行债务人应买，将导致共有人为取得可以应买的地位，而滥行提起分割共有物诉讼而不愿进行协议分割。这与民法以协议分割为原则，变价分割为例外的基本理念相矛盾。综上所述，应认为由于性质上不相同，共有物分割诉讼的强制执行程序与一般清偿债权的强制执行程序有所差异，作为执行债务人的共有人丙仍可应买。

3. 变价分割的执行程序是否适用“无益执行禁止”的规定

案例中，若共有人丁的应有部分在诉讼前即已为戊设定抵押权，担保丁对戊的债务。由于该土地经拍卖后卖得的价金，就丁应受分配的金额已不足清偿执行费用与优先债权，共有人丁遂主张拍卖已无实益，请求撤销拍卖，是否有理？

共有人丁的主张是否理由，需要看其是否能适用《最高人民法院关于人民法院民事执行中拍卖、变卖财产的规定》第9条第1款关于“无益执行禁止”的规定。该条规定，“保留价确定后，依据本次拍卖保留价计算，拍卖所得价款在清偿优先债权和强制执行费用后无剩余可能的，应当在实施拍卖前将有关情况通知申请执行人。申请执行人于收到通知后五日内申请继续拍卖的，人民法院应当准许，但应当重新确定保留价；重新确定的保留价应当大于该优先债权及强制执行费用的总额。”若依文义解释，变价分割的执行程序也应适用“无益执行禁止”的规定。然而通说认为由于性质上的差异，变价分割的执行程序不宜适用“无益执行禁止”的规定，原因在于变价分割的目的并非清偿债权，而是分割共有物以消灭共有状态，因此，只要可以消灭共有状态即非无益执行。且变价分割为共有物分割的重要手段，如果认为此时仍有无益执行禁止原则的适用，将导致很多共有物无法采用变价分割的方式分割，那么不适合以原物分割的共有物就无法分割，共有关系即无从消灭。这与物权法鼓励以分割消灭共有状态的基本理念并不相符。从而应认为由于性质上不相同，变价分割的执行程序不宜适用“无益执行禁止”的规定，共有人丁的主张无理由。

4. 对不动产进行司法变卖时共有人是否享有优先权

甲、乙二人共有一不动产，后因协议分割不成而提起共有不动产分割诉讼。法院判决以变价方式分割确定。那么对不动产进行司法变卖时共有人是否享有优先权？本书认为，基于以下原因，共有物分割诉讼中对不动产进行司法变卖时，共有人不享有优先权。

首先，在属于共有财产的特别情况下，给予共有人优先权的目的主要有三个：①促进完全所有权的形成，以便于更平衡及更和平地使物的效益得以开发；②即便未能致使物归于单一人所有，亦尽可能减少共同所有人的数目；③防止一些基于任何理由被原共有人不想与之共有物件的人加入成为共同所有人。在共有物分割诉讼中，以公开拍卖的形式对不动产整体进行司法变卖时，给予共有人优先权的做法是不正确也是不合适的，因为其可能会对其他共有人（尤其是那些由于经济条件不佳而无法提供高价的共有人）造成损失。事实上，由于不承认在这种情况下的优先权，有意购买整个不动产的共有人便需要在公开拍卖中竞价，这样便会使不动产的价格升至最高水平，这对于其他所有的共有人，包括那些出于经济方面的原因，又或者除此之外还有所占份额过少方面的原因，无法提供合理或最高价钱的共有人都是有利的。也就是说，在共有物分割诉讼中，以公开拍卖的形式对不动产整体进行司法变卖时，以上的这些理由都不存在。在这种情况下，获得了完全所有权，共同所有的情况得以消除，不再存有在多个共有人之间产生冲突的可能。

其次，需要区别共有人向第三人出卖其份额与共有物分割诉讼中所进行的变卖程序这两种不同的情形。在共有人向第三人出卖其份额或以其份额作代物清偿时，其他共同权利人享有优先权，且优先于其他法定优先权人。在共有人出卖份额的情况中，其并未参与导致产生出售或代物清偿的交易，因此，赋予其优先权是有道理的。而在共有物分割诉讼中所进行的变卖程序里面，所有的共有人均可以参加竞买，因此在这种情况下还允许共有人行使优先权便没有道理了。

最后，关于第三人进行出售或代物清偿时优先权的适用。即便是共有人向第三人出卖其份额的情形适用于对不动产进行的司法变卖，还有另外一种情形会妨碍优先权的行使。优先权只在共有人向第三人出卖其份额或以其份额作代物清偿时才存在，这样能够在减少共有人的数目，或结束财产共有的情况，而这可以通过由一位共有人向其他的一位共有人出卖其份额或以其份额作代物清偿而得以实现。当一位共有人向另一位共有人出卖其份额或以其份额作代物清偿时，没有人享有优先权。因此在竞买中胜出的并不是第三人，而是共同所有人中的一位，因此，优先权原则不可能被适用。综上共有物分割诉讼中对不动产进行司法变卖时，共有人不享有优先权。

事实上关于不动产司法变卖时共有人是否享有优先权的问题

在我国澳门地区的判例里面亦能寻找到踪迹。澳门特别行政区终审法院合议庭于2012年即作出类似的裁判。该案中，共有人甲对乙提起共有不动产分割的特别宣告程序。在不动产以密封标书的形式进行司法拍卖后，该不动产的共有人（原告）被允许就在拍卖中由乙所出的最高价格行使优先权。乙针对该批准行使优先权的批示提起上诉。中级法院裁定上诉败诉。乙不服裁决，向澳门特别行政区终审法院提起上诉，请求撤销被上诉的合议庭裁判。[1]

本案的根本问题是如何理解澳门民法典第1308条第1款的规定，[2]即在共有物分割诉讼中，当对不动产进行司法变卖时，该不动产的另一共同所有人是否享有优先权。事实上关于本案所涉及的问题，澳门地区的司法实务中已有先前判例。澳门特别行政区终审法院曾于2011年10月27日第467/2011号案中作出的合议庭裁判，以及澳门特别行政区中级法院分别于2006年7月6日、2008年2月28日作出的第125/2006号、第572/2006号案中作出的裁判中均认为，在共有物分割诉讼中，若不对不动产进行原物分割，且各共有人未能就将其判给某个或某几个共同权利人达成协议而将不动产整体出售时，同样也适用澳门民法典第1308条第1款的规定，即不动产的其他共有人享有优先权。值得注意的是，上述三个案例的合议庭裁判中法官均是二比一的结果获得多数判决，即法官在对于“共有物分割诉讼中，当对不动产进行司法变卖时，该不动产的另一共同所有人是否享有优先权”这一问题，仍存在分歧。

---

〔1〕参见澳门特别行政区终审法院合议庭裁判第14/2012号案件上诉审民事判决书。

〔2〕本案涉案条文澳门民法典第1308条第1款规定如下：“任何共有人向第三人出卖其份额或以其份额作代物清偿时，其他共同权利人享有优先权，且优先于其他法定优先权人。”

对于这一问题，澳门地区及葡萄牙的司法见解及理论学说有过一段时间的争议。葡萄牙最高司法法院曾在1997年12月17日的合议庭裁判中写道，在20世纪初，仍有一些司法见解允许共有人在不可分割之物被整体出售给第三人时行使优先权。然而从1916年开始，一股强烈地否定在这种情况下仍存在优先权的司法见解趋势逐渐形成。1931年7月21日葡萄牙最高司法法院已经作出了统一司法见解的合议庭裁判，并裁定："当被拍卖的是共有不动产的整体，而非单纯由另一共同权利人所拥有的那一部分时，共有人原本可以基于澳门民事诉讼法典第848条第7款以及澳门民法典第1566条的规定在拍卖行为中行使的优先权便不能再被接受了，也就是说共有人不再享有优先权。"尽管如此，高等法院于1993年11月4日作出的一份合议庭裁判中，还并未跟随占绝大多数的、不承认共有人在共有物分割诉讼中享有优先权的观点。而由于两位学者Pinto Loureiro[1]和Baptista Lopes[2]对主流观点的大力支持，该裁判在讲述了上述吻合理论之后，结束了对这一问题的历史争议。在此之后，最高司法法院合议庭的所有裁判均采纳了上述占主导地位的观点。

关于被上诉合议庭裁判的裁判理由方面，该裁判提到没有理由只允许共有人在利害关系人会议中行使优先权，而不允许其在司法变卖程序中行使该权利。对于这个观点，终审法院表示应有的尊重，但认为其背后的模糊混乱却是显而易见的。在共有物分割诉讼中，当法官裁定共有物不可（原物）分割时所进行的、规定于澳门民事诉讼法典第951条第1款中的利害关系人会议旨在：

---

〔1〕 See Pinto Loureiro. Manualdos Direitos de Preferência, Advogado. Coimbra Editora, Lda. Coimbra. 1944, p. 210.

〔2〕 See Baptista Lopes. Do Contrato de Comprae Venda, Juizde Direito. Livraria Almedina. Coimbra. 1971, p. 408.

“A）……；B）共有物仅可变价分割时，将共有物判给某一或某些利害关系人，而其余利害关系人之份额以金钱组成。”这个利害关系人会议与优先权没有丝毫的关系，它只不过是意思自治原则和合同自由原则的产物。因为如果利害关系人可以通过司法外的途径将其所占的份额出售给每一个共有人，那么他同样可以在诉讼程序中为之。在利害关系人会议中，通过协议的方式将共有物判给某个或某几个利害关系人只能代表这些，并不涉及行使任何优先权的问题。如果出席的利害关系人未达成协议，则将共有物变卖，各共有人均可参加竞买。而在此司法变卖程序中，共有人并不享有优先权，因为没有任何条文赋予其该权利，尤其是澳门民法典的第 1308 条第 1 款。此外，作为判案理由被上诉的合议庭裁判还指出某位共有人可能不愿将共有物出售给某个特定的人。然而，任何一位共有人都可以通过在司法拍卖中提供比其他共有人以及第三人更高的报价的方式而购得该共有物。

我国《物权法》第 101 条规定了共有人的优先购买权，即“按份共有人可以转让其享有的共有的不动产或者动产份额。其他共有人在同等条件下享有优先购买的权利。”由于共有物裁判分割时，变价分配是最后一种分割方法，其主要基于维持共有物的经济效益，并顾及共有物对共有人的特殊感情。[1]在变价分配的执行程序中赋予各共有人优先购买权，使买受人为共有人以外的第三人时，共有人有依相同条件承买的权利。事实上，立法政策以变价分配作为末种分割方法，乃为兼顾共有人对共有物的需要，在变价分配的执行程序中赋予共有人依相同条件的优先购买权，这是源自实际中有其需要。

---

〔1〕 Margaret J. Radin 在著作中也同样强调尊重所有人对家庭住宅和其他人格财产具有感情之关注。See Margaret J. Radin，“Property and Person hood”，34 *Stan. L. Rev.* 957 (1957).

5. 变价分割是否适用“剩余主义”

法院若采用变价分配为分割方法，且共有人申请强制执行拍卖的，因要准用不动产拍卖的规定，则强制执行程序中的剩余主义及担保物权涂销主义亦在准用之列。剩余主义也称无益执行禁止原则，即不动产拍卖中，若拍卖所得的价金在清偿优先于执行债权的不动产负担以及执行费用后已经没有剩余，那么就不得对该不动产实施拍卖。该原则的理由即在于，既然执行债权人不能从拍卖执行的不动产中获得价金受偿，那么所进行的强制执行程序对债权人就毫无实益，徒费执行程序，因此不应准许。至于有无剩余的判断基准，则主要依据“拍卖最低价额”与“优先债权及强制执行费用”这两者的比较。若后者高于前者或与前者相等，则无剩余。至于如果实际拍卖时，拍卖价额是否将超过核定的最低拍卖价额，则不在判断的考量之中。所谓优先债权，是指优先于执行债权的债权，抵押权即属之。[1]又不动产拍卖时，抵押权人不问其债权是否已届清偿期，应请求参加分配。因此，法院如以变价分配为分割方法，则各共有人均可依该确定判决申请拍卖共有物，并准用剩余主义，则应认为拍卖的最低价额与扣除共有物上的负担，例如应有部分的担保物权。若无剩余，执行法院应通知债权人，若债权人未证明该不动产卖得价金有剩余可能或指定超过该项债权及费用总额的拍卖最低价额，并请求如未拍定愿意负担其费用而申请拍卖的，执行法院应撤销查封。综上，可以得出结论共有物变价分配的强制执行程序中无特别拍卖程序中的适用。共有不动产或其应有部分如有抵押权时，法院如采用变价分配的分割方法，且共有人申请依强制执行程序进行拍卖的，仍适用“剩余主义”，以保护抵押权人的利益。

---

〔1〕 张登科：《强制执行法》，三民书局股份有限公司1997年版，第325-326页。

参考文献

一、中文类参考文献

（一）著作类

1. 曹伟修：《最新民事诉讼法释论上下》，金山图书文具公司 1976 年版。
2. 陈计男：《程序法之研究（二）》，三民书局股份有限公司 1995 年版。
3. 陈计男：《民事诉讼法论》（上），三民书局股份有限公司 2000 年版。
4. 陈计男：《民事诉讼法论》（下），三民书局股份有限公司 2000 年版。
5. 陈荣传：《民法物权争议问题研究》，五南图书出版公司 1999 年版。
6. 陈荣宗、林庆苗：《民事诉讼法》（上），三民书局股份有限公司 2004 年版。
7. 陈荣宗、林庆苗：《民事诉讼法》（中），三民书局股份有限公司 2004 年版。

8. 陈荣宗:《强制执行法》，三民书局股份有限公司 1989 年版。
9. 陈世荣:《强制执行法诠解》，国泰印书馆有限公司 1975 年版。
10. 陈卫佐译著:《德国民法典》，法律出版社 2010 年版。
11. 陈志雄等:《诉讼标的价额之核定及诉讼费暨执行费等之计征标准》，新学林出版股份有限公司 2007 年版。
12. 崔建远:《物权法》，中国人民大学出版社 2011 年版。
13. 杜万华、胡云腾主编:《最高人民法院民事诉讼法司法解释逐条适用解析》，法律出版社 2015 年版。
14. 耿云卿:《实用强制执行法》，五南图书出版公司 1999 年版。
15. 韩松、姜战军、张翔:《物权法所有权编》，中国人民大学出版社 2007 年版。
16. 韩松等:《物权法所有权编》，中国人民大学出版社 2007 年版。
17. 黄国昌:《民事诉讼法教室Ⅰ》，元照出版有限公司 2009 年版。
18. 黄右昌:《民法物权诠解》，自版 1961 年版。
19. 黄中廷、陈涛主编:《从共同共有到按份共有的变革》，中国农业出版社 2004 年版。
20. 江必新主编:《民事强制执行操作规程》，人民法院出版社 2010 年版。
21. 刘璐:《民事执行重大疑难问题研究》，人民法院出版社 2010 年版。
22. 江平、米健:《罗马法基础》（第三版），中国政法大学出版社 2004 年版。
23. 姜世明:《民事诉讼法基础论》，元照出版有限公司 2011 年版。
24. 李木贵:《民事诉讼法》（上），元照出版有限公司 2010 年版。
25. 李肇伟:《民法物权》，自版 1966 年版。
26. 梁慧星:《中国物权法草案建议稿附理由》，社会科学文献出版社 2007 年版。
27. 廖中洪:《中国民事诉讼程序制度研究》，中国法制出版社 2004 年版。
28. 林升格:《强制执行法理论与实务》，五南图书出版公司 1983 年版。
29. 刘明生:《民事诉讼法实例研习》，元照出版有限公司 2011 年版。
30. 骆永家:《民事诉讼法Ⅰ》，元照出版有限公司 1997 年版。
31. 吕太郎:《民事诉讼之基本理论（一）》，智胜文化事业有限公司 1999 年版。

32. 梅仲协:《民法要义》,自版 1955 年版。
33. 倪江表:《民法物权论》,正中书局 1982 年版。
34. 邱聪智:《新订债法各论》(上),元照出版有限公司 2002 年版。
35. 邱联恭:《程序利益保护论》,元照出版有限公司 2005 年版。
36. 邱联恭:《程序选择权论》,三民书局股份有限公司 2000 年版。
37. 邱联恭:《程序制度机能论》,三民书局股份有限公司 2008 年版。
38. 邱联恭讲述、许士宦整理:《口述民事诉讼法讲义(二)》,自版 2012 年版。
39. 沈德咏主编:《最高人民法院民事诉讼法司法解释理解与适用》(下),人民法院出版社 2015 年版。
40. 沈律师:《非讼事件法》,元照出版有限公司 2006 年版。
41. 史尚宽:《物权法论》,中国政法大学出版社 2000 年版。
42. 司法周刊杂志社:《民事法律问题研究汇编——民事实体法》,司法周刊杂志社 1988 年版。
43. 苏永钦主编:《民法物权争议问题研究》,五南图书出版公司 1999 年版。
44. 王爱群译著:《日本民法典》,法律出版社 2014 年版。
45. 王甲乙等:《民事诉讼法新论》,三民书局股份有限公司 2005 年版。
46. 王利明:《物权法研究》(上),中国人民大学出版社 2013 年版。
47. 王利明主编:《中国民法典学者建议稿及立法理由·物权编》,法律出版社 2005 年版。
48. 王亚新等:《中国民事诉讼法重点讲义》,高等教育出版社 2017 年版。
49. 王泽鉴:《民法物权(第 1 册)通则·所有权》,中国政法大学出版社 2001 年版。
50. 王泽鉴:《民法学说与判例研究(四)》,中国政法大学出版社 2003 年版。
51. 王泽鉴:《民法总则》,北京大学出版社 2009 年版。
52. 温丰文:《论共有》,三民书局股份有限公司 2011 年版。
53. 吴光明:《新物权法论》,三民书局股份有限公司 2009 年版。
54. 吴明轩:《民事诉讼法》(上),五南图书出版公司 2011 年版。
55. 谢在全:《分别共有内部关系之理论与实务》,三民书局股份有限公司

1999 年版。
56. 谢在全:《民法物权论》(上册),中国政法大学出版社 2011 年版。
57. 谢哲胜:《民法物权》,三民书局股份有限公司 2012 年版。
58. 辛学祥:《民法物权论》,台北商务印书馆 1980 年版。
59. 许律师编著:《民事诉讼法》(中),高点文化事业有限公司 2006 年版。
60. 许士宦:《执行力扩张与不动产执行》,新学林出版股份有限公司 2003 年版。
61. 杨建华:《民事诉讼法问题研析(五)》,三民书局股份有限公司 1998 年版。
62. 杨建华:《民事诉讼法要论》,郑杰夫增订,北京大学出版社 2012 年版。
63. 杨建华:《问题研析民事诉讼法(三)》,陈心弘增订,三民书局股份有限公司 2010 年版。
64. 杨立新:《共有权理论与适用》,法律出版社 2007 年版。
65. 杨立新:《物权法》,法律出版社 2013 年版。
66. 杨与龄:《强制执行法论》,三民书局股份有限公司 2007 年版。
67. 姚瑞光:《民法物权论》,自版 1991 年版。
68. 姚瑞光:《民事诉讼法论》,中国政法大学出版社 2011 年版。
69. 尹田:《物权法》,北京大学出版社 2013 年版。
70. 张登科:《强制执行法》,三民书局股份有限公司 1997 年版。
71. 张卫平:《民事诉讼法》(第三版),法律出版社 2013 年版。
72. 张卫平主编:《最高人民法院民事诉讼法司法解释要点解读》,中国法制出版社 2015 年版。
73. 郑冠宇:《民法物权》,新学林出版股份有限公司 2011 年版。
74. 郑玉波主编:《民法物权论文选辑》(上),五南图书出版公司 1984 年版。
75. 最高人民法院民事审判第一庭编:《民事审判指导与参考》,人民法院出版社 2012 年版。
76. 最高人民法院物权法研究小组编:《〈中华人民共和国物权法〉条文理解与适用》,人民法院出版社 2007 年版。
77. [德] 克里斯蒂娜·埃贝尔-博格斯:《德国民法遗产分割(§§2042-2057ABGB)诺莫斯注解:2014 年最新版诺莫斯德国民法典继承法

(§§1922-2385BGB)部分注解》,王强译,中国政法大学出版社 2014 年版。
78. [德] 罗森贝克等:《德国民事诉讼法》(下),李大雪译,中国法制出版社 2007 年版。
79. [日] 高桥宏志:《民事诉讼法制度与理论的深层分析》,林剑锋译,法律出版社 2003 年版。
80. [日] 近江幸治:《民法讲义Ⅱ:物权法》,王茵译,北京大学出版社 2006 年版。
81. [日] 三月章:《日本民事诉讼法》,汪一凡译,五南图书出版公司 1997 年版。
82. [日] 三潴信三:《物权法提要》,中国政法大学出版社 2005 年版。
83. [日] 田山辉明:《物权法》,陆庆胜译,法律出版社 2001 年版。
84. [日] 我妻荣:《新订物权法》,有泉亨补订、罗丽译,中国法制出版社 2008 年版。
85. [日] 新堂幸司:《新民事诉讼法》,林剑锋译,法律出版社 2008 年版。
86. [日] 中村英郎:《新民事诉讼法讲义》,陈刚、林剑锋译,法律出版社 2001 年版。
87. [意] 桑德罗·斯契巴尼:《物与物权》,范怀俊译,中国政法大学出版社 1999 年版。
88. 民事诉讼法研究会:《民事诉讼法之研讨(六)》,三民书局股份有限公司 1997 年版。

(二)论文类

89. 蔡明诚:“共有之应有部分及共有物分割”,载《月旦法学教室》2002 年第 2 期。
90. 蔡明诚:“数笔共有土地的裁判合并分割问题——‘最高法院’八十九年度台上字第一八七五号判决评释”,载《台湾法学杂志》2001 年第 22 期。
91. 蔡养军:“论共同共有制度的源流”,载《扬州大学学报(人文社会科学版)》2014 年第 4 期。
92. 常鹏翱:“论优先购买权的法律效力”,载《中外法学》2014 年第 2 期。
93. 陈桂明、李仕春:“形成之诉独立存在吗?——对诉讼类型传统理论的质疑”，载《法学家》2007 年第 4 期。
94. 陈桂明、赵蕾：“中国特别程序论纲”，载《法学家》2010 年第 6 期。
95. 陈计男：“分割共有物之诉之审理及其裁判之效力”，载陈计男：《民事程序法之研究（二）》，三民书局股份有限公司 1995 年版。
96. 陈计男：“论分割共有物之诉”，载《法令月刊》1983 年第 12 期。
97. 陈计男：“论诉讼上和解”，载陈计男：《程序法之研究（一）》，三民书局股份有限公司 1986 年版。
98. 陈明灿：“论共有土地分割与权利保护——简评‘司法院’大法官释字第六七一号解释”，载《台湾法学》2010 年第 150 期。
99. 陈荣传：“共有物分割请求权是否为形成权？”，载苏永钦编：《民法物权争议问题研究》，五南图书出版公司 1999 年版。
100. 陈世荣：“关于继承财产或共有物分割之执行”，载《法令月刊》1966 年第 11 期。
101. 陈重见：“共有物分割与共同抵押权”，载《台湾法学杂志》2009 年第 137 期。
102. 程啸：“因法律文书导致的物权变动”，载《法学》2013 年第 1 期。
103. 崔建远：“论共有人的优先购买权”，载《河北法学》2009 年第 5 期。
104. 戴孟勇：“原共同共有人优先购买权的解释适用及其存废”，载《政治与法律》2012 年第 3 期。
105. 邓辉辉：“论诉讼法理与非讼法理从二元分离适用论到交错适用论的发展”，载《广西社会科学》2010 年第 10 期。
106. 丁建新：《共有财产分割适用竞价方法初探》，载《政治与法律》1993 年第 6 期。
107. 丁建新：《共有财产分割适用竞价原则刍议》，载《法学》1993 年第 10 期。
108. 段文波：“共有财产涉讼类型化析解”，载《国家检察官学院学报》2016 年第 2 期。
109. 房绍坤、毕潇潇：“论共有物分割之诉的法律属性”，载《海南大学学报（人文社会科学版）》2016 年第 5 期。
110. 房绍坤：“导致物权变动之法院判决类型”，载《法学研究》2015 年第

1 期。
111. 房绍坤："论共有物裁判分割的方法与效力"，载《山东社会科学》2015 年第 11 期。
112. 房绍坤："论共有物分割判决的形成效力"，载《法学》2016 年第 11 期。
113. 房绍坤："论因事实行为导致的物权变动"，载《山东社会科学》2014 年第 10 期。
114. 房绍坤："用益物权与所有权关系辨析"，载《法学论坛》2003 年第 4 期。
115. 房绍坤："共有物分割之诉审理的若干问题"，载《当代法学》2016 年第 5 期。
116. 韩玫："共有人请求分割共有财产时，人民法院不宜判决分割使用权"，载最高人民法院民事审判第一庭编：《民事审判指导与参考》，人民法院出版社 2011 年版。
117. 郝振江："论非讼事件审判的程序保障"，载《法学评论》2014 年第 1 期。
118. 黄健彰："担保物权的物上代位性——民法物权编修正后相关条文的解释适用"，载《中原财经法学》2011 年第 27 期。
119. 黄健彰："特定优先权的类型"，载《台北中正大学法学集刊》2009 年第 27 期。
120. 黄钰慧："共有物分割基本法律问题之探讨"，载《铭传大学法学论丛》2010 年第 13 期。
121. 姜梅："浅谈离婚案件中涉及的土地承包经营权分割问题"，载最高人民法院民事审判第一庭编：《民事审判指导与参考》，法律出版社 2010 年版。
122. 开正怀："共有物协议分割抑判决分割我亦曰非处分行为"，载郑玉波主编：《民法物权论文选辑》（上），五南图书出版公司 1984 年版。
123. 李国强："论共同继承遗产的分割规则：以《物权法》的解释和《继承法》的修改为视角"，载《法学论坛》2013 年第 2 期。
124. 李辉："我国共有物分割诉讼性质研究"，载《当代法学》2018 年第 2 期。

125. 李左峰："我国共有物的裁判分割研究——以'原旨主义'的思考为径"，载《内蒙古大学学报（哲学社会科学版）》2018年第3期。
126. 林瑞成："共有物分割问题之检讨"，载《台湾法学杂志》2007年第92期。
127. 刘明生："分割共有物之诉"，载《月旦法学教室》2012年第117期。
128. 刘明生："应有部分抵押权与质权于共有物分割后之效力"，载"两岸民法论坛——第9届民法典学术研讨会的论文集》，2011年。
129. 刘青文："论共有的法律适用——以《物权法》为视角"，载《河北法学》2008年第9期。
130. 刘耀东："按份共有中共有物分割问题研究"，载《云南大学学报》2010年第4期。
131. 刘哲玮："普通形成权诉讼类型考辨——以合同解除权为例"，载《中外法学》2014年第5期。
132. 吕太郎："检讨共同诉讼之二事实"，载《军法专刊》1985年第6期。
133. 庞小菊："司法体制改革背景下的诉讼分流——以非讼程序的诉讼分流功能为视角"，载《清华法学》2016年第5期。
134. 邱联恭："诉讼法理与非讼法理之交错适用——从民事事件之非讼化审理及诉讼化审理论程序保障之机能"，载民事诉讼法研究会：《民事诉讼法之研讨（二）》，三民书局股份有限公司1990年版。
135. 邱联恭讲述，沈方维、彭昭芬整理："争点整理方法之案例解析（六）：裁判分割共有物事件之争点整理"，载《月旦法学杂志》2001年第74期。
136. 任重："形成判决的效力——兼论我国物权法第28条"，载《政法论坛（中国政法大学学报）》2014年第1期。
137. 石志泉："关于物之交付请求权与关于行为及不行为请求权之强制执行"，载《法学丛刊》1958年第10期。
138. 宋刚："论收益权能的用益物权化"，载《法商研究》2013年第6期。
139. 宋卓基："日本民法中共有物分割后份额上的抵押权评析"，载《东北师大学报（哲学社会科学版）》2011年第3期。
140. 苏永钦："全输的共有制度"，载《台湾法学杂志》2010年第155期。

141. 苏永钦："再谈共有物分割的问题——从比较法和法政策角度分析"，载苏永钦：《寻找新民法》，北京大学出版社 2012 年版。
142. 孙森焱："论分割共有物之判决"，载《法学丛刊》1966 年第 41 期。
143. 孙永军："诉讼事件非讼化新探"，载《现代法学》2014 年第 1 期。
144. 童付章："共同共有财产的执行与代位析产之诉的制度构建"，载《政治与法律》2014 年第 5 期。
145. 王晓玲："论公司诉讼审理方式的类型化建构——以非讼法理的部分适用为中心"，载《河北法学》2017 年第 7 期。
146. 王泽鉴："法学上的发现"，载王泽鉴：《民法学说与判例研究（四）》，中国政法大学出版社 2005 年版。
147. 温丰文："共有物分割对应有部分抵押权之效力"，载《月旦法学杂志》2000 年第 59 期。
148. 温丰文："共有物分割请求权"，载《月旦法学教室》2007 年第 54 期。
149. 温丰文："共有物分割效力之发生时期"，载《月旦法学教室》2006 年第 42 期。
150. 温丰文："相邻数共有不动产的合并分割"，载《月旦法学教室》2009 年第 86 期。
151. 温锦堂："论共有人应有部分之抵押与分割之本质"，载郑玉波主编：《民法物权论文选辑》（上），五南图书出版公司 1984 年版。
152. 邬砚："实体法与程序法交互作用下的共有物分割之诉"，载《现代法学》2016 年第 2 期。
153. 吴春燕、吕栋："按份共有分割请求权若干问题研究"，载《西南政法大学学报》2010 年第 3 期。
154. 吴明轩："关于'请求分割共有物诉讼审判'之研究"，载《法律评论》，1983 年第 5 期。
155. 吴明轩："核定诉讼标的价额及计征裁判费之标准"，载《建华金融季刊》2003 年第 23 期。
156. 吴明轩："请求履行共有物协议分割契约之诉"，载《月旦法学教室》2007 年第 51 期。
157. 吴明轩："试论不动产分割之诉"，载《月旦法学杂志》2002 年第 81 期。

158. 谢在全："民法物权编修正经纬"，载《台湾法学杂志》2007 年第 100 期。
159. 谢哲胜："分别共有物分割的自由与限制"，载《月旦法学教室》2006 年第 44 期。
160. 谢哲胜："共有不动产分割应受补偿人的法定抵押权"，载《月旦法学教室》2009 年第 85 期。
161. 谢哲胜："共有物变价分割时共有人的优先购买权"，载《月旦法学教室》2011 年第 101 期。
162. 谢哲胜："合并分割"，载《月旦法学教室》2009 年第 81 期。
163. 谢哲胜："共有人部分相同的不相邻数不动产的裁判合并分割"，载《裁判时报》2015 年第 36 期。
164. 谢哲胜："应有部分设定抵押权后共有物分割的效力——释字第六七一号评释"，载《月旦裁判时报》2011 年第 8 期。
165. 徐建新："多方利益均衡保护：共有财产分割案件的裁判要点"，载《中国审判》2012 年第 10 期。
166. 许士宦："继受执行与执行力的扩张"，载杨与龄编：《强制执行法实例问题分析》，五南图书出版公司 2002 年版。
167. 许士宦："裁判分割共有物分得部分之点交与执行力之扩张——'最高法院'历年有关裁判、决议（定）之研究"，载《台湾本土法学杂志》2001 年第 20 期。
168. 杨朝勇："论共有物分割之诉之性质"，载《河南财经政法大学学报》2015 年第 3 期。
169. 杨建华："非讼事件程序费用之征收"，载杨建华：《问题研析民事诉讼法（一）》，三民书局股份有限公司 1985 年版。
170. 杨建华："上诉第三审所得受之客观利益"，载杨建华：《问题研析民事诉讼法（一）》，自版 1994 年版。
171. 杨隆顺："改进分割共有物事件裁判之研究"，载台湾地区"司法院"：《"司法院"84 年度研究发展项目报告》，1996 年第 16 辑上册。
172. 杨松龄："共有土地分割登记转载问题之探讨"，载《台湾土地研究》2005 年第 1 期。

173. 杨旭："论共有物分割请求权的限制——'刘柯好诉刘茂勇、周忠容共有房屋分割案'评释"，载《政治与法律》2017年第4期。
174. 杨与龄："论共有物之分割"，载郑玉波主编：《民法物权论文选辑》（上），五南图书出版公司1984年版。
175. 尤重道："共有土地分割限制与一部分维持共有问题的探讨"，载《现代地政》2014年第350期。
176. 尤重道："应有部分设定抵押权后分割共有物抵押权归属问题之研究（三）"，载《现代地政》1998年第5期。
177. 张良华："以不动产应有部分设定抵押权后，裁判分割共有物抵押权归属之研究"，载《司法周刊》1985年第199期。
178. 张卫平："既判力相对性原则：根据、例外与制度化"，载《法学研究》2015年第1期。
189. 张浴美："诉讼费用之研究"，载法务部司法官训练所编印：《司法训练所第二十六期学员论文选集》自版1990年版。
180. 赵公茂："论非依法律行为之不动产物权变动"，载郑玉波主编：《民法物权论文选辑》（上），五南图书出版公司1984年版。
181. 赵俊劳："论用益物权的客体及其立法政策选择：兼评我国《物权法》第117条的规定"，载《法律科学（西北政法大学学报）》2012年第2期。
182. 赵蕾："诉讼与非讼的再区分——以诉讼与非讼基本模式的差异为研究进路"，载《比较法研究》2012年第4期。
183. 赵秀梅："共有物处分问题研究"，载《法学论坛》2013年第6期。
184. 赵振华、杨芳："物权法第28条适用之思考：何种法律文书能直接变动物权"，载《社会科学》2012年第11期。
185. 郑玉波："应有部分与抵押权"，载郑玉波主编：《民法物权论文选辑》（上），五南图书出版公司1984年版。
186. 黄勤武："共有财产裁判分割问题探析"，载《人民法院报》2009年12月1日，第6版。
187. 黄勤武："共有财产分割的效力"，载《人民法院报》2013年4月3日，第7版。

188. 沈和玉："双方均主张取得共有物的可适用强制竞价方式分割"，载《人民法院报》2015 年 12 月 2 日，第 7 版。
189. 陈河泉："共有土地分割之研究"，东海大学 1995 年硕士学位论文。
190. 古振晖："共同所有之比较研究"，台北中正大学 2006 年博士学位论文。
191. 郑妃束："共有物分割之研究——以共有土地为中心"，台北中正大学 2007 年硕士论文。
192. 康邓承："论共有物分割之诉"，西南政法大学 2010 年硕士学位论文。
193. 熊洋："民事诉讼当事人适格问题研究"，武汉大学 2012 年博士学位论文。
194. 闫宾："民事诉讼要件论"，西南政法大学 2012 年博士学位论文。
195. 王遐龄："共有物裁判分割之研究"，东吴大学 2012 年硕士学位论文。
196. 袁婷婷："共有物分割诉讼研究"，西南政法大学 2014 年硕士学位论文。
197. 石晶晶："共有物诉讼及其类型化研究"，苏州大学 2015 年硕士学位论文。
198. 谭闽："论共有物分割之诉的判决效力"，西南政法大学 2015 年硕士学位论文。
199. 徐夏："分割共有物诉讼之研究"，华东政法大学 2016 年硕士学位论文。

（三）其他类

200. （2011）浙民再字第 69 号民事判决书。
201. （2012）宕（哈）民初字第 57 号民事判决书。
202. （2012）闵民一（民）初字第 14367 号民事判决书。
203. （2013）苍溪民初字第 1700 号民事判决书。
204. （2013）成民终字第 2985 号民事判决书。
205. （2013）沪一中民二（民）终字第 1025 号民事判决书。
206. （2013）深福法民三初字第 1525 号民事判决书。
207. （2014）巴法民初字第 02834 号民事判决书。
208. （2014）朝民初字第 19867 号民事判决书。
209. （2014）大民一终字第 623 号民事判决书。
210. （2014）宕（哈）民初字第 18 号民事判决书。
211. （2014）鄂民申字第 00924 号民事判决书。

212. （2014）哈民二民终字第 95 号民事判决书。
213. （2014）海中法民三终字第 98 号民事判决书。
214. （2014）海中法民三终字第 98 号民事判决书。
215. （2014）海中法民一初字第 44 号民事判决书。
216. （2014）湖安民初字第 830 号民事判决书。
217. （2014）湖安民初字第 830 号民事判决书。
218. （2014）湖安民初字第 830 号民事判决书。
219. （2014）沪一中民二（民）终字第 2505 号民事判决书。
220. （2014）沪一中民二（民）终字第 2505 号民事判决书。
221. （2014）沪一中民二（民）终字第 733 号民事判决书。
222. （2014）淮法民初字第 1379 号民事判决书。
223. （2014）济民终字第 2416 号民事判决书。
224. （2014）金民初字第 2554 号民事判决书。
225. （2014）庐民一初字第 03424 号民事判决书。
226. （2014）南民二终字第 01226 号民事判决书。
227. （2014）浦民一（民）初字第 22129 号民事判决书。
228. （2014）浦民一（民）初字第 26509 号民事判决书。
229. （2014）浦民一（民）初字第 33052 号民事判决书。
230. （2014）榕民终字第 3977 号民事判决书。
231. （2014）穗越法民三初字第 773 号民事判决书。
232. （2014）穗中法民五终字第 1882 号民事判决书。
233. （2014）穗中法民五终字第 2736 号民事判决书。
234. （2014）乌中民四终字第 1189 号民事判决书。
235. （2014）许民初字第 24 号民事判决书。
236. （2014）岩民终字第 957 号民事判决书。
237. （2014）盐边民初字第 1046 号民事判决书。
238. （2014）杨民四（民）初字第 2919 号民事判决书。
239. （2014）渝四中法民终字第 00516 号民事判决书。
240. （2014）渝五中法民终字第 06040 民事判决书。
241. （2014）中中法民一终字第 985 号民事判决书。

242. （2015）大民一终字第401号民事判决书。
243. （2015）鄂荆州中民二终字第00281号民事判决书。
244. （2015）鄂荆州中民二终字第00281号民事判决书。
245. （2015）甘民一终字第82号民事判决书。
246. （2015）沪一中民二（民）终字第1138号民事判决书。
247. （2015）沪一中民二（民）终字第1218号民事判决书。
248. （2015）浦民一（民）初字第2231号民事判决书。
249. （2015）浦民一（民）初字第3396号民事判决书。
250. （2015）穗中法民五终字第3187号民事判决书。
251. （2015）穗中法民五终字第815号民事判决书。
252. （2015）新中民四终字第158号民事判决书。
253. （2015）新中民四终字第188号民事判决书。
254. （2015）渝四中法民终字第00956号民事判决书。
255. 台湾地区“最高法院”1940年上字第1792号判例。
256. 台湾地区“最高法院”1940年上字第472号判例。
257. 台湾地区“最高法院”1954年台上字第1016号判例。
258. 台湾地区“最高法院”1962年台上字第1659号判例。
259. 台湾地区“最高法院”1962年台上字第271号判例。
260. 台湾地区“最高法院”1968年台上字第2117号判例。
261. 台湾地区“最高法院”1969年上字第1502号判例。
262. 台湾地区“最高法院”1973年度台上字第2575号判例。
263. 台湾地区“最高法院”1975年台上字第420号判例。
264. 台湾地区“最高法院”1996年台上字第2676号判例。
265. 台湾地区“最高法院”1999年台上字第1229号判例。
266. 台湾地区“最高法院”1999年台上字第1799号判例。
267. 台湾地区“最高法院”2001年台上字第1607号判。

二、外文类参考文献

（一）著作类

268. ［日］川井健：《注释民法（7）》，有斐阁1968年版。

269. ［日］广中俊雄:《物权法》(第2版), 青林书院1982年版。
270. ［日］兼子一:《判例民事诉讼法》, 酒井书店1973年版。
271. ［日］兼子一:《新修民事诉讼法体系》, 酒井书店1965年版。
272. ［日］秋山干男等编:《コンメンタール民事诉讼法3》, 日本评论社2008年版。
273. ［日］三月章:《民事诉讼法（法律学全集35）》, 有斐阁1980年版。
274. ［日］松冈正义:《注解民事诉讼法》, 青林书店2000年版。
275. ［日］小山升:《民事诉讼法（现代法律学全集22）》, 青林书院新社1984年版。
276. ［日］新堂幸司、福永有利:《注释民事诉讼法（5）》, 有斐阁1991年版。
277. ［日］远藤贤治:《事例演习民事诉讼法》, 有斐阁2008年版。
278. ［日］中岛玉吉:《民法释义（物权篇）》(上), 金刺芳流堂1927年版。
279. ［日］中田淳一编:《民事诉讼法概说》, 有斐阁1976年版。
280. ［日］福永有利等主编:《民事诉讼法の史的展开: 铃木正裕先生古稀祝贺》, 有斐阁2001年版。
281. BAPTISTA LOPES. DO CONTRATO DE COMPRAE VENDA, JUIZDE DIREITO. LIVRARIA ALMEDINA. COIMBRA, 1971.
282. PINTO LOUREIRO. MANUALDOS DIREITOS DE PREFERêNCIA, ADVOGADO. COIMBRA EDITORA, LDA. COIMBRA, 1944.
283. SOERGEL-HADDING, BGB § 749RZ4, 11AUFL., STUTTGART: W. KOHLHAMMER, 1985.

(二) 论文类

284. ［日］柴田保幸:"本件解说", 载《最高法院判例解说（民事篇）》1987年第12期。
285. ［日］荒川重胜:"共有分割的方法》", 载［日］星野英一:《JURIST附刊民法判例百选Ⅰ》(第3版), 有斐阁1989年版。
286. ［日］奈良次郎:"共有物分割の诉えについて（三）", 载《判例タイムズ》1986年第582号。
287. ［日］奈良次郎:"共有物分割の诉えについての若干の考察——最近の

裁判例を中心として一”，载《判例タィムズ》1993 年第 815 号。
288. ［日］奈良次郎：“共有物分割の诉について”，载《判例タィムズ》1986 年第 580 号。
289. ［日］奈良次郎：“共有物分割诉讼の分割方式の多様化と审理への影响”，载《判例タィムズ》1996 年第 911 号。
290. ［日］三月章：“诉讼事件非讼化及其界限”，载《民事诉讼研究》1972 年第 5 期。
291. ［日］山田诚一：“裁判による共有物分割における全面的価格赔偿の方法”，《判批》1992 年第 143 号。
292. ［日］田头章一：“形成诉讼および诉讼类型论の歴史と展望”。
293. ［日］新田敏：“共有物の裁判上の分割の机能と効果”，载《法学研究》1997 年第 12 期。
294. ［日］新田敏：“关于共有对外关系的考察”，载《法学研究》1986 年第 12 期。
295. ［日］新田敏：“森林の共有における分割方法”，载《ジュリスト昭和六二年度重要判例解说》1988 年第 910 号。
296. ［日］新田敏：“共有物の裁判上の分割方法に関する一考察——最高裁昭和六二年大法廷判决を契机として一”，载庆应义塾大学法学部编：《庆应义塾大学法学部法律学科开设百年纪念论文集（法律学科篇）》，庆应义塾大学法学部 1990 年版。
297. ［日］佐上善和：“非讼事件中的程序保障及关系人的事实释明义务”，载［日］吉川大二郎博士追悼论集委员会主编：《程序的理论与实践》（下），法律文化社 1981 年版。
298. 秦公正：“共有物の分割方法とその诉讼手续”，载《日本比较法杂志》2011 年第 2 期。

（三）其他类

299. 日本最高法院昭和 42 年 8 月 25 日《民事判例集》。
300. 日本最高法院昭和 30 年 5 月 31 日《民事判例集》。
301. 日本最高法院昭和 62 年 4 月 22 日民事判决书。
302. 日本最高法院平成 8 年 10 月 31 日民事判决书。

后　记

本书是在我博士论文的基础上修改、补充、完善而成。对我而言，攻读博士学位是辛苦的，也是幸福的。尽管已毕业两年，但过往求学生涯中的美好回忆仍镶刻在内心深处，无法抹去，无法忘却。

恩师汪祖兴教授对学生一直关爱有加，跟随导师学习的六年时光里，逾百封邮件、数千条信息记录着导师无时无刻地操心与牵挂，其中不仅有学术上的指导与鞭策："选题要以小见大""符合学术规范""尤其注意摘要、目录、关键词""结合博士论文选题""将其挑出两块拿出发表则最好"；也有生活上的关心与鼓励："注意安全""坚定目标""要有条不紊实施自己的计划""所有计划只能提前不能拖后""学到、悟出、做到"。此刻心头闪过与恩师交流中的点点滴滴时满是感激。祝愿恩师永远幸福安康！

能在西政学习民诉法并得到诸多前辈师友的点拨实属三生有幸。德高望重的常怡教授耄耋之年仍为中国的法治事业呼唤、为程序正义呐喊，着实让人敬佩。回想起在校时的数个午后，常教授耳提面命指导晚辈论文写作与人生规划，觉得自己是最幸福的学生。愿老爷子健康长寿！感谢导师组田平安教授、唐力教授、李祖军教授、廖中洪教授、马登科教授、赵泽君教授、段文波教授在论文选题、写作、修改过程中提出的宝贵指导意见，在各位老师的点拨下论文的谋篇布局以及内容才能得以完善。感谢师兄曾令健博士、毋爱斌博士在论文修改阶段的指点迷津。感谢王慧、王晓玲、朱刚、高翔、蒋玮、鄢焱、张亮、蒋晓亮、张霄霄等博士同学的鼓励，与大家一起研讨的日子总是那么开心！感谢同门师兄张宇博士在撰写博士论文过程中数月的陪伴，相信若干年后提起在西政图书馆、未言咖啡战斗的日子，必定是最美好的回忆！祝福你们工作顺利！

能顺利完成学业，最应该感谢的是父母和家人。年近六旬的父母每天为了我和家庭操劳，不管我身在何处，总是记挂在心。谢谢你们无私的爱！感谢岳父母的关心与理解，尤其是在学业最繁重的这段时间对我们小家庭的照顾，让我能专注论文写作。愿爸爸妈妈身体健康！感谢爱人一直以来的陪伴与支持，感谢可爱的陈衍滿、周仕彦在每天视频里送来的银铃般笑声，让博士论文的写作不再那么繁重艰辛。你们是我前进的动力，愿你们平安开心！

我是最幸福的学生，最幸福的人！

2019 年 6 月于首经贸大学